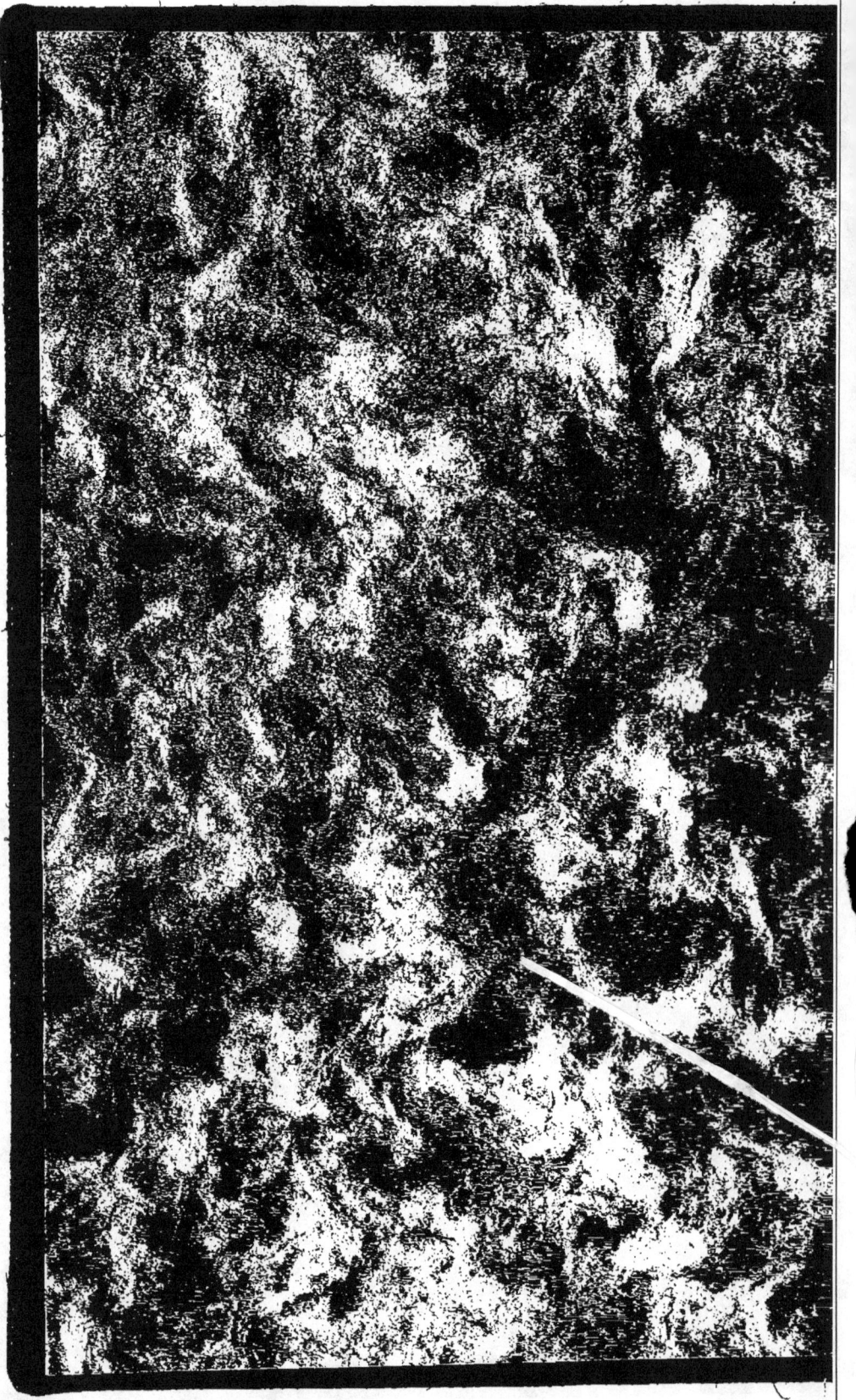

PJ COUNTY REL. 1976

EXERCICES DE TRADUCTION

FRANÇAIS EN ANGLAIS

A L'USAGE DES CLASSES

DE GRAMMAIRE ET D'HUMANITÉS

PAR F. G. EICHHOFF

Inspecteur de l'Académie de Paris
Professeur honoraire de la Faculté de Lyon
Correspondant de l'Institut

PARIS
LIBRAIRIE DE L. HACHETTE ET Cⁱᵉ
BOULEVARD SAINT-GERMAIN, N° 77

1864

EXERCICES DE TRADUCTION
DE FRANÇAIS EN ANGLAIS

A L'USAGE DES CLASSES
DE GRAMMAIRE ET D'HUMANITÉS

PARIS. — IMPRIMERIE DE CH. LAHURE
Rue de Fleurus, 9

EXERCICES DE TRADUCTION

DE FRANÇAIS EN ANGLAIS

A L'USAGE DES CLASSES

DE GRAMMAIRE ET D'HUMANITÉS

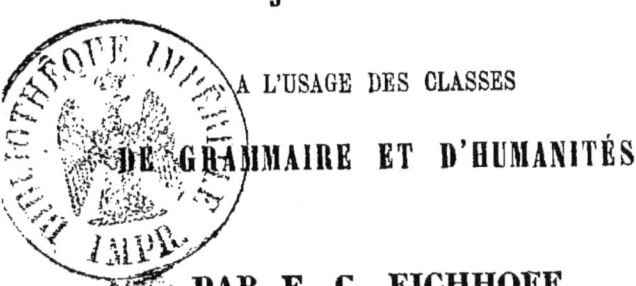

PAR F. G. EICHHOFF

Inspecteur de l'Académie de Paris
Professeur honoraire de la Faculté de Lyon
Correspondant de l'Institut

PARIS
LIBRAIRIE DE L. HACHETTE ET Cie
BOULEVARD SAINT-GERMAIN, N° 77

1864

PRÉFACE.

Persuadé depuis longtemps que l'étude des langues vivantes ne saurait être efficace si elle n'est commencée de bonne heure, nous avions préparé ces Exercices, destinés aux classes de grammaire et devant naturellement servir d'introduction à nos Morceaux choisis.

Le récent arrêté de M. le Ministre de l'Instruction publique a confirmé nos prévisions et satisfait de la manière la plus complète aux vœux et aux intérêts des familles. Heureux de contribuer, selon notre pouvoir, à seconder cette mesure si sage, si généralement approuvée, nous avons réuni dans ces volumes, soit pour l'allemand, soit pour l'anglais, des cours gradués de versions et de thèmes, qui reproduisent successivement les éléments du vocabulaire, la flexion des mots, la construction des phrases, dans une série de textes faciles accompagnés de notes explicatives. L'expérience de plusieurs professeurs distingués, qui ont bien voulu nous prêter leur active collaboration, est un sûr garant de l'utilité pratique de cet ouvrage, lequel, de concert avec les Grammaires usuelles et d'autres Recueils justement estimés, s'adresse aux élèves de sixième, de cinquième, de quatrième, ainsi qu'à ceux des classes professionnelles. Deux Vocabulaires spéciaux de racines allemandes et anglaises, rangées d'après leurs désinences, avec des règles de formation et d'étymologie, font de ce cours préparatoire en six volumes un Manuel d'enseignement élémentaire complet.

TABLE DES MATIÈRES.

I. — PHRASES SIMPLES.

	Pages.		Pages.
Article défini	1	Pronoms relatifs et interrogatifs	25
Article indéfini et partitif	3	Pronominaux indéfinis	27
Pluriel des substantifs	6	Verbes auxiliaires *to have* et *to be*	30
Cas possessif des substantifs	8	Verbes auxiliaires de modes	32
Substantifs pris adjectivement	10	Verbes réguliers	35
Adjectifs qualificatifs	12	Verbes irréguliers	37
Degrés de comparaison	14	Suite des verbes irréguliers	40
Noms de nombre	17	Flexion interrogative et négative	44
Pronoms personnels et possessifs	20	Emploi des temps	47
Pronominaux réfléchis	22	Adverbes et conjonctions	49
Pronoms démonstratifs	24	Principales prépositions	52

II. — ANECDOTES, RÉCITS, NARRATIONS.

L'éloquence muette	55	La noble vengeance	61
Sceptre ou marotte	55	Le nouvel Ésope	61
Le petit présent	56	Le tigre et la souris	62
Le parallèle concis	56	Whittington et son chat	63
L'avocat et son cheval	56	La fête des ramoneurs	64
Utilité de la critique	57	Molière et Scaramouche	66
Le vent sans moulin	57	Les anciens et les modernes	67
Un règne de nuit	58	Belle réponse de Rousseau	67
Saillie de Benserade	58	Sens poétique de Voltaire	68
Sagesse de Benoît XIV	58	Montesquieu et Chesterfield	68
La fierté martiale	59	L'emprunteur éconduit	70
Le don intelligent	59	Le valet plaisant	70
Bon mot involontaire	60	Mirabeau et Beaumarchais	71
Le temps gagné	60	Conséquences du vice	7

TABLE DES MATIÈRES.

	Pages.		Pages.
Le mandarin chinois	73	Raillerie de Louis XI	84
La famille de Malesherbes	74	Louis XI et Chauvin	85
L'hymne à la joie, de Schiller	76	Conjuration des Pazzi	87
Les manchettes de Grimm	77	Aventures de Charles-Quint	88
Macaulay, poëte anonyme	78	Évasion du cardinal de Retz	91
La mère et la fille	79	Dévouement de lady Russell	92
Mort de Jeanne d'Arc	82	Une vente d'esclaves	95

III. — PORTRAITS, TABLEAUX, DÉFINITIONS.

Athènes	97	Formation de la langue anglaise	140
Le théâtre en Grèce	98	Littérature anglaise au dix-huitième siècle	141
Périclès	99		
Alcibiade	101		
Aspect de Rome	102	Beethoven	143
Les Gracques	103	Le jeu à Londres	145
Vercingétorix	104	Les courses d'Epsom	146
Apothéose des empereurs romains	106	Bonté de Walter Scott	148
		Un grand seigneur anglais	149
Attila	108	Les nouvellistes	151
La chasse chez les Huns	110	Il est riche, le pauvre homme	152
La croix de feu en Écosse	112	Merveilles de la nature	153
Charles-Quint	113	L'Amérique méridionale	154
Philippe II	115	La tour de porcelaine	156
Le connétable de Bourbon	116	Éruption du Temboro	158
Henriette de France	118	Superstitions des Cypriotes	161
Christine de Suède	119	Le monastère du Liban	162
Cromwell	120	La rade de Saint-Vincent	164
La paix d'Utrecht	122	Les côtes de Sicile	166
Baptême du roi de Rome	123	La fête de sainte Rosalie	168
L'étude des langues	125	Chasse à l'ours aux Asturies	169
Dante	126	Cherbourg et Quillebeuf	172
Eschyle, Dante et Shakspeare	127	L'étude de la géographie	174
		Le travail	175
Portrait de Shakspeare	128	L'épargne	177
Raphaël	129	Le barreau français	178
Pindare et Bossuet	130	Le vrai et le faux héroïsme	180
Portrait de Corneille	133	L'orateur chrétien	182
Molière et Regnard	135	Saint Chrysostome et Eutrope	184
Pascal, la Rochefoucauld et Retz	136		
		Sermon de Bridaine	186
Milton	139	Le chant du Calvaire	188

TABLE DES MATIÈRES.

IV. — LETTRES ET DIALOGUES.

	Pages.		Pages.
Cicéron à Atticus	191	Beaumarchais à M. T***	218
Cicéron à Memmius	192	Malesherbes au président de la Convention	219
Cicéron à Minucius	193		
Cicéron à Cornificius	193	Schiller à Gœthe	220
Horace à Mécène	195	Gœthe à Schiller	220
Pline à Trajan	196	Gœthe à Schiller	222
Lettre de Dante	197	P. L. Courier à M. Sainte-Croix	223
Lettre de Michel-Ange	198		
Le vicomte d'Ortes à Charles IX	200	P. L. Courier à M. Boissonade	223
Le comte de Derby à Ireton	200	De Sismondi à la comtesse d'Albany	224
Lettre de Mme de Sévigné	201		
Le maréchal de Saxe au maréchal de Noailles	203	Miss H. More à Z. Macaulay	225
J. J. Rousseau sur le suicide	203	Mendelssohn à sa mère	226
J. J. Rousseau à Malesherbes	205	Lysandre et Cyrus le jeune	228
Mozart père à son fils	207	Charles Ier et les députés	230
Mozart père à Martini	208	Épisode des États de Blois	234
Mozart à Haydn	210	Scènes de Don Juan	240
Delille à Mme de D***	211	Scène du Bourgeois gentilhomme	244
Beaumarchais à Necker	215		
Dambray à Beaumarchais	216	Scène des Fâcheux	246

FIN DE LA TABLE.

EXERCICES DE TRADUCTION DE FRANÇAIS EN ANGLAIS.

I

PHRASES SIMPLES.

§ I.

ARTICLE DÉFINI.

1. L'ambition excessive[1] conduit à la ruine.
2. L'ambition d'[2]Alexandre le Grand prépara la ruine de la monarchie qu'il avait fondée.
3. La civilisation est le fruit du temps.
4. La civilisation des Grecs[3] surpassa celle des Assyriens et des Égyptiens.
5. Boileau préférait[4] la campagne à[5] la ville.
6. La comédie corrige, dit-on[6], les mœurs des hommes[7]. La chose n'est malheureusement pas toujours vraie.

---

1. Placez l'adjectif avant le substantif. — 2. *Of.* — 3. Pour former le pluriel du subst. ajoutez *s* au sing. — 4. *To prefer*, prét. : *preferred*. — 5. *To.* — 6. Trad. : *it is said* (mot à mot : il est dit). — 7. Homme,

7. Les comédies[7] de Molière censurent les ridicules des hommes du dix-septième[9] siècle.

8. Le cheval est un[10] noble animal.

9. De tous[11] les breuvages, le plus[12] sain[13] est l'eau.

10. Le chêne, un[14] jour, dit au[15] roseau : « Vous avez bien sujet[16] d'accuser[17] la nature. »

11. La mort (ne) surprend jamais le sage.

12. Le printemps, l'été, l'automne et l'hiver sont les quatre saisons de l'année.

13. La cigale, ayant chanté tout l'été, se trouva[18] (fort) dépourvue[19] quand la bise fut venue.

14. Les sources du Nil[20] furent longtemps[21] inconnues.

15. La France[22], l'Angleterre[23], l'Allemagne[24] et la Russie[25] sont les plus[26] puissantes nations de l'Europe[27].

16. Les Pays-Bas[28] secouèrent[29] le joug des Espagnols[30].

17. Alfred le Grand, bienfaiteur de son[31] peuple, a été le modèle des bons rois.

18. De tous les oiseaux, l'aigle plane le plus haut[32] dans l'air.

19. L'amour de la gloire et le désir du succès produisent quelquefois[33] les actions éclatantes ; la vertu seule[34] produit les belles actions.

---

man ; pl. *men*. — 8. *Comedies*. — 9. *Seventeenth*. — 10. *A*. — 11. *All*. — 12. *Most*. — 13. *Wholesome*. — 14. *One*. — 15. *A* ; traduisez par *a*. — 16. Bien sujet, trad. : *good cause* (bonne cause). — 17. *To accuse*, infinitif. — 18. Se trouva : *found itself* (trouva elle-même). — 19. *Unprovided for*. — 20. *Nile*. — 21. *Long*. — 22. *France*. — 23. *England*. — 24. *Germany*. — 25. *Russia*. — 26. *Most*. — 27. *Europe*. — 28. *Netherlands*, plur. — 29. Secouèrent : *shook*. — 30. Espagnols : *Spaniards*, subst. — 31. *His*. — 32. Le plus haut : *highest*. — 33. Placez *quelquefois* avant *produisent*. — 34. *Alone* (cet adj. suit le subst.).

20. L'éclat de l'or et de l'argent s'efface[35]; celui de la vertu s'accroît avec le temps.

21. L'empereur Constantin[36] était chrétien.

22. La reine Marie Stuart[37] fut malheureuse.

23. Le sultan Selim I assassina son frère.

24. Jacques II[38], frère du roi Charles II, régna après[39] lui.

25. Les marées de l'Océan ne se font pas sentir[40] dans la mer Méditerranée[41].

26. Le Mont-Blanc[42] est la montagne la plus[43] élevée de la chaîne des Alpes.

27. L'homme (n')a reçu de[44] la nature ni[45] (des) dents comme le lion, ni[46] une[47] cuirasse comme la tortue.

28. Saint Pierre est nommé le prince des apôtres.

29. L'Italie de Machiavel[48] (ne) ressembla pas[49] (à) l'Italie de Charlemagne[50].

30. Milton et Dante ont tous deux[51] décrit l'enfer; mais l'enfer de Dante (ne) ressemble pas (à) l'enfer de Milton.

§ II.

ARTICLE INDÉFINI ET PARTITIF.

1. Henri VI de Lancastre leva une armée contre Richard d'York[a], et essuya[1] une sanglante défaite.

— 35. S'efface: *fades away*, c'est-à-dire « se fane. » — 36. *Constantine*. — 37. *Mary Stuart*. — 38. Traduisez, Jacques le deuxième: *James the second*. — 39. *After*. — 40. Trad.: (ne) sont pas senties; senti: *felt*. — 41. *Mediterranean*. — 42. Mêmes mots qu'en français. — 43. *Most*. — 44. *From*. — 45. *Neither*. — 46. *Nor*. — 47. *A*. — 48. *Machiavelli*. — 49. *Not*. — 50. *Charlemagne*. — 51. Tous deux: *both*.

a. Dans la guerre des deux roses. — 1. *To experience*.

2. Souvent une humiliation, si (elle vient) à propos², avertit et corrige.

3. L'ouvrage d'une année fut détruit en une heure.

4. Addison débuta comme³ poëte, et devint secrétaire d'État.

5. Franklin était imprimeur et éditeur d'un journal.

6. (Le) Tasse, poëte italien, languit longtemps dans une prison.

7. Né⁴ valet, il est devenu maître.

8. Brutus, dit Antoine, est un homme honorable, et ses complices aussi sont tous des hommes honorables.

9. Le comte de Warwick fut déclaré rebelle⁵.

10. Bath, ville d'Angleterre, doit⁶ son⁷ nom à des bains d'eau minérale.

11. Une maison commode dans un site enchanteur, des amis, des livres, du loisir, que vous faut-il de plus⁸? — La santé.

12. De l'infanterie, de la cavalerie, de l'artillerie formaient cette petite armée.

13. L'équipage (ne) recevait qu'⁹un¹⁰ demi-gallon¹¹ de bière par jour.

14. L'armée eût souffert moins si elle¹² eût eu de l'eau; quelques puits en contenaient, mais peu.

15. Les prairies réclament¹³ de la pluie.

16. Versez de l'eau sur cette plante.

17. L'Australie produit-elle¹⁴ de l'or? Sans doute.

---

2. A propos : *timely*, adjectif. — 3. *As*. — 4. *Born*. — 5. *Traitor*. — 6. *To owe*. — 7. *Its*. — 8. Que vous faut-il de plus : *what more would you have?* — 9. *But*. — 10. Placez *un* après *demi*. — 11. Nom d'une mesure anglaise. — 12. *It*. — 13. *Require*. — 14. L'Australie

PHRASES SIMPLES.

18. Le Rhin roule de l'or dans ses sables, mais en petites quantités.

19. Un homme s'est rencontré[15], hypocrite raffiné autant[16] qu'habile politique.

20. Dans l'armée britannique, un simple[17] soldat (ne) peut pas[18] devenir officier.

21. Vous faites un raisonnement trop subtil.

22. Un homme si droit[19] ne pouvait s'abaisser[20] à une telle indignité.

23. Je suis peut-être un homme aussi prudent que[21] vous.

24. Une éducation trop relâchée[22] doit produire un tel résultat.

25. Je n'ai jamais vu chose pareille[23].

26. Plus d'une fleur naît[24] pour briller loin des regards[25].

27. Rodrigue[26], as-tu du cœur?

28. Vous (ne) méritez pas de pitié.

29. (N')êtes-vous pas des soldats, et n'avez-vous pas d'armes? Vous rendez[27]-vous donc sans combat?

30. Ces pensées (n')ont pas d'élévation, et ce style n'a pas d'élégance.

31. Les contrées du nord produisent peu[28] ou point de fruits.

32. L'ambition (n')a pas de plus mortelle ennemie que[29] l'indolence.

---

produit-elle : *does Australia produce*. — 15. S'est rencontré : *arose* (littéralement : se leva). — 16. Autant que : *as well as* (aussi bien que). — 17. *Private*. — 18. *Not*. — 19. *Upright*. — 20. S'abaisse à : *to stoop to*. — 21. *As*. — 22. *Lax*. — 23. *Such*. — 24. Naît : *is born*. — 25. Loin des regards, traduisez : *unseen* (litt. : non vue). — 26. *Rodrigo*. — 27. *To surrender*. — 28. Peu de : *little*. — 29. *Than*.

§ III.

PLURIEL DES SUBSTANTIFS.

1. En Angleterre, les maisons sont plus souvent bâties de briques que[1] de pierres.
2. Les jours et les nuits se passèrent[2]; nul secours ne vint à ces malheureux[3].
3. Les cils servent à protéger les yeux.
4. Les fraises et les cerises sont les premiers fruits que le printemps nous[4] donne.
5. Les renégats sont toujours fanatiques ou ambitieux.
6. Ces buissons sont peuplés d'[5] oiseaux.
7. Les fièvres, les paralysies, les maladies de langueur[6], les miasmes des sols malsains ne détruisent pas assez d'[7] hommes; nous avons ajouté les guerres.
8. Les paysans irlandais vivent presque exclusivement de[8] pommes de terre.
9. L'histoire de Pologne et celle de Hongrie citent beaucoup de[9] femmes héroïques.
10. Ce feuillage épais arrête les rayons du soleil.
11. Les plus beaux[10] miroirs étaient faits par les ouvriers Vénitiens.
12. La voix des instruments faisait résonner les échos[11].

---

1. *Than*. — 2. (Se) passer : *to pass away*. — 3. *Wretch*. — 4. Placez le régime après le verbe. — 5. *With*. — 6. Maladie de langueur : *decline*. — 7. Assez de : *enough* (se place avant, ou mieux, après le substantif). — 8. *On*. — 9. *Many*. — 10. Les plus beaux : *the finest*. — 11. Construisez : faisaient les échos résonner. —

13. Les bœufs labourent la terre, afin que les hommes puissent[12] se nourrir[13].

14. Les sabots des chevaux frappaient[14] bruyamment les dalles.

15. Les joncs croissent dans les marécages.

16. Vous avez ici des pains[15] et des poissons.

17. Souvent les armées perdent plus d'[16]hommes dans les marches et contre-marches que[17] dans les combats.

18. Les enfants ont besoin des[18] soins de leurs[19] parents.

19. Si nous avons des droits, nous avons aussi des devoirs.

20. Un sou bien employé peut produire beaucoup de sous.

21. Nos pères aimaient les in-folios pesants ; nous préférons les livres de plus petit[20] format : les in-octavos et les in-douze.

22. Les Romains qui gardaient le Capitole furent réveillés par les cris des oies sacrées, et repoussèrent[21] les Gaulois, leurs ennemis.

23. Les dents des rongeurs[22], même des souris, sont longues et tranchantes.

24. Les épouses et les enfants des Germains les excitaient à combattre.

25. Dans un cercle, les rayons[23] sont égaux.

26. Le chimiste anglais Pristley a découvert un grand nombre de[24] gaz.

---

12. *May.* — 13. Tournez : être nourris. — 14. *To strike* (irrég.). — 15. *Loaf.* — 16. Plus de : *more.* — 17. *Than.* — 18. Avoir besoin de : *to want* (rég. direct). — 19. *Their.* — 20. Plus petit : *smaller.* — 21. *To repulse.* — 22. *Rodents* ou *rodentia* (plur. latin). — 23. *Radius* (mot latin) ; plur. : *radii.* — 24. Un grand nombre de... : *a great many*, pl.

§ IV.

CAS POSSESSIF DES SUBSTANTIFS.

1. Tu portes la fortune de César.
2. Les découvertes de Newton lui[1] ont mérité l'admiration des hommes.
3. Les belles découvertes du docteur Franklin méritent la reconnaissance des hommes éclairés.
4. Les victoires d'Annibal ébranlèrent[2] pour un temps la puissance des Romains.
5. Les peintures de Raphaël, les sculptures de Michel-Ange, les poëmes de Dante et du Tasse, toutes les merveilles de l'art et de la science (ne) préservèrent pas l'indépendance de l'Italie, leur patrie.
6. Le poëme des *Saisons* de Saint-Lambert[3] est loin d'égaler les *Saisons* de Thompson.
7. Les qualités du peintre sont peu différentes de[4] (celles) du poëte.
8. La main d'une femme inspirée sauva la France du[5] joug de l'Angleterre.
9. Je (n)'attends[6] rien de[7] la justice des hommes; je (n)'espère qu'en[8] celle de Dieu.
10. Aux[9] yeux de Cinéas, le sénat parut une assemblée de rois.
11. Les jeux de l'enfant annoncent[10] souvent les penchants de l'homme.

---

1. Trad. : *for him* (pour lui), et placez après le verbe. — 2. *To shake* (irrégulier). — 3. Mêmes mots qu'en français. — 4. *From*. — 5. De : *from*. — 6. *To expect*. — 7. *From*. — 8. Que : *but*. — 9. Tournez : dans les yeux. — 10. *To foretell*, placez le verbe après *souvent*. —

12. Les jeux de l'enfance annoncent souvent les penchants[11] de l'âge viril[12].

13. Les fruits de cet arbre seront mûrs dans un mois[13].

14. Junius Brutus ordonna la mort de ses[14] deux fils.

15. Rendez à César ce qui[15] est à César.

16. Le travail de l'homme utilise même les dépouilles des animaux. La peau du cheval devient du cuir ; les défenses[16] de l'éléphant deviennent de l'ivoire ; la perle se trouve[17] dans l'écaille d'une huître qui vit au[18] fond de la mer.

17. La mort mystérieuse de Charles XII mit fin à[19] la prépondérance de la Suède.

18. Dans le *Paradis perdu*[20] de Milton, Adam a toute la force et la noble fierté de l'homme, Ève a toute la grâce et la tendresse de la femme.

19. L'esprit d'Addison était moins satyrique que celui de Pope.

20. « Ce n'est pas au roi de venger[21] les querelles du duc d'Orléans[22], » dit Louis XII[23] à[24] son[25] avénement.

21. Les prédications[26] de saint Jean-Baptiste attiraient une foule d'hommes dans[27] le désert.

22. La faveur des grands est passagère.

23. Tous les travaux des savants (n')aboutissent pas à faire un grain de blé.

---

11. *Propensity*. — 12. L'âge viril : *manhood*. — 13. Trad. : « dans le temps d'un mois. » — 14. *His*. — 15. Ce qui : *that which*. — 16. *Tusk*. — 17. Se trouve : *is found* (est trouvée). — 18. A : *at*. — 19. *Put an end to....* (littéralem. : mit une fin à....) — 20. *Paradise lost*. — 21. *To avenge*. — 22. *The duke of Orleans' quarrels*. — 23. *Lewis the twelfth* (litt. : Louis le douzième). — 24. *Upon*. — 25. *His*. — 26. *Preaching* (garder le singulier). — 27. *Into*. —

24. De toutes les villes (au) nord de la Loire, Rouen seul était au roi.

25. Vous avez dit : *le Vicaire de Wakefield* de Johnson ; vous vous êtes trompé [28] ; ce livre est de Goldsmith ; (c'est) *Rasselas* (qui) est de Johnson.

26. La maison de mon oncle est mieux située que [29] celle de mon père.

27. J'irai passer [30] l'été chez mon oncle, puis je reviendrai chez mon père.

28. Chez [31] les Grecs l'art de l'orateur était très-estimé.

29. L'église de Saint-Pierre à [32] Rome fut commencée par Bramante et terminée par Michel-Ange.

30. L'église de Saint-Paul, à Londres, est considérée (comme) le chef-d'œuvre de sir Christophe Wren.

31. L'enfant prodigue sortit de chez son père.

32. Les voyageurs ont été reçus très-courtoisement chez le consul de France [33].

§ V.

SUBSTANTIFS PRIS ADJECTIVEMENT.

1. Les bains de mer attirent nombre [1] de personnes pendant la saison d'été.

2. Alexandre le Grand conservait l'Iliade [2] d'Homère [3] dans un coffret d'or.

3. Les navires à vapeur [4] et les chemins [5] de fer [6] ont remplacé les vaisseaux à voiles et les diligences [7].

---

28. Vous vous êtes trompé : *you were mistaken* (litt. : vous étiez mépris). — 29. *Than.* — 30. Trad. ; j'irai et passerai. — 31. *Among.* — 32. *At.* — 33. Consul de France : *French consul.*

1. *Numbers.* — 2. *Iliad.* — 3. *Homer.* — 4. *Steam.* — 5. *Way.* — 6. *Rail* : barre. — 7. Traduis. : les voitures (*coach*) à relais (*stage*). —

4. L'étoile du soir rappelle des [8] champs le laboureur [9] et le pâtre [10].

5. La brise de terre et la brise de mer se succèdent [11] régulièrement sur les côtes de l'Océan.

6. Le train de Londres [12] part [13] à [14] six heures [15], et emporte [16] la malle [17] du soir.

7. Le *Songe* d'une nuit d'été [18] de Shakspeare est un chef-d'œuvre [19] plein de grâce et d'enjouement.

8. (Aux) gelées et (aux) neiges de l'hiver succèdent [20] les fleurs du printemps ; puis viennent les moissons de l'été et les fruits de l'automne.

9. Dans les latitudes du nord, la nature n'a que [21] deux mois de travail [22].

10. Les grands, pour la plupart, sont masques de de théâtre [23].

11. Que [24] vos armes de fer se changent [25] en [26] socs de charrue.

12. La pêche [27] de la morue occupe chaque année une foule de hardis marins [28].

13. Il s'était retiré [29] dans sa chambre à coucher [30] lorsqu'on frappa à la porte de la maison.

14. Mon maître de dessin [31] a une belle galerie de tableaux [32], et mon maître de musique une vaste collection d'instruments à cordes et à vent.

---

8. Rappeler de : *to call from*. — 9. Trad. : homme (*man*) de charrue (*plough*). — 10. *Herdsman* (litt. : homme de troupeau). — 11. Se succèdent : *succeed each other*. — 12. *London*. — 13. *To leave*. — 14. *At*. — 15. Six heures : *six o'clock* (pour *six of the clock*, litt. : six de l'horloge). — 16. *To carry off*. — 17. *Mail*. — 18. *Mid-summer* (litt. : mi-été). — 19. Trad. : pièce (*piece*) de maître (*master*). — 20. Trad. : sont succédées (*to succeed*) par (*by*). — 21. Que : *but*. — 22. *Working*. — 23. Trad. : *stage* (litt. : scène). — 24. *Let*. — 25. Trad. : être changées. — 26. *Into*. — 27. *Fishing*. — 28. Trad. : hommes de mer. — 29. *Had retired*. — 30. Chambre de lit. — 31. *Drawing*. — 32. *Picture*.

§ VI.

ADJECTIFS QUALIFICATIFS.

1. Sur les montagnes élevées, l'air est toujours froid.

2. Dans les zones tropicales, la végétation est luxuriante; des forêts vierges[1] couvrent de vastes étendues[2] de pays; sous leur[3] feuillage épais règne[4] une obscurité profonde; des reptiles innombrables rampent sur le sol engraissé[5]; dans toutes les clairières de grands essaims d'insectes malfaisants[6] ou inoffensifs[7] bourdonnent au[8] soleil; des oiseaux d'un plumage éclatant[9] chantent ou crient[10] sur les arbres touffus; des bêtes féroces se cachent[11] dans des fourrés[12] impénétrables.

3. Un style grave, sérieux, judicieux va fort loin[13].

4. Les sots lisent un livre et (ne) l'[14]entendent[15] point; les esprits médiocres croient l'entendre[16] parfaitement; les grands esprits (ne) l'entendent quelquefois pas tout entier[17]; ils trouvent obscur ce qui[18] est obscur, comme[19] ils trouvent clair ce qui est clair.

5. Ayez[20] un cœur plein de droiture et de justice.

---

1. *Virgin.* — 2. *Tracts.* — 3. *Their.* — 4. *To prevail* (placez le verbe après le sujet). — 5. *Rich* (adj.). — 6. *Mischievous.* — 7. *Harmless.* — 8. Trad. : dans le.... — 9. *Gaudy.* — 10. *Scream.* — 11. *Lurk.* — 12. *Thickets.* — 13. Va fort loin : *goes a great way* (litt. : va un long chemin). — 14. *It* (placez après le verbe). — 15. *To understand.* — 16. Tournez : « croient (qu')ils l'entendent. » — 17. Tout entier : *wholly* (litt. : entièrement, en entier). — 18. Ce qui : *that which.* — 19. *As.* — 20. *To*

6. La pauvreté prive[21] les hommes des choses nécessaires à la vie.

7. Les hommes méchants croient que tous les hommes sont méchants.

8. Durant les premiers ans du Parnasse français, le caprice seul[22] faisait toutes les lois.

9. Les savants sont, comme les poëtes, une race irritable.

10. Les honneurs rendus par les vivants aux morts sont toujours (chose) touchante.

11. Les Français[23], plus que[24] les Anglais[25] ou les Allemands[26], aiment l'ordonnance[27] simple et logique.

12. Son[28] esprit[29] plein de vivacité est incapable d'un travail soutenu[30].

13. Cette nouvelle Babylone, imitatrice de[31] l'ancienne, comme elle[32] enflée de[33] ses[34] victoires, triomphante dans ses délices, et persécutrice[35] du peuple de Dieu, tombera aussi[36] comme elle d'[37]une grande chute.

14. Le riche et le pauvre, le sage et le fou, le faible et le puissant, sont égaux devant la mort. Mais le vertueux et le coupable (ne) la[38] voient pas s'approcher[39] du[40] même œil[41].

15. Il y a[42] un contraste frappant[43] entre la reine Élisabeth, âme virile, énergique jusqu'à[44] la cruauté,

---

bear. — 21. *Priver de* : *to deprive of*. — 22. *Alone* (cet adjectif suit le nom). — 23. *French*, adj. — 24. *Than*. — 25. *English*, adjectif. — 26. *German*, substantif. — 27. *Arrangement*. — 28. *His*. — 29. *Mind*. — 30. *Continued*. — 31. Imitatrice de : *imitator* (subst.) *of*. — 32. Comme elle : *like her*. — 33. Enflé de : *elated with*. — 34. *Her*. — 35. *Persecutor*, subst. — 36. *Likewise*. — 37. *With*. — 38. *Her* (placez après le verbe). — 39. S'approcher : *to approach*. — 40. De : *with*. — 41. Mettez au pluriel. — 42. Il y a : *there is* (littéral. : là est). — 43. *Striking*. — 44. Jusqu'à : *even to* (litt. : même à). —

THÈMES ANGLAIS.

et Marie Stuart, avec son cœur de femme[45], dont[46] (les) fautes furent pour la plupart[47] des faiblesses.

§ VII.

DEGRÉS DE COMPARAISON.

1. En janvier les jours sont plus courts[1] que les nuits ; en juillet ils[2] sont beaucoup plus longs.
2. Mon cheval est plus rapide[3] que le vôtre[4].
3. L'eau de pluie est plus pure que l'eau de source.
4. Nos[5] passions et (nos) dispositions sont presque toujours visibles. Dans la colère, notre[6] voix devient plus perçante[7] et plus rude[8] ; quand nous parlons de choses qui nous[9] intéressent, nos gestes sont plus vifs[10] que lorsqu'il s'agit[11] de choses[12] moins importantes[13].
5. Les navigateurs cherchèrent un chenal plus profond[14] que celui qui[15] s'ouvrait[16] devant eux[17].
6. Maintenant que mes cheveux[18] sont devenus plus gris, mes pensées sont devenues plus tristes[19].
7. Sparte avait une monnaie[20] de fer plus pesante[21] et plus volumineuse[22] que les monnaies d'or ou d'argent.

45. De femme : *womanly*. — 46. *Whose*. — 47. Pour la plupart : *mostly*, adv.

1. *Short*. — 2. *They*. — 3. *Fast*. — 4. Le vôtre : *yours*. — 5. *Our*. — 6. *Our*. — 7. *Loud*. — 8. *Harsh*. — 9. *Us* (placez après le verbe). — 10. *Quick*. — 11. Il s'agit de choses ; trad. : dans les choses. — 12. *Matter*. — 13. Moins importantes ; trad. : plus dépourvues d'importance : *unimportant*. — 14. *Deep*. — 15. Celui qui : *that which*. — 16. S'ouvrir : *to open*, verbe neutre. — 17. *Them*. — 18. *Hair* (mettez au sing.). — 19. *Sad*. — 20. *Coin*. — 21. *Heavy*. — 22. *Bulky*. —

8. Il (n)'est[23] pas de calamité plus grande que la guerre civile.

9. La nature (n)'est jamais plus belle qu'au [24] coucher [25] ou au lever [26] du soleil.

10. La Hollande [27] est un pays plus plat que la Suisse [28].

11. Ces [29] roses sont plus rouges, celles-ci [30] sont plus pâles.

12. Chez les peuples du Nord les habitations sont plus propres que dans le Midi.

13. Alexandre légua son [31] empire au plus digne [32] ; chacun de ses [33] généraux se crut [34] plus digne que ses compagnons.

14. Il se complaît[35] aux pensées les plus lugubres [36].

15. L'homme (n)'est qu'[37]un roseau le plus faible de [38] la nature, mais un roseau pensant.

16. De ces[39] deux enfants celui-ci[40] est le plus maladif [41].

17. L'homme le plus sage se trompe quelquefois [42], l'homme le plus fou [43] juge quelquefois sainement.

18. Les régions qui sont le plus voisines [44] de l'équateur sont plus chaudes que celles [45] qui en [46] sont plus éloignées[47].

19. Les femmes sont extrêmes, dit [48] La Bruyère ; elles sont meilleures ou pires que les hommes.

---

23. Il est : *there is*. — 24. A : *at*. — 25. *Set*. — 26. *Rise*. — 27. *Holland*. — 28. *Switzerland*. — 29. *Those*. — 30. *These*. — 31. *His*. — 32. *Worthy*. — 33. *His*. — 34. Se crut : *thought himself*. — 35. Se complaire à... : *to take pleasure in....* — 36. *Dismal*. — 37. *But*. — 38. *In*. — 39. *These*. — 40. *This one*. — 41. *Sickly*. — 42. Tournez : est quelquefois déçu (*mistaken*). — 43. *Unwise*. — 44. Voisin de : *near to..* — 45. *Those*. — 46. *From it*, littéralement : de lui ; placez ce complément après éloignées. — 47. *Far*. — 48. *Says*. —

THÈMES ANGLAIS.

20. Charles II était le gentilhomme le plus brillant[49] et le plus léger[50] de[51] son royaume.

21. L'homme le plus digne de blâme est souvent en certaines[52] choses digne de louange.

22. Les routes les plus droites[53] paraissent souvent les plus longues, parce qu'elles[54] sont les plus monotones et les plus fatiguantes[55].

23. Les époques de trouble[56] mettent en lumière[57] les meilleurs et les pires des hommes.

24. Plus les denrées[58] sont rares[59], et plus elles sont chères.

25. Plus l'offenseur est cher et plus grande (est) l'injure.

26. Il est d'autant plus proche de sa perte, qu'il est aveuglé par la colère.

27. Le territoire des Iles Britanniques est moins étendu que celui de la France.

28. Moins notre[60] ambition est haute[61], et plus nous sommes sûrs de la[62] satisfaire.

29. Il (n)'est pas moins honorable d'obéir avec dévouement que de commander avec justice.

30. Cet arbre est aussi grand que les chênes de notre parc.

31. Ces fleurs sont si belles que je suis fâché de les[63] voir se faner[64].

32. L'histoire devrait[65] vous[66] paraître aussi intéressante que ces contes frivoles.

---

49. *Fine.* — 50. *Fickle.* — 51. *In*: dans. — 52. *Some.* — 53. *Straight.* — 54. *They.* — 55. *Tiresome.* — 56. Tournez : les temps troublés (*troubled*). — 57. *Call forth*, litt.: appellent en avant, évoquent. — 58. *Goods*, plur. — 59. *Scarce.* — 60. *Our.* — 61. *Aspiring*, littéralement : tendant à s'élever. — 62. *It* (placez ce régime après le verbe). — 63. *Them* (placez après le v. voir). — 64. Se faner : *to fade*, verbe neutre. — 65. Devrait: *should.* — 66. Tournez : paraître à vous. —

33. L'homme (n)'est ni[67] si fort ni si agile que la plupart[68] des animaux.

34. Il (n)'est pas assez méchant pour causer un si grand malheur[69] à ses semblables.

§ VIII.

NOMS DE NOMBRE.

1. Le *penny* anglais vaut [1] environ[2] 10 centimes[3] de monnaie française; le *shilling* contient 12 *pence* et vaut 1 fr. 25 c.

2. Une livre sterling[4] vaut 20 *shillings* ou 25 fr.; un billet[5] de banque de 5 livres vaut 125 fr.; 100 livres font 2,500 fr. et 10,000 livres 250,000 fr.

3. Dans le système monétaire anglais les calculs sont très-compliqués[6] comme vous (le) verrez par l'exemple suivant.

£.	s.	p.
3	19	6
5	16	2
	10	5
£. 10	s. 6	p. 1

On[7] commence par[8] les *pence :* 5 et 2 font 7, et 6, 13; comme 12 pence font 1 *shilling*, 13 *pence* font

---

67. Ni.... ni..., *neither*..., *nor*.... — 68. La plupart de : *most*. — 69. Faites l'inversion.

1. Trad. : *is worth* (littéral. : valant). — 2. *About* (littéral. : autour de). — 3. Même mot qu'en français. — 4. Livre sterling : *pound sterling*. — 5. *Note*. — 6. *Intricate*. — 7. Dans cette phrase et les suivantes, trad. *on* par *one* (sing.), ou par *we* (nous), ou *you* (vous); ayant adopté l'un de ces mots, conservez-le dans toute la phrase. — 8. *With*.

1 *shilling* et 1 *penny*; j'écris 1 et je reporte [9] à [10] la colonne [11] des *shillings*. J'additionne ensuite [12] les *shillings* et j'obtiens 46 *shillings* valant 2 livres et 6 *shillings*; j'écris 6 et je reporte 2 à la colonne des livres sterling; le total définitif sera : 10 livres 6 *shillings* et 1 *penny*.

4. Ainsi quand on a fait l'addition de la colonne des *pence*, on doit [13] prendre le douzième du total, écrire le reste de la division et reporter ce douzième à la colonne des *shillings*; quand on a fait l'addition des *shillings*, on doit prendre le vingtième du total, écrire le reste de cette division et reporter ce vingtième à la colonne des livres.

5. Le système monétaire anglais a des avantages : on peut prendre la moitié, le tiers, le quart, le sixième et le douzième d'un *shilling*, et ces fractions s'expriment [14] par des nombres simples : 6, 4, 3, 2, 1. La moitié et le cinquième d'un franc, ou d'une somme exprimée en francs, se prennent [15] facilement; mais le quart sera un nombre compliqué, et il [16] ne sera pas possible de prendre le tiers, le sixième exactement.

6. Le premier qui vit un chameau s'enfuit à [17] cet objet [18] nouveau [19]; le second approcha [20]; le troisième osa faire un licou pour le dromadaire.

7. C'est aujourd'hui, 13 septembre, le 348ᵉ anniversaire de la bataille de Marignan qui fut livrée [21] en 1515. François Iᵉʳ qui la gagna [22] était âgé de vingt

---

— 9. *To carry forward*. — 10. *To*. — 11. *Column*. — 12. *Next*. — 13. *Must*. — 14. Tournez : sont exprimées. — 15. Tournez : est prise. — 16. *It*. — 17. *At*. — 18. *Sight* (littéralement : vue). — 19. *Novel*. — 20. *To draw near* (verbe irrégulier). — 21. *To fight* (verbe irrégulier, littéralement : combattre). — 22. *To win* (verbe irrégulier).

ans. Son armée comptait[23] 2,500 cavaliers d'ordonnance, 1,500 chevau-légers[24] albanais[25], plus de 20,000 lansquenets allemands, 18,000 fantassins français et 2,500 pionniers. C'était une masse de plus de 60,000 soldats et de 30,000 chevaux.

8. Les navigateurs portugais passèrent la ligne pour la première fois en 1471 ; en 1486, ils découvrirent la pointe méridionale de l'Afrique.

9. Christophe Colomb partit avec trois navires, du port de Palos[26] en Andalousie[27], le 3 août 1492 ; le 14 octobre il rencontrait les Antilles[28].

10. Cet arbre n'a que cinq pieds de haut ; dans six ans il (en) aura trente.

11. Les archers anglais lançaient des flèches longues de trois et quatre pieds.

12. Je me lève[29] à cinq heures du[30] matin en été, et à six heures en hiver.

13. Ce parc est large de deux milles trois quarts et long de trois milles deux tiers.

14. J'y[31] suis resté trois heures, depuis quatre heures de l'après-midi jusqu'à sept heures.

15. Ma chambre a trois pas de long sur quatre de large.

16. La chute de Jacques II fut hâtée par les conseils de Louis XIV.

17. Si ce renseignement ne se trouve pas au chapitre II, il doit être au chapitre V.

18. William Shakspeare naquit en avril 1564 à Stratford-sur-Avon ; en 1586 ou 1587, il se rendit

---

— 23. *To number.* — 24. *Light-horsemen.* — 25. *Albanian.* — 26. Même mot. — 27. *Andalusia.* — 28. *Antils.* — 29. Se lever : *to rise.* — 30. Trad. : dans le matin. — 31. *There* (là) ; placez après le verbe. —

à Londres. Il mourut le 23 avril 1616, à l'âge de 52 ans.

19. Quelle heure[32] est-il? huit heures. — Non, il est huit heures et demie.

20. Tu devais venir à midi trois quarts; et une heure un quart vient de sonner.

§ IX.

PRONOMS PERSONNELS ET POSSESSIFS.

1. Dis-moi qui[1] tu hantes et je te dirai qui[2] tu es.
2. Ils sont prêts à tenir[3] ce qu'[4]ils vous ont promis.
3. O mon souverain roi, me voici[5] donc tremblante et seule[6] devant toi.
4. Je loue les gens bien sensés comme[7] vous.
5. Le renard sort du puits, laisse son compagnon, et lui fait[8] un beau sermon, pour l'exhorter à[9] la patience.
6. Ce père offensé, après plusieurs absences, me reçut toujours[10] avec son excellent cœur, qui (ne) pouvait mourir qu'[11] avec lui.
7. L'expérience est nécessaire aux hommes; elle les instruit.
8. Dès que les chèvres ont brouté, certain esprit[12] de liberté leur fait chercher fortune[13].

---

32. *O'clock.*

1. *Whom.* — 2. *Who.* — 3. *To keep.* — 4. Ce que : *what.* — 5. Trad. : vois-moi (*to behold*). — 6. *Alone* (adj. qui suit le nom). — 7. *Like*, prépos. — 8. *To preach* : prêcher. — 9. *To.* — 10. *Still.* — 11. *But.* — 12. *Spirit.* — 13. Traduisez : fait elles chercher des aventures. —

9. Un bûcheron perdit son gagne-pain, sa coignée.

10. Le chien représenta[14] sa maigreur: « Ne plaise à votre seigneurie[15] de me prendre en cet état; attendez: mon maître marie[16] sa fille[17] unique[18], et vous jugez[19] qu'étant de noce[20], il faut que j'[21]engraisse. » Le loup le croit, le loup le laisse.

11. Ma mère Jézabel devant moi s'est montrée[22], comme[23] au[24] jour de sa mort pompeusement parée.

12. Thésée, aigri[25] par mes avis[26], bornera[27] sa vengeance à l'exil de son fils.

13. Ce beau pays, dans sa décadence et son esclavage, porte[28] encore[29] des hommes illustres.

14. Ce livre est à mon frère. — Vous vous trompez[30]; il est à moi.

15. Je suis à vous de tout mon cœur.

16. Chaque jour amène son pain.

17. Rome est à vous, seigneur, l'empire est votre bien[31]; chacun[32] en liberté peut[33] disposer du sien[34].

18. *Néarque.* J'abhorre les faux dieux. — *Polyeucte.* Et moi, je les déteste. — *N.* Je tiens[35] leur culte impie. — *P.* Et je le tiens funeste. — *N.* Fuyez donc leurs

---

14. *To set forth* (irrég.). — 15. Ne plaise à votre seigneurie: *let not your lordship.* — 16. *Is to marry* (littér.: est pour marier). — 17. *Daughter.* — 18. *Only* (adj.). — 19. *To understand.* — 20. Étant de noce: *being one of the wedding party* (littér.: étant un de la société des noces). — 21. Il faut que je...: *I must* (je dois). — 22. Se montrer: *to appear.* — 23. *As.* — 24. A: *on.* — 25. *To incense.* — 26. *Insinuation.* — 27. *To confine.* — 28. *To bear.* — 29. *Still* (placez avant le verbe). — 30. Se tromper: *to be mistaken;* littér.: être mépris, pour: se méprendre. — 31. *Property.* — 32. Trad.: tout homme: *every man.* — 33. *May.* — 34. Après *sien* ajoutez *propre* (*own*). — 35. *To*

autels. — *P.* Je les veux renverser[36], et mourir dans leur temple, ou les y[37] terrasser[38].

19. Ménagez[39] votre vie, à Dieu même elle importe.

20. Ce carnet n'est pas à vous, puisque vous avez le vôtre; il n'est pas à moi, j'ai le mien; il doit[40] être à mon frère qui a perdu le sien.

21. Elle doit acheter un autre atlas, puisqu'elle a perdu le sien.

22. Chacun[41] de nous a ses devoirs (à) remplir[42].

23. L'ambition (ne) touche point un cœur tel que le mien.

24. Je me suis blessé au bras.

25. Tu t'es blessé (à) l'œil.

26. Il m'a heurté l'épaule.

27. Nous leur avons sauvé la vie.

28. La mère est pour son fils la plus fidèle amie.

§ X.

PRONOMINAUX RÉFLÉCHIS.

1. A vos sages conseils, monsieur, je m'abandonne.

2. Certain renard voulut[1], dit-on, se faire loup.

3. Rentre en[2] toi-même, Octave, et cesse de te plaindre.

---

hold (irrég.). — 36. *To overthrow.* — 37. *There* (là, placez après le verbe). — 38. *To fell.* — 39. *To be sparing of* (littér. : être ménager de). — 40. *Must.* — 41. *Each.* — 42. *To fulfil.*

1. *To want.* — 2. Rentrer en : *to commune with* (littér. : se mettre

PHRASES SIMPLES.

4. (Ne) jouez pas avec cette arme, vous vous blesseriez.

5. Ne vous aimez pas trop[3], si vous voulez que[4] d'autres vous aiment.

6. Aimez et traitez votre prochain[5] comme vous-mêmes.

7. Si vous (ne) faites pas votre devoir vous-même, laissez du moins[6] d'autres faire le leur.

8. Celui qui se laisse tromper[7] quelquefois peut (n')être que[8] confiant; celui qui se laisse tromper souvent est un sot.

9. La reine se laisse conduire par les conseils de son ministre.

10. L'homme vertueux travaille[9] à se rendre meilleur; l'homme faible s'abandonne à ses passions.

11. Peu d'hommes s'estiment[10] trop peu.

12. Vous vous voyez entouré d'[11]ennemis, défendez-vous; pour[12] moi, je (ne) puis pas vous secourir.

13. O roi, soyez vous-même juge entre[13] nous.

14. Nul[14] ne vous a trompé; vous vous êtes trompé vous-même.

15. Elles ont été prises[15] elles-mêmes dans les piéges (qu') elles avaient préparés à d'autres.

16. Tu te vois condamné par le ciel lui-même.

17. Vous vous aveuglez[16] sur vos propres intérêts.

18. Aujourd'hui l'on[17] s'assemble, aujourd'hui l'on

en communion avec). — 3. *Too much* (trop beaucoup). — 4. Si vous voulez que... : *if you would have others love....* (littér.: si vous voudriez avoir d'autres aimer...). — 5. *Neighbour* (voisin). — 6. Du moins : *at least*. — 7. Tournez : qui souffre soi être trompé. — 8. *Only.* — 9. *To strive* : s'efforcer. — 10. *To value.* — 11. *By.* — 12. *As for.* — 13. *Between.* — 14. *No one* (littér. : nul un). — 15. *To catch* (irrég.). — 16. Trad. : vous êtes aveugles (*to*) à vos propres intérêts. — 17. *They.*

conspire; l'heure, le lieu, le bras se choisit aujourd'hui.

19. Chez les anciens, le vin se buvait [18] mêlé à [1] de l'eau tiède.

20. Les diamants se trouvent au Brésil [20] et dans l'Inde [21].

§ XI.

PRONOMS DÉMONSTRATIFS.

1. « Laissez venir à moi ces petits enfants, car le royaume du ciel est [1] à ceux qui leur ressemblent. »

2. Cette maison qui est auprès de [2] nous est mieux située que ce château [3] que vous apercevez au loin.

3. J'aime [4] mieux cette édition-ci; les caractères sont plus lisibles que dans celle (que) vous m'avez montrée.

4. Ceux qui [5] nous gouvernent ont peut-être plus de soucis que nous.

5. Voyez ce jeu d'échecs [6] disposé avec symétrie; (ici) ces combattants plus blancs que la neige, (là) cette armée à la couleur sombre [7].

6. Je préfère ces régions tempérées (que) nous habitons à ces contrées que [8] la nature comble [9] de [10] ses dons, mais tourmente [11] de ses fureurs.

— 18. *To drink* (irrégulier), au passif. — 19. *With*. — 20. *Brazil*. — 21. *India*.

1. *To belong to*. — 2. Auprès de : *hard by*. — 3. *Mansion*. — 4. Aimer : *to like*. — 5. *Who*. — 6. Jeu d'échecs : *chess-men* (littéralement : homme d'échecs). — 7. A la couleur sombre : *dark-coloured*. — 8. *Which*. — 9. *To load* (littér. : charger). — 10. *With*. — 11. *To vex*.

PHRASES SIMPLES. 25

7. Cet homme que vous blâmez est mon ami.

8. Voyez[12] près de nous ces prairies verdoyantes, plus loin ces collines boisées, plus loin encore ces montagnes neigeuses.

9. Ces vues de la Suisse[13] sont magnifiques; mais celles de l'Italie sont plus belles encore.

10. La baie où nous entrons est celle de Naples. Voyez à gauche ces îles, Ischia et Procida, et cette verte colline qui est le Pausilipe; à droite ce port rempli de vaisseaux, et cette montagne fumante, le Vésuve, et, plus loin[14], le rocher de Capri.

§ XII.

PRONOMS RELATIFS ET INTERROGATIFS.

1. Celui qui met un frein à[1] la fureur des flots, sait[2] aussi des méchants arrêter[3] les complots.

2. L'homme qui renonce[4] à faire usage de[5] sa raison descend[6] au niveau des bêtes.

3. Le pauvre qui remplit ses devoirs est plus respectable que le riche qui les néglige.

4. Efforcez-vous[7] de découvrir la personne à qui ce dépôt a été confié.

5. Il faut[8] honorer les poëtes dont les ouvrages ont charmé tant de générations, les ont consolées, leur ont fait aimer ce qui est bon et ce qui est beau.

12. *To behold.* — 13. *Switzerland.* — 14. *Yonder.*

1. Mettre un frein à... : *to curb* (littér. : refréner). — 2. *Can :* peut. — 3. *To check.* — 4. Renonce à : *to forego* (verbe transitif; le verbe régime au part. pr.). — 5. Faire usage de : *to use* (v. transitif). — 6. Descendre à : *to stoop to.* — 7. S'efforcer de : *to strive.* — 8. Tournez : nous de-

6. La vraie modestie est un arbre verdoyant qui cache sous ses feuilles les fruits qu'il porte.

7. L'univers est une sphère infinie dont le centre est partout et la circonférence nulle part.

8. La nuit qui approche nous invite au repos.

9. Cet homme, dont vous suspectiez la probité, méritait toute votre confiance.

10. Les écrivains dont le public proclame bruyamment les louanges sont rarement ceux qui passent à la postérité.

11. A qui est ce livre ? A qui peut-il être ?

12. Qui (ne) préfère pas la mort à la honte ?

13. Ces deux frères se[9] ressemblent extraordinairement ; lequel des deux est l'aîné ?

14. Pour qui sont ces serpents qui sifflent sur vos têtes ?

15. Que voulez-vous [10] de moi ?

16. Pierre le Grand forma d'abord une compagnie d'étrangers, dans laquelle il s'enrôla [11] lui-même.

17. Voici l'ouvrage dont je vous ai parlé, (et) qui a obtenu un succès si brillant.

18. Le flot qui l'apporta recule épouvanté.

19. Fuyez ceux dont l'esprit (ne) paraît que dans la médisance, et dont chacun redoute les sarcasmes.

20. Cet homme à qui vous parliez si familièrement n'est autre que [12] notre souverain ; vous seul (ne) l'avez pas reconnu [13].

21. Quels livres lisez-vous ? Choisissez-vous, ou prenez-vous tout ce qui vous tombe sous la main [14] ?

22. Quel homme, et quel style ! Quel feu ! quel génie !

vons : *we must*. — 9. *Each other* (suit le verbe). — 10. *Would you have*. — 11. S'enrôler : *to enlist* (v. neutre). — 12. N'est autre que : *is no other than* (est nul autre que). — 13. *To recognize*. — 14. *Into*. —

PHRASES SIMPLES. 27

23. Voici des livres de prose et de poésie; lesquels choisissez-vous?

24. Christophe Colomb, dont le génie découvrit un monde, mourut disgracié par le prince qui lui devait tant.

25. Dans la maison de qui logez-vous?

26. Qui voudrait accepter la responsabilité d'une telle action?

27. Que décidez-vous au sujet des [15] offres qui vous sont faites?

28. Quoi que [16] vous fassiez, faites une chose à la fois.

29. Qui que [17] (ce soit qui) vous conseille l'iniquité, fuyez ce que votre conscience vous reprocherait un jour.

30. Qui que (ce soit qu') il puisse prendre pour arbitre, je l'accepte.

§ XIII.

PRONOMINAUX INDÉFINIS.

1. L'Angleterre compte[1] que chacun fera son devoir. Telles furent les paroles mémorables de Nelson, avant la bataille de Trafalgar.

2. Cet ouvrage doit[2] être fait; que l'un ou l'autre de vous s'en charge[3], ou bien faites-le tous deux ensemble.

---

15. Au sujet de : *concerning*. — 16. *Whatever*, avec l'indicatif. — 17. *Whosoever*, à l'accusatif.

1. *To expect*. — 2. *Must*. — 3. Je m'en charge : *I take it upon*

28   THÈMES ANGLAIS.

3. Vous avez vu mon frère et mon cousin; et qui encore?

4. Turenne et Montecuculli étaient tous deux des tacticiens habiles. Ils passèrent[4] quatre mois à[5] se suivre, à s'observer.

5. Toute la compagnie se convenait, et voyait à regret le moment de se séparer.

6. Quoique ma fortune soit[6] perdue, tout n'est pas perdu pour moi.

7. En poésie la partie se prend souvent pour le tout.

8. Cet homme est tel que vous l'avez rencontré l'été dernier.

9. Si vous approuvez sa conduite, faites de même[7].

10. Aucun autre magistrat n'a obtenu les mêmes honneurs que vous.

11. On voit les maux d'autrui d'[8] un autre œil[9] que les siens[10].

12. En faisant valoir ses droits, on doit se garder de[11] léser ceux d'autrui.

13. On aime à voir les lieux où l'on passa sa jeunesse.

14. A mesure que les mots nouveaux paraissent, les anciens sont rejetés de[12] la langue.

15. Si votre crayon est mauvais, prenez-(en) un autre.

16. En littérature, disait Voltaire, tous les genres[13] sont permis hors[14] le (genre) ennuyeux[15].

myself (littér.: je le prends sur moi). — 4. *To spend* (littér.: dépenser) — 5. *In* (le verbe compl. au part. pr.). — 6. Quoique... soit: *though.... be.* — 7. Trad.: faites (*do*) la même (chose). — 8. *With.* — 9. Mettez au pluriel. — 10. Ajoutez: propres (*own*). — 11. Se garder de: *to beware of.* — 12. *From.* — 13. *Style of composition.* — 14. *Save.* — 15. Tire-

17. C'est un fait étrange, mais ce (n)'est pas un (fait) impossible.

18. Nul ne connait le sort qui l'attend[16].

19. (Ne te) fie pas à[17] tout le monde; plus d'un qui se dit notre ami ne mérite guère ce nom.

20. Est-il[18] quelqu'un (d)assez[19] lâche pour insulter une femme?

21. La vertu seule est bonne; l'hypocrisie n'en a que les dehors; l'une est aussi honorable et bienfaisante que l'autre est pernicieuse et criminelle.

22. Si l'on te demande[20] ta bourse, tu peux[21] la donner quelquefois. Si l'on te demande ta conscience, ne la donne jamais.

23. Peut-on souffrir une telle impertinence?

24. Aimez qu'on vous conseille et non pas qu'on vous loue.

25. Tels qui ne savent pas gouverner leurs propres affaires prétendent diriger la république[22]! O Athéniens, vous croirait-on assez légers pour y consentir?

26. Dans cette famille on est toujours en révolte contre l'autorité du chef.

27. On aime ceux de[23] qui l'on se croit aimé.

28. La question fut agitée dans le sénat; on décida que l'on envahirait l'Ibérie; qu'à cet effet[24] une armée y serait envoyée sous les ordres d'un consul; qu'une autre, commandée par un proconsul demeurerait[25] en Italie.

---

some. — 16. To await. — 17. L'accusatif. — 18. There. — 19. Assez... pour: *enough* après l'adjectif et avant l'infinitif. — 20. Demander à quelqu'un quelque chose: *to ask some one for a thing*. Demander quelque chose: *to ask for a thing*. — 21. May. — 22. Commonwealth (littéralement: richesse commune ou publique). — 23. By: par. — 24. A cet effet: *in order to this*. — 25. To remain. —

29. Est-il[26] rien de si impétueux que ses désirs, rien de si caché que ses desseins, rien de si habile que sa conduite?

30. A-t-il consulté quelqu'un? A-t-il pris l'avis de quelqu'un? A-t-il même annoncé qu'il m'éditât[27] quelque[28] chose?

§ XIV.

VERBES AUXILIAIRES TO HAVE ET TO BE.

1. « Je suis celui qui suis » exprime l'idée de Dieu.
2. Dieu dit « que la lumière soit, » et la lumière fut.
3. Il est doux d'être entouré des[1] êtres qui nous sont chers.
4. Sa puissance était grande, mais son ambition était plus grande encore.
5. Un enfant naîtra qui sauvera le monde.
6. Milton naquit à Londres en 1608; Dryden à Aldwinkle en 1631; Addison est né[2] en 1672 à Milston, paroisse où son père était ministre.
7. Il serait funeste d'être à la fois[3] très-puissant et très-ignorant.
8. Depuis trois ans j'habite[4] ces champs, séjour des bienheureux dans le royaume du sombre Pluton. Si j'avais encore[5] le bonheur (de) voir la douce lumière des vivants, je serais âgé de vingt années; j'aurais autour de moi une tendre mère et de nombreux amis. Hélas! les dieux m'ont privé de tous ces biens.

---

26. *Is there.* — 27. *To contemplate doing* (littér. : songer à faire); mettez à l'indicatif, même temps. — 28. Quelque : *any*.

1. De : *by* (par). — 2. Naître : *to be born* (litt. : être enfanté). — 3. A la fois : *at once* (litt. : à une fois). — 4. Tournez : j'ai habité 3 ans. — 5. *Still.*

9. J'eus des richesses; grâce au sort je (n'en) ai plus[6].

10. Vous auriez tort[7] si vous n'aviez pas des griefs sérieux.

11. Couvrez ceux qui sont nus; réchauffez ceux qui ont froid[8]; donnez à manger à ceux qui ont faim.

12. L'impie a dit dans son cœur : Il (n)'est[9] point de Providence.

13. Il fut un temps où vous haïssiez César; il viendra[10] un temps où vous pleurerez sa perte.

14. Aujourd'hui, les astronomes savent quand il y aura une éclipse de soleil ou de lune; autrefois, ces phénomènes étaient imprévus; ils étaient la terreur des hommes.

15. Avez-vous été à Londres? Y avez-vous été longtemps?

16. Être faible est (chose) misérable.

17. J'ai été jeune et je suis maintenant vieux, et je (ne) serai bientôt plus; la vie (n)'est qu'un songe fugitif.

18. « Le comte[11] de Fife avait une femme : où est-elle maintenant ? » dit la femme de Macbeth au souvenir de son crime.

19. Tu es celui que j'attends : à ton approche mon cœur a tressailli; tu es celui dont la venue nous fut promise.

20. Si nous eussions été lâches, nous (n)'eussions pas été utiles à la patrie.

— 6. *No more* (littér. : pas plus). — 7. Avoir tort : *to be wrong* (littér. : être erroné). — 8. Avoir froid, chaud, faim, etc.; tournez : être froid, chaud, affamé, etc. : *to be cold, warm, hungry, etc.* — 9. Il est, il y a, il y eut, il y aura, etc., trad. par *there* (là) suivi du verbe *to be* s'accordant avec le sujet. — 10. Trad. : il y aura. — 11. *Thane*

THÈMES ANGLAIS.

21. Faites[12] relier ce livre avec soin.
22. Je dois[13] aller à la campagne dès que le temps sera assez beau.

§ XV.

VERBES AUXILIAIRES DE MODES.

1. Dans ma jeunesse, je n'étais pas grand marcheur ; mais j'aimais[1] une promenade lente dans une campagne agréable.
2. L'embarras sera grand de choisir entre tant de partis.
3. Il (n)'appartient pas à un enfant de dire : *je veux*; sa volonté doit toujours se soumettre à celle de ses parents.
4. Je ne dois pas négliger ceux qui ont tant fait pour moi.
5. On doit connaître ses devoirs, mais cela ne suffit pas ; on doit prendre sur soi de les remplir[2].
6. Les vestales (ne) pouvaient quitter leur ministère qu'[3] après trente ans d'exercice. Elles étaient au nombre de six[4]. Si l'une d'elles laissait éteindre le feu sacré, il fallait que sa négligence fût rigoureusement punie. Le feu (ne) pouvait ensuite être rallumé qu'aux[5] rayons du soleil, au[6] moyen[7] d'un miroir d'airain.

(mot écossais). — 12. Tournez : ayez ce livre relié. — 13. Trad. : je suis (pour) aller.

1. *To like.* — 2. *To fulfil.* — 3. Que : *but.* — 4. Traduisez : six en nombre. — 5. A : *from.* — 6. *By.* — 7. *Means.* —

7. Que les hommes puissent s'instruire et ils deviendront meilleurs.

8. Il était permis au jeune Spartiate de dérober tout ce qu'il pouvait, pourvu qu'il ne se laissât pas prendre[8] sur le fait.

9. Il aurait pu fuir ; il ne voulut pas déshonorer son drapeau.

10. Si tu laisses ton voisin planter sa treille dans ton champ, bientôt il y bâtira sa maison.

11. L'homme vraiment juste ne voudrait pas nuire à son prochain quand même cela serait en son pouvoir, non pas même quand il (le) pourrait impunément.

12. Dans la plupart des monarchies de l'Orient, aucune loi ne limite la puissance du souverain : il peut tout ce qu'il veut.

13. Il se peut que le sort vous dépouille un jour de vos richesses, et alors, que deviendra votre arrogance ?

14. Je pourrais sortir d'ici sans[9] enfreindre[10] les règlements, mais je n'ai pas encore regagné assez de forces et je ne puis me soutenir.

15. Il faut que vous sachiez que votre mandataire a été infidèle.

16. Le roi Canut dit à la marée qui montait : « Tu n'iras pas plus loin ; » mais sa parole ne put pas arrêter les flots. Il railla alors ses courtisans qui avaient voulu lui persuader qu'il était le maître des mers.

17. Vous auriez dû suivre les conseils de votre médecin ; vous ne seriez pas alors tombé malade.

---

8. Tournez : être pris sur le fait. — 9. *Without* (gouv. le part.). — 10. *To*

18. Charles-Quint (n)'aurait pas pu lutter avec autant d'avantage contre François Ier s'il n'eût doublé ses forces par son élection à l'empire.

19. Il aurait dû mourir plutôt que de trahir sa patrie.

20. Si le récit de nos malheurs (ne) peut pas vous toucher, du moins que votre propre intérêt vous touche.

21. Soldats, les ennemis vous entourent de toutes parts ; il faut mourir ou vous tailler un chemin à travers ces phalanges ; vous laisserez-vous patiemment égorger [11] comme un troupeau, ou (ne) voulez-vous pas plutôt défendre vaillamment votre vie, au [12] risque d'une mort honorable ?

22. Hélas ! nous fûmes riches et puissants ; un sort cruel nous a dépouillés. Aujourd'hui, il nous faut déplorer notre abaissement dans une dure captivité ; heureux [13] si nous pouvions exhaler des regrets amers sans attirer [14] sur nous la colère de nos vainqueurs.

23. Hommes pusillanimes, ne pouvez-vous voir que l'œuvre du sort dans une chute où devaient vous entraîner vos vices et votre folie ? Serez-vous toujours au-dessous de votre condition, dans les revers comme dans la prospérité ; et ne pouvez-vous chercher des consolations dans les mâles pensées et dans la pratique de la vertu ?

24. Je respecte, dit un vieil auteur anglais, ces régiments en haillons [15] prêts à mourir [16] sur l'ordre d'un sergent.

25. Vous avez fait des fautes que vous auriez dû et pu éviter.

---

infringe. — 11. Tournez : vous laisser être égorgés. — 12. A : *at*. — 13. Traduisez : heureux serions-nous. — 14. Mettez au part. prés. — 15. En haillons : *tattered* (littér. : déguenillés). — 16. Prêts à mourir, trad. : qui mourraient.

PHRASES SIMPLES. 35

26. Nous ne pouvons accepter vos offres; les lois de notre pays nous le défendent.

27. Puissiez-vous réussir. Mes vœux vous accompagneront; ma faiblesse ne peut vous aider.

28. Il pourra traverser à gué, si la rivière n'est pas débordée.

29. Aurais-je pu croire qu'il m'aurait trompé ainsi?

30. Ces menaces de mort (n)'auraient pas dû le faire faiblir.

31. Pourrai-je m'autoriser de votre nom? Me le permettrez-vous?

32. On demandait à Diogène quelle était la meilleure heure pour dîner : « Si tu es riche, répondit-il, dîne quand tu veux; si tu es pauvre, dîne quand tu peux[17]. »

§ XVI.

VERBES RÉGULIERS.

1. Les hommes crurent[1] longtemps que le soleil (se) mouvait[2] autour de la terre.

2. Vous aviez disposé ces fleurs de telle manière qu'on pouvait jouir de[3] leur vue d'un seul coup d'œil.

3. La culture embellit ce que produit la nature.

4. La mère embrasse tendrement son enfant, dont elle craint de voir les jours bientôt terminés par la cruelle maladie qui le torture.

---

17. Dans toutes ces phrases les verbes *shall*, *will*, *may*, *can*, *let*, *must*, *ought*, doivent être employés selon les circonstances.

1. To *believe*. — 2. To *move*. — 3. To *enjoy*, régime direct. —

5. J'avais espéré finir mon ouvrage bien avant ce (temps).

6. Le succès dépasse nos espérances les plus vives.

7. Nous marchâmes longtemps à travers ces plaines désertes que le soleil dessèche de ses rayons.

8. Le général nous aurait ordonné d'attaquer le bastion demain; mais il a jugé que la brèche (n)'était pas assez large.

9. Le sang de vos rois crie, et n'est point écouté[4].

10. Celui qui vit par l'épée, peut périr par l'épée.

11. Les chevaux partirent[5], et la voiture fut entraînée au loin.

12. L'eau coule impétueusement[6] (là) où il (n)'y avait naguère que des marais pleins de joncs.

13. Remplis-tu exactement tous tes devoirs?

14. Il désire être célèbre, et manque de[7] l'énergie qu'il faut avoir pour conquérir la célébrité au moyen du[8] travail.

15. Celui qui épargne la verge gâte l'enfant.

16. Je pèserai vos actions dans une balance équitable.

17. Que le ciel récompense celui dont j'ai éprouvé[9] la fidélité.

18. Que mon frère laboure mon champ et émonde ma vigne, et qu'il partage leurs fruits avec moi.

19. Le navire fit voile[10] bien que[11] le ciel menaçât[12].

20. Ce malheur imprévu a éprouvé ma constance.

21. Achille avait été trempé dans[13] l'eau du Styx.

---

4. Écouter : *to listen to*. — 5. *To start*. — 6. Couler impétueusement : *to rush*. — 7. Manquer de : *to want*. — 8. Au moyen de : *by means of*. — 9. *To try*. — 10. Faire voile : *to sail*. — 11. Bien que : *though*. — 12. Même temps de l'indicatif. — 13. *Into*.

PHRASES SIMPLES.

22. La nature ne nous a pas encore[14] révélé tous ses secrets.

23. Ceux qui s'enorgueillissaient[15] de leurs triomphes sont tombés pour toujours.

24. Envie plutôt[16] le sort[17] de ceux qui sont trompés que de ceux qui trompent.

25. Les grands écrivains sont imités par des écrivains moins illustres, qui sont copiés à[18] leur tour par de plus infimes.

26. La comédie fut portée[19] par Aristophane à un degré inouï[20] de hardiesse ; puis moralisée par Ménandre, et plus tard par Térence.

§ XVII.

VERBES IRRÉGULIERS.

1. Songez-y[1] (bien), ce Dieu (ne) vous a point choisie[2] pour être un vain spectacle aux peuples de l'Asie.

2. Les bardes chantaient[3] les exploits guerriers des héros.

3. Milton écrivit[4] le *Paradis perdu* dans sa vieillesse.

4. Avant d'écrire[5], apprenez à penser.

5. Horace a parlé[6] avec dédain de la plèbe romaine mal nourrie[7].

6. Les triomphateurs romains étaient portés[8] sur un char, tandis que leurs soldats marchaient autour d'eux en chantant.

— 14. *Yet.* — 15. *To boast of* (littér. : se vanter de). — 16. *Rather.* — 17. *Lot.* — 18. *In.* — 19. *To carry.* — 20. *Unheard of.*

1. *To think.* — 2. *To choose.* — 3. *To sing.* — 4. *To write.* — 5. Trad.: avant que vous écriviez. — 6. *To speak.* — 7. *To feed.* — 8. *To bear.*

7. Charles XII, s'étant enfui[9] de la Turquie, courut à cheval[10] jusqu'à la mer Baltique.

8. On trouve[11] dans certaines contrées des masses métalliques qui, dit-on, sont tombées[12] du ciel.

9. César, ayant vu[13] la tête de Pompée, qu'on lui montrait, pleura[14] sur la triste fin de son rival.

10. Aux fêtes des druides, le gui sacré était coupé[15] avec des cérémonies mystérieuses, et l'on versait[16] trop souvent le sang de victimes humaines.

11. L'esclave qui devait[17] tuer Marius (n)'osa pas accomplir l'ordre qui lui était donné[18].

12. Adam mangea[19] le fruit défendu, qu'Ève avait mangé avant lui, bien qu'il sût[20] ce que le Seigneur avait dit.

13. Le messager qui fut envoyé[21] pour annoncer la victoire courut[22] sans s'arrêter, et tomba[23] mort en proclamant cette glorieuse nouvelle.

14. Je suis venu[24], j'ai vu, j'ai vaincu.

15. Plus d'un navire s'est perdu[25] dans les mers glacées qui sont situées[26] près du pôle.

16. Le chien brisa[27] sa chaîne et mordit[28] son maître.

17. Le flot qui l'apporta[29] recule épouvanté.

18. On voit en Angleterre les cartons que Raphaël dessina[30], et qui devaient être copiés, c'est-à-dire tissés[31] en tapisserie.

19. Le souverain est fermement résolu à conduire[32] lui-même l'armée que conduisait son général.

— 9. *To flee.* — 10. *To ride.* — 11. *To find.* — 12. *To sink.* — 13. *To see.* — 14. *To weep.* — 15. *To cut.* — 16. *To shed.* — 17. Qui était pour. — 18. *To give.* — 19. *To eat.* — 20. *To know.* — 21. *To send.* — 22. *To run.* — 23. *To fall.* — 24. *To come* (au prétérit.). — 25. *To lose.* — 26. *To lie.* — 27. *To break.* — 28. *To bite.* — 29. *To bring.* — 30. *To draw.* — 31. *To weave.* — 32. *To lead.* —

20. Le temple d'Éphèse fut brûlé[33], dit-on, par Erostrate, le jour même où naquit[34] Alexandre le Grand.

21. Le soleil couchant brillait[35] encore quand les lampes furent allumées[36].

22. Ce tableau nous montre[37] Roland et ses compagnons : les uns revêtant[38] leurs armures, les autres partant[39] déjà pour leur expédition.

23. Un Romain vendit[40] son champ pendant que l'armée des ennemis y était campée.

24. L'aigle déploya ses ailes, et s'éleva[41] dans les airs.

25. Elle est parée d'une robe de soie filée[42] et fabriquée[43] en Chine, et l'habit dont il est revêtu[44] a dû également coûter[45] très-cher, quoiqu'ils aient, dit-on[46], dépensé[47] tout leur bien.

26. J'ai supplié[48] mon frère de ne pas couper cet arbre, où une tourterelle nourrissait[49] ses petits; mais il m'a grondé[50] de cet excès de tendresse, et l'arbre a été jeté[51] à bas.

27. Un serpent se glissa[52] sous les fleurs et soudain s'élança[53] tout gonflé[54] contre nous. Il nous aurait piqués[55]; mais nous le vîmes, et le tuâmes[56] à coups[57] de pierres.

28. Il a bâti[58] une maison dont les murs sont déjà crevassés[59], parce que les fondements ne sont pas creusés[60] assez bas.

---

33. *To burn.* — 34. *To be born.* — 35. *To shine.* — 36. *To light.* — 37. *To show.* — 38. *To put on.* — 39. *To set off.* — 40. *To sell.* — 41. *To rise.* — 42. *To spin.* — 43. *To work.* — 44. *To clothe.* — 45. *To cost.* — 46. Il est dit. — 47. *To spend.* — 48. *To beseech.* — 49. *To breed.* — 50. *To chide.* — 51. *To throw down.* — 52. *To creep.* — 53. *To spring up.* — 54. *To swell.* — 55. *To sting.* — 56. *To slay.* — 57. Avec. — 58. *To build.* — 59. *To split.* — 60. *To dug.* —

29. Je voulais[61] venir hier en ville; mais on a fané[62] l'herbe, on a tondu[63] les brebis, et je n'ai pas quitté[64] mes champs.

30. Pendant que je dormais[65] l'autre nuit, je rêvai[66] qu'il gelait[67] si fort qu'on n'osait[68] pas sortir[69] de la chambre, et qu'on entendait[70] la grêle bondir[71] contre les fenêtres. Le coq chanta[72], et, en me réveillant[73], je contemplai[74] le soleil qui brillait[75] du plus vif éclat et répandait[76] partout la chaleur et la joie.

§ XVIII.

SUITE DES VERBES IRRÉGULIERS.

1. Avez-vous votre plume? Allez-la prendre[1].
2. Il a oublié de me rendre ce que je lui ai prêté[2].
3. Prométhée, ayant fait[3] une statue d'argile, déroba[4] le feu du ciel et en anima son ouvrage.
4. Les géants combattirent[5] Jupiter; tous les dieux, épouvantés, s'enfuirent en Égypte et y prirent[6] les formes de divers animaux; Minerve seule demeura fidèle à Jupiter.
5. Alexandre et Condé dormirent[7] profondément

---

61. *To mean.* — 62. *To mow.* — 63. *To shear.* — 64. *To leave.* — 65. *To sleep.* — 66. *To dream.* — 67. *To freeze.* — 68. *To dare.* — 69. *To go out.* — 70. *To hear.* — 71. *To shoot.* — 72. *To crow.* — 73. *To awake.* — 74. *To behold.* — 75. *To shine.* — 76. *To shed.*

1. Allez et prenez: *to go, to get.* — 2. *To lend.* — 3. *To make.* — 4. *To steal.* — 5. *To fight against.* — 6. *To take.* — 7. *To sleep.* —

à la veille de la première victoire qu'ils remportèrent[8].

6. Une hirondelle, en ses voyages avait beaucoup appris. Quiconque a beaucoup vu peut avoir beaucoup retenu. Celle-ci prévoyait[9] jusqu'aux moindres orages, et devant qu'ils fussent éclos les annonçait[10] aux matelots.

7. Un coq un jour trouva[11] une perle qu'il donna[12] au hasard au premier lapidaire.

8. Le navire pencha[13], et le malheureux matelot s'attacha[14] au mât déjà brisé.

9. J'allais[15] chez mon ami quand je le rencontrai[16].

10. Il se tient[17] ferme contre tous, et ne se croit jamais battu[18].

11. Ce domestique n'a pas compris[19] ce que je lui commandais de faire.

12. Nous sommes liés[20] par un traité dont nous ne pouvons nous affranchir[21].

13. La bise souffla[22] si fort que toutes les tuiles furent dispersées[23].

14. Il acheta[24] du drap sans le payer, et voulut s'enfuir[25]; mais il fut pris[26] sur le fait et jeté en prison.

15. Nous bûmes[27] à la mémoire de tous les braves guerriers qui ont versé leur sang[28] pour la patrie, devenue[29] plus puissante par leur dévouement.

---

8. *To win*. — 9. *To foresee*. — 10. *To foretell*. — 11. *To find*. — 12. *To give*. — 13. *To bend*. — 14. *To cling*. — 15. J'étais allant. — 16. *To meet*. — 17. *To stand*. — 18. *To beat*. — 19. *To understand*. — 20. *To bind*. — 21. *To rid*. — 22. *To blow*. — 23. *To cast asunder*. — 24. *To buy*. — 25. *To run away*. — 26. *To catch*. — 27. *To drink*. — 28. *To bleed*. — 29. *To grow*. —

16. Un homme s'assit[30] sous un arbre auquel était suspendu[31] un gland, qui tomba et lui frappa[32] le nez. Que serait-ce, dit-il[33], si cet arbre portait des fruits analogues à sa taille?

17. J'ai enfermé mon argent dans ce coffre où je le croyais bien gardé[34]; j'y ai mis[35] une clef; je l'ai placé[36] près de moi, et cependant l'argent s'est envolé[37]. C'est que je n'avais pas fermé[38] la porte.

18. Son chien ayant déchiré[39] son habit, il le frappa[40] et le foula[41] aux pieds. Mais je lui ai appris[42] à être désormais plus raisonnable.

19. Un arrêt injuste le dépouilla[43] de ses biens, et le chassa[44] du pays qu'il avait défendu[45], injustice qu'il supporta avec courage.

20. On commença[46] bientôt à voir la perte qu'on avait faite, et on chercha[47] à rappeler le guerrier offensé.

21. Le vent poussa[48] le vaisseau si violemment qu'il fallut l'attacher[49] au rivage où il demeura[50] quelque temps; mais bientôt les voiles se rompirent[51] et la carène fut fendue[52] et perdue[53].

22. J'allai[54] le voir hier, selon sa demande, mais il avait préféré[55] sortir, et il me laissa[56] sans réponse à sa porte.

23. Qu'il[57] m'invite une autre fois, comme il l'a

---

30. *To sit.* — 31. *To hang.* — 32. *To hit.* — 33. *To say.* — 34. *To keep.* — 35. *To put.* — 36. *To lay.* — 37. *To fly away.* — 38. *To shut.* — 39. *To tear.* — 40. *To strike.* — 41. *To tread.* — 42. *To teach.* — 43. *To bereave.* — 44. *To drive from.* — 45. *To bear.* — 46. *To begin.* — 47. *To seek.* — 48. *To thrust.* — 49. *To bind.* — 50. *To stick.* — 51. *To burst.* — 52. *To cleave.* — 53. *To lose.* — 54. *To go (I went).* — 55. *To choose.* — 56. *To leave.* — 57. *Let him.* —

PHRASES SIMPLES.

fait[58], et certes je lui ferai sentir[59] son inconvenance.

24. Quand je me réveillai[60], mes amis s'étaient cachés[61] et je me crus[62] seul abandonné[63] dans la forêt.

25. Je lis[64] pour la seconde fois ce livre que j'ai déjà lu, et je suis de plus en plus frappé[65] de son mérite.

26. Il m'ordonna[66] de rester[67] là où j'étais debout[68], et aux autres de s'asseoir[69] où était placée[70] la table. Je pris[71] la chose avec résignation, et bientôt il me ramena[72] au milieu des convives.

27. Tout ce qui avait été semé[73] ou répandu[74] dans les champs fut frappé[75] d'un fléau destructeurs qui fit étioler[76] et mourir toutes les plantes. Le blé qui réussit[77], la farine qui fut moulue[78] cette année montèrent[79] à un très-haut prix.

28. Cet homme marchait[80] à grands pas, jurant[81] que l'uniforme qu'il portait[82] avait traversé[83] trente batailles, et, disant[84] cela, il secoua[85] la tête et ceignit[86] son épée, prêt à blesser[87] quiconque aurait douté.

29. Dès que la cloche eût sonné[88], le cheval partit s'élançant[89] comme un trait. Le cavalier tint[90] ferme, et tourna[91] avec tant d'adresse qu'il ne heurta[92] aucune barrière, et fut si prompt[93], qu'il gagna[94] le prix.

---

58. *To do.* — 59. *To feel.* — 60. *To awake.* — 61. *To hide.* — 62. *To think.* — 63. *To forsake.* — 64. *To read.* — 65. *To strike.* — 66. *To bid.* — 67. *To stay.* — 68. *To stand.* — 69. *To sit.* — 70. *To set.* — 71. *To take.* — 72. *To bring back.* — 73. *To sow.* — 74. *To spread.* — 75. *To smite.* — 76. *To shrink.* — 77. *To thrive.* — 78. *To grind.* — 79. *To rise.* — 80. *To stride.* — 81. *To swear.* — 82. *To wear.* — 83. *To go through.* — 84. *To tell.* — 85. *To shake.* — 86. *To gird on.* — 87. *To hurt.* — 88. *To ring.* — 89. *To shoot.* — 90. *To hold.* — 91. *To wind.* — 92. *To hit.* — 93. *To speed well.* — 94. *To win.* —

30. Nous voguions paisiblement, quand soudain une tempête éclata [95] et un vent furieux balaya [96] toute la mer. Nous luttâmes [97] en vain contre les vagues, qui, berçant [98] le vaisseau, finirent [99] par le lancer [100] contre une roche qui le brisa [101]. Tout l'équipage s'agenouilla [102], et, nous confiant en Dieu, nous nous élançâmes [103] dans les flots, et nageâmes [104] si bien que tous abordèrent au rivage.

§ XIX.

FLEXION INTERROGATIVE ET NÉGATIVE.

1. Il ne fait [1] pas si chaud aujourd'hui que ces jours derniers.
2. Il n'est point de serpent ni de monstre odieux, qui, par l'art imité, ne puisse [2] plaire aux yeux.
3. Le monde, par vos soins, ne se changera pas.
4. De telles subtilités ne viennent pas d'un esprit droit [3].
5. Ni l'or ni la grandeur ne nous rendent heureux.
6. Les peuples de l'Asie, de l'Afrique, de l'Océanie ne sont pas à beaucoup près [4] aussi civilisés que ceux de l'Europe.
7. Les arbres de la zone torride ne croissent pas facilement dans notre pays.

---

95. *To break out.* — 96. *To sweep over.* — 97. *To strive.* — 98. *To swing.* — 99. Le lancèrent enfin. — 100. *To fling.* — 101. *To rend.* — 102. *To kneel down.* — 103. *To leap.* — 104. *To swim.*

1. Traduisez : il n'est pas. — 2. Même temps de l'indicatif. — 3. *Sound* : sain. — 4. A beaucoup près : *by a great deal.* —

PHRASES SIMPLES.

8. Cicéron ne mourut pas (de) sa mort naturelle.
9. Les dieux ne se sont pas rendus⁵ à mes prières.
10. Mon frère n'a pas trouvé de nids dans le bois où il est allé hier.
11. Votre ami et moi nous ne sommes pas partis ensemble.
12. Les ennemis ne se sont pas défendus mollement⁶; mais avec tout leur courage ils n'ont pu résister à l'élan⁷ de nos soldats.
13. Je n'irai pas aux bains de mer le mois prochain; j'y suis allé déjà cet été.
14. Vous ne vous seriez pas blessé, si vous n'aviez pas oublié toute prudence.
15. Tu troubles mon eau. — Le pourrais-je? — Si ce n'est toi, c'est donc ton frère.
16. Il est honteux de ne pas aimer les choses de l'esprit⁸, et de ne pas les préférer à de vains amusements.
17. N'ayant pas vu les ennemis, il tomba dans leur embuscade.
18. Les jours de mon enfant seraient-ils menacés? Ciel, à qui voulez-vous⁹ désormais que je fie les secrets de mon âme et le soin de ma vie!
19. Je n'ai pas ce livre, et je ne serais pas fâché¹⁰ de le lire; votre frère l'a-t-il, et pourrait-il me le prêter pour quelques jours?
20. Craignez-vous tant les coups du sort?
21. Le maître de ce château est-il déjà retourné à la ville, ou bien est-il allé faire¹¹ un voyage?

---

5. Se rendre à...: *to comply with.* — 6. *Feebly.* — 7. *Impetuosity.* — 8. Choses de l'esprit: *intellectual pursuits* (litt.: occupations intellectuelles). — 9. Voulez-vous que je...: *would you have me....* (le verbe suivant à l'infinitif). — 10. *Sorry.* — 11. Trad.: sur (*upon*) un voyage.

22. Le monde n'a point produit de plus grand poëte qu'Homère.

23. Le Nil ne déborde-t-il pas tous les ans, et le limon qu'il dépose ne fertilise[12]-t-il pas le sol qu'il a recouvert?

24. Les anciens soupçonnaient-ils seulement [13] les lois qui régissent la nature? L'honneur d'[14]avoir découvert un grand nombre de ces lois n'appartient-il pas aux modernes?

25. Votre frère manque[15]-t-il de force ou de courage? ou plutôt ne manque-t-il pas de tous les deux?

26. Les anciens ne craignaient-ils pas les éclipses de lune ou de soleil? Ne croyaient-ils pas que la venue des comètes annonçait la chute des empires?

27. Les hommes ne deviendraient-ils pas meilleurs s'ils étaient tous instruits?

28. Il n'y a pas dans le monde de métier si pénible que celui de [16] se faire un grand nom.

29. Il n'est pas permis [17] de faire le mal en vue [18] du bien; en d'autres termes, la fin ne justifie pas les moyens.

30. Y a-t-il rien de plus frais et de plus tranquille que ce vallon?

31. César n'acheva-t-il point la conquête des Gaules? Mais s'il fonda l'empire, il n'en jouit point.

32. Entendez-vous comme on [19] ose travestir la parole de Dieu? Et n'êtes-vous pas épouvantés de [20] pareils blasphèmes?

— 12. *To manure.* — 13. *Even :* même. — 14. *Of* (le verbe suiv. au part. présent). — 15. Manquer de : *to want* (verbe transitif). — 16. *Of* (part. présent). — 17. *Lawful.* — 18. Tournez : afin que le bien puisse (en) venir. — 19. *They.* — 20. *At.*

PHRASES SIMPLES.

§ XX.

EMPLOI DES TEMPS.

1. J'avais placé sur ma cheminée ce vase rempli de fleurs, et je m'aperçois qu'il est tombé en morceaux; il faut qu'il soit tombé pendant mon absence.

2. Mon oncle est arrivé aujourd'hui et mon père est arrivé (la) semaine dernière.

3. A quelle heure dînez-vous? — Dans cette saison je dîne à sept heures, mais en hiver je dîne plus tôt.

4. Quel livre lisez-vous en ce moment? — J'ai sous les yeux le poëme de la *Henriade*, mais c'est par exception; depuis quelque temps je lis surtout de l'histoire.

5. Je vais tous les ans voyager en Allemagne, depuis que mon frère y demeure[1]. Cependant je n'y suis pas encore allé cette année.

6. Votre frère travaille déjà; il y a une heure qu'il s'est mis[2] à[3] l'ouvrage, et je vois que vous jouez encore.

7. J'ai vu passer hier votre oncle en chaise de poste; où allait-il? — Il partait pour l'Italie.

8. Je vous parle de choses qui devraient vous intéresser, et cependant je vois (bien) que vous pensez à autre chose.

9. Pascal est mort en 1662; il y a donc 200 ans qu'il est mort. Les *Pensées* qu'il a laissées sont des matériaux qu'il comptait[4] employer dans un grand traité qui est demeuré inachevé.

1. *To live.* — 2. *To set.* — 3. *To.* — 4. *To mean* (irrégulier). —

10. J'ai commencé hier à écrire cette lettre, et je l'ai achevée aujourd'hui.

11. Tu ne porteras point de faux témoignages, dit l'Écriture.

12. Il ne tardera pas à être malade, s'il continue à vivre d'un[5] pareil régime[6].

13. Mon devoir ne me permet pas de tolérer de telles infractions aux règles établies; ceux qui s'en rendront coupables expieront leur négligence.

14. Dût-il même le demander à genoux, il ne mérite pas d'obtenir son pardon.

15. Avec un temps aussi favorable, il y a tout lieu[7] d'espérer que les récoltes seront belles.

16. Quelques conditions que vous exigiez, il les acceptera : je saurai l'y contraindre.

17. Pensez-vous qu'il soit aisé de faire des ouvrages aussi parfaits?

18. Je doute que vous trouviez facilement un domestique qui puisse remplacer celui que vous avez renvoyé[8] hier.

19. Il se peut que la ruse conduise parfois au succès, mais ne doutez pas que la voie droite ne soit la plus sûre.

20. Il faut qu'un homme soit bien hardi pour braver l'opinion de ses concitoyens.

21. Il est juste que celui qui a souffert pour l'État en[9] soit récompensé.

22. Il serait beau que le plus juste et le plus éclairé des hommes fût appelé[10] à les gouverner. Mais comment choisira-t-on le plus juste et le plus éclairé des

---

5. *Under.* — 6. *Regimen.* — 7. *Reason.* — 8. *To turn out.* — 9. Traduis. : pour cela. — 10. *To call upon.*

PHRASES SIMPLES.

hommes? Doutez-vous un seul instant que tous ne prétendent au commandement?

23. Ne faites pas à autrui[11] ce que vous ne voudriez qu'on vous fît[12].

24. Croyez-vous réellement que la raison du plus fort soit toujours la meilleure, et pensez-vous que la Fontaine l'ait compris ainsi? Doutez-vous que le bon droit ait aussi sa force en ce monde?

25. Boire, manger, dormir, telle est la vie des brutes, et des hommes qui leur ressemblent en ne faisant que cela.

26. Ce n'est pas tout d'avoir raison[13] : il faut savoir le prouver.

27. Il n'est pas défendu d'aimer la chasse et la pêche, mais il faut aimer la lecture.

28. Que vouliez-vous qu'il fît contre trois? — Qu'il mourût, ou qu'un beau désespoir enfin le secourût.

29. Écrire des vers, n'est pas toujours être poëte; mais c'est tâcher de le devenir.

30. Qui que tu sois, qui passes auprès de ce tombeau, crains que[14] la terre ne te reçoive bientôt à ton tour, et que la mort ne te prenne au dépourvu.

§ XXI.

ADVERBES ET CONJONCTIONS.

1. Le bien mal acquis profite rarement.
2. Après qu'il eut parcouru différents pays, il alla en Asie où il mourut misérablement.

— 11. *Others.* — 12. Trad. : être fait. — 13. *To be right.* — 14. *Lest.*

3. Hier on a entendu cet opéra pour la première fois ; il a été très-admiré.

4. Il y a très-longtemps que les Arabes ne sont plus idolâtres.

5. Plus vous vous lèverez de bonne heure, plus vous serez satisfait de l'emploi de votre journée.

6. Que ces montagnes sont belles ; que nous avons un grand spectacle sous les yeux !

7. Cet officier se conduisit très-bien dans la campagne qui s'est faite dernièrement.

8. Votre frère lit mieux que vous.

9. Les orages n'éclatent[1] pas seulement en été.

10. Macaulay dit de Marlborough : Si fort qu'il aimât la gloire, il aimait l'argent davantage.

11. Je ne suis pas si fou que de me croire plus sage que tout autre, mais je ne suis pas si simple que de vouloir agir selon le sentiment du premier venu[2].

12. Où est ton trésor, là est ton cœur.

13. Je ne me sens pas assez hardi pour regarder[3] la mort face à face, mais je ne puis estimer celui qui la craint outre mesure.

14. J'ai visité plus d'une fois l'Espagne et l'Italie ; ni l'une ni l'autre n'ont de quoi me retenir longtemps désormais.

15. Les anciens ont cherché plus d'une fois à pénétrer jusqu'aux sources du Nil, mais ils n'y ont jamais réussi. Et les tentatives qu'on a faites depuis commencent à peine à être plus heureuses.

16. Agissez promptement de peur que d'autres ne soient prêts avant que vous le soyez vous-même.

---

1. *To break out.* — 2. Que je rencontre. — 3. Regarder face à face : *to face* (verbe transitif).

PHRASES SIMPLES. 51

17. Quoique je le lui aie souvent recommandé, il n'a pas plus travaillé cette année que l'année dernière.

18. Plus vous irez loin, plus vous sera cher le souvenir des lieux que vous aurez quittés.

19. Dites au domestique de faire monter[4] la personne qui attend.

20. Depuis quelque temps ce négociant s'est lancé[5] dans des spéculations aventureuses.

21. Arrachez cet arbre et brûlez-le, puisqu'il ne donne pas de fruit.

22. On a exhumé plusieurs statues en creusant[6] les fondations de cet édifice.

23. Atalante s'arrêta pour ramasser les pommes d'or que son rival avait jetées à dessein.

24. Vous êtes si étourdi, qu'avec les meilleures intentions vous faites néanmoins beaucoup de mal.

25. Ou vous travaillerez de bon gré, ou vous demeurerez dans une ignorance honteuse.

26. Soit qu'on ait laissé par négligence brûler du feu[7], soit qu'un malfaiteur ait allumé l'incendie, la maison est entièrement consumée.

27. Il n'est pas aveugle au point de ne pouvoir[8] se diriger dans les rues.

28. Dans le cas où la rivière grossirait encore, il nous faudra déménager, de peur que l'eau n'atteigne nos appartements.

29. Le roi fut très-surpris et très-indigné qu'on eût agi contrairement à ses ordres les plus précis.

30. Ce malheureux, pendant qu'on extrayait le fer de sa blessure, poussait les cris les plus déchirants.

---

4. *To show up.* — 5. *To launch out* (verbe neutre). — 6. *To dig up.* — 7. Traduisez : brûlant. — 8. Traduisez : si aveugle qu'il ne puisse. —

31. Il y a moins d'honneur à continuer une œuvre commencée qu'à en jeter les fondements.

32. Plus[9] vous parlerez, (et) moins vous serez écouté.

33. Si vous vous leviez plus tôt, vous pourriez disposer de plus de temps.

34. Ben Jonson dit de Shakspeare qu'il savait peu de latin et encore moins de grec.

35. Vous auriez dû montrer plus de respect pour ce vieillard, ne sachant pas si vous vieillirez[10] vous-même.

36. Moins d'anecdotes frivoles, et plus de réflexions sérieuses auraient fait estimer[11] davantage votre livre.

§ XXII.

PRINCIPALES PRÉPOSITIONS.

1. Je demeure à Blois, mais je compte me rendre prochainement à Pau. De cette ville je passerai en Espagne, et je voyagerai quelque temps dans ce pays.

2. Mon frère passe une partie de l'année à Londres, et le reste à Paris.

3. Je me propose d'aller à Édimbourg; mon frère doit se trouver dans cette ville en même temps que moi, et nous y séjournerons pendant un mois.

4. On appelle cette ville l'Athènes du nord à cause de son aspect pittoresque, qui rappelle Athènes aux voyageurs qui l'ont vue. Elle ne le mérite pas moins par le zèle avec lequel on y cultive les lettres et les sciences.

---

9. *The more.* — 10. *To get old.* — 11. Rendre plus estimé.

5. Je visiterai l'Université d'Édimbourg, où tant de professeurs éminents ont enseigné la philosophie à des disciples attentifs.

6. Après le désastre de Cannes, les légions qui s'étaient enfuies du champ de bataille furent envoyées dans la Sicile, et condamnées à servir dans cette île jusqu'à ce que les armées ennemies eussent été chassées de l'Italie.

7. Loin de sanctionner les spectacles sanglants qui plaisaient tant aux anciens Romains, l'Église a très-souvent censuré le théâtre moderne.

8. Vous vous trompez[1] en contestant qu'on puisse être juste et même sévère sans être cruel.

9. Dans le but d'avancer sa fortune, il s'est abaissé à des intrigues qui l'ont compromis et enfin perdu. De toutes les voies la plus droite est de beaucoup la plus sûre.

10. Je n'ai rencontré qu'un seul homme qui suivait paisiblement la route, et qui ne ressemblait guère à ces brigands dont on m'avait tant effrayé.

11. Vous me parlez (du haut) de cette fenêtre de choses qui devaient rester secrètes, et que vous laissez entendre par les passants.

12. Vous êtes si préoccupé que vous n'entendez seulement[2] pas quand on vous parle.

13. Il paraît déterminé[3] à lasser ma patience.

14. Pour avoir embrassé trop de choses à la fois, vous avez échoué dans toutes.

15. Pour la pêche du saumon, aucun pays n'est aussi favorable que l'Écosse.

---

1. Vous vous trompez en..., trad. : vous êtes erroné (*wrong*) dans... — 2. Trad. : même. — 3. Être déterminé à..., trad. : être courbé, tendu (*to bend*, irrég.) sur (*on*) ....

16. Après avoir pris Tyr, Alexandre pénétra dans le cœur de l'Asie.

17. Montez[4] cette colline, redescendez l'autre versant, et vous trouverez dans la vallée la maison que vous cherchez.

18. Ne dédaignez[5] pas ceux que la fortune a placés plus bas que vous.

19. David abattit Goliath d'un coup de pierre.

20. César tomba percé de coups de poignards[6] qui lui avaient été portés par Brutus et ses complices.

21. Socrate mourut empoisonné avec de la ciguë, sur un jugement des Athéniens. Il fut pleuré de ses disciples, et bientôt regretté de tout le peuple qui l'avait condamné.

22. J'ai reçu une lettre du père de votre ami; il se plaint de votre inexactitude à lui écrire.

23. La réforme en Angleterre remonte bien avant Henri VIII. Elle a déjà commencé sous le règne d'Édouard III, qui protégea Wiclef, premier traducteur de la Bible en langue vulgaire.

24. Toutes les communions chrétiennes puisent leur foi dans l'Évangile, du sein duquel jaillissent toutes les grandes vérités.

---

4. *To walk up.* — 5. *To look down upon.* — 6. Coup de poignard : *stab.*

II

ANECDOTES, RÉCITS, NARRATIONS.

L'éloquence muette.

Quelqu'un disait d'un orateur, après un discours qu'il avait entendu de fort loin[1] : « Il m'a parlé de[2] la main, et je l'ai entendu des yeux. »

Sceptre ou marotte.

Montaigne dit que la science est un sceptre en de certaines[1] mains, et en d'autres une marotte[2].

---

1. De fort loin : *from a great distance.* — 2 De : avec.

1. De certaines : *some.* — 2. Marotte : *fool's stick.*

Le petit présent.

Montesquieu disputait sur un fait avec un conseiller du parlement de Bordeaux, homme de beaucoup d'amour-propre et de mince[1] mérite. A la suite de plusieurs raisonnements débités avec fougue, notre conseiller s'écria : « Monsieur le président, si ce n'est pas comme je vous le dis, je vous donne ma tête. — Je l'accepte, répondit Montesquieu; les petits présents entretiennent[2] l'amitié. »

Le parallèle concis.

Quelqu'un venait de lire[1] à Rivarol un parallèle fort long et fort ennuyeux entre Corneille et Racine : « Votre parallèle, lui dit Rivarol, est bien fait, mais il est un peu[2] long; je le réduirais à ceci : L'un s'appelait Pierre Corneille, et l'autre Jean Racine. »

L'avocat et son cheval.

L'avocat général Talon, allant au Palais, battait son cheval qui lui donnait des ruades et ne voulait

---

1. Mince : *slender*. — 2. Entretenir : *to keep up*.
1. Venait de lire : *had just been reading*. — 2. Un peu : *rather*.

pas avoir le dernier[1]. Beautru, qui était présent, dit : « Allons, montrez-vous le plus sage[2]. » Ce dont Talon se fâcha[3]. « Ce n'est pas à vous, reprit Beautru, mais au cheval que je parle. »

Utilité de la critique.

Boileau disait un jour à son ami Racine : « Une critique est une raquette qui relève[1] un livre et l'empêche de tomber[2]. »

Le vent sans moulin.

Louis XIV disait à quelqu'un en lui faisant admirer[1] Versailles : « Savez-vous qu'il n'y avait ici qu'un moulin à vent?

— Sire, lui répondit-on, le moulin n'y est plus, mais le vent y est toujours. »

---

[1] Avoir le dernier : *to give in.* — 2. Le plus sage : *the wiser.* — 3. Traduisez : rendit fâché.

[1] Relever : *to catch up.* — 2. Et l'empêche de tomber : *and keeps it up.*

[1] En lui faisant admirer : *in pointing out to him the beauties of.*

Un règne de nuit.

Les habitants de Shrewsbury souhaitaient à Jacques Ier que son règne durât[1] aussi longtemps que le soleil, la lune et les étoiles. Le monarque leur répondit avec gaieté : « Messieurs, si vos vœux étaient exaucés, mon fils serait obligé de régner à la chandelle[2]. »

Saillie de Benserade.

Le cardinal Mazarin jouant au piquet eut une vive querelle pour un coup avec celui qui faisait sa partie[1]. Benserade entre, entend le cardinal crier[2] et voyant que tout le monde se taisait autour de lui, dit : « Monseigneur, vous avez tort. — Comment peux-tu, lui dit le premier ministre, me condamner sans savoir le fait? — Ah! certes, répondit Benserade, le silence de ces messieurs m'instruit parfaitement; ils crieraient en votre faveur plus haut que vous si vous aviez raison. »

Sagesse de Benoît XIV.

Le pape Benoît XIV disait au sujet de la vérité : « Je n'attends pas qu'elle vienne, je vais la chercher;

---

1. Durât : *might last*. — 2. A la chandelle : *by candle-light*.

1. Faisait sa partie : *was playing with him*. — 2. Crier : *storming*.

d'autant mieux qu'elle[1] est d'un rang à ne pouvoir faire antichambre[2]. »

La fierté martiale.

Louis XV, passant devant les grenadiers à cheval[1], dit à lord Stanley, qui était à portée[2] :

« Mylord, vous voyez là les plus braves gens de mon royaume ; il n'y en a pas un qui ne soit couvert de blessures. »

Le lord répondit :

« Sire, que doit penser Votre Majesté de ceux qui les ont blessés ?

— Ils sont morts ! » répartit un vieux brigadier.

Le don intelligent.

Un gentilhomme demandait à emprunter vingt écus à saint François de Sales. Le respectable prélat offrit au demandeur[1] dix écus, en lui disant : « Je vous les donne, vous y gagnez et moi aussi. »

---

1. D'autant mieux que : *especially as.* — 2. Ne pouvoir faire antichambre : *not to dance attendance.*

1. Grenadiers à cheval : *mounted grenadiers.* — 2. A portée : *within hearing.*

1. Demandeur : *borrower.*

Bon mot involontaire.

Une troupe de comédiens ambulants venait de jouer[1] le *Misanthrope* dans une petite ville de Normandie. L'acteur qui avait rempli le rôle d'Alceste, et qui l'avait joué de moitié avec[2] le souffleur, s'avance[3] après la représentation et dit :

« Messieurs, nous aurons l'honneur de vous donner demain le *Philosophe sans le savoir*.

— Non pas! non pas! s'écrie le maire tout furieux; vous venez de jouer le *Misanthrope* sans le savoir[4], et vous, demain, s'il vous plaît, vous saurez votre *Philosophe*. »

Le temps gagné.

Lesage, avant de faire jouer[1] son *Turcaret*, avait promis à la duchesse de Bouillon d'aller lui lire cette pièce. On comptait[2] que la lecture s'en ferait[3] avant le dîner; mais quelques affaires retinrent l'auteur et il arriva tard. La duchesse de Bouillon le reçut d'un air d'impatience et avec hauteur : « Vous m'avez fait perdre une heure à vous attendre[4], lui dit-elle. — Eh bien! madame, reprit froidement Le-

---

1. Venait de jouer : *had just played*. — 2. De moitié avec : *more than half helped by*. — 3. S'avance : *comes forward*. — 4. Sans le savoir : *without knowing it*.

1. Faire jouer : *to bring out*. — 2. On comptait : *they expected*. — 3. S'en ferait : *would take place*. — 4. A vous attendre : *waiting for you*.

sage, je vais vous en faire⁵ gagner deux. » Il fit sa révérence et sortit.

La noble vengeance.

Claude de l'Aubespine, après avoir rempli dignement plusieurs fonctions publiques, écrivait à Étienne de Nully, premier président à la Cour des aides : « Vous sollicitez, Monsieur, la place de prévôt des marchands ; je la sollicite aussi. Je sais que, pour obtenir la préférence, vous avez cherché à me rendre suspect au roi[1]. Pour vous perdre[2] dans l'esprit de Sa Majesté, il me suffirait de mettre sous[3] ses yeux deux lettres que vous m'avez écrites à son sujet[4], quand nous étions encore amis. Je vous les renvoie, pour n'être pas tenté d'abuser de[5] la confiance que vous aviez alors en moi.

Le nouvel Ésope.

Un prince étranger, jeune et plein d'esprit, mais disgracié de la nature, entendit dire[1] derrière lui,

---

— 5. Je vais vous en faire : *I will make you.*

1. *To bring me under the king's suspicion.* — 2. Perdre : *to ruin.* — 3. Sous : *before.* — 4. A son sujet : *about him.* — 5. D'abuser de : *to betray.*

1. Entendit dire : *heard people say.*

dans un jardin public : « Regardez donc, c'est un Ésope. » Se retournant² aussitôt, il répondit : « Vous avez raison, car je fais parler les bêtes³. »

Le tigre et la souris.

Un fait singulier de physiologie animale, c'est¹ l'horreur que² certains petits animaux, relativement inoffensifs, inspirent à d'autres grands animaux qui sont un objet d'effroi pour toute la nature. Un tigre était prisonnier³ à Mysore. Le moyen de le tourmenter était d'introduire une souris dans l'intérieur de sa cage. Jamais petite maîtresse ne montra⁴ autant de terreur, à la vue d'une araignée, qu'en exprimait ce magnifique tigre royal à l'aspect de l'hôte incommode de nos habitations. Notre système de taquinerie consistait à⁵ attacher la souris par une ficelle au bout d'une longue perche, à promener⁶ ainsi le petit animal sous le nez du monstre. Dès qu'il voyait la souris, le tigre bondissait à l'extrémité opposée de la cage, et quand la souris courait vers lui, il se blottissait dans un coin. Là, il se tenait⁷ tout tremblant et rugissant de frayeur. Cet accès de panique⁸ était tel que nous étions toujours obligés de cesser ce jeu par pitié pour⁹ le tigre.

2. Se retournant : *turning round*. — 3. Je fais parler les bêtes (je fais les bêtes parler).

1. Ne traduisez pas : *ce*. — 2. Que (avec laquelle). — 3. Prisonnier : *in captivity*. — 4. Tournez : aucune petite maîtresse ne montra jamais.... — 5. A : *in*. — 6. Promener : *to parade*. — 7. Se tenir : *to lie*. — 8. Cet accès de panique (cette panique). — 9. Par pitié pour : *in mercy to*.

Whittington et son chat.

La souris joue[1] un rôle[2] dans les traditions de l'Angleterre. Tout le monde connaît l'histoire de Whittington et de son chat. Le jeune Whittington était, dit la chronique, un pauvre enfant qui vint un jour à Londres pour chercher fortune[3]. Reçu par charité[4] dans la maison d'un marchand[5], il acheta, sur[6] ses premières économies[7], un chat dont il mit à profit[8] les services pour débarrasser[9] sa chambre des souris qui s'y permettaient[10] toute sorte de libertés. Le marchand, ayant armé[11] un navire qui allait visiter les côtes de l'Afrique, exigea[12] que tous les employés[13] de la maison fournissent[14] quelque chose à la cargaison. Whittington alors apporta tout ce qu'il possédait dans le monde : son chat. On[15] riait, mais le chat fit merveille[16]. Au bout de quelques mois, le maître appela Whittington dans[17] son cabinet et lui annonça le succès inespéré[18] qu'avait obtenu cet article de marchandise. Le chat avait été acheté un[19] prix fou[20] par un roi d'Afrique dont le palais était infesté par[21] les souris. — Il est inutile de dire[22] que le chat était un animal inconnu dans ces contrées. Whittington enrichi fut plus tard[23] com-

---

1. Jouer : *to play*. — 2. Rôle : *part*. — 3. Chercher fortune : *to seek one's fortune*. — 4. Par charité : *through charity*. — 5. Marchand : *merchant*. — 6. Sur : *out of*. — 7. Économies : *savings*. — 8. Mettre à profit : *to avail one's self of*. — 9. Débarrasser : *to clear*. — 10. Se permettre : *to allow one's self*. — 11. Armer : *to fit out*. — 12. Exiger : *to require*. — 13. Employés : *clercks*. — 14. Fournir : *to contribute*. — 15. On : *people*. — 16. Merveilles : *wonders*. — 17. Appeler dans : *to invite to*. — 18. Inespéré : *unexpected*. — 19. Pour : *at*. — 20. Fou : *extravagant*. — 21. Par : *with*. — 22. Il est inutile de dire : *we need not add*. — 23. Plus tard : *subsequently*.

blé d'honneurs, et devint, dit-on, maire de la cité de Londres.

La fête des ramoneurs[1].

Une tradition ou plutôt un épisode verse[2] un rayon de poésie sur l'humble fête des ramoneurs de Londres. Une noble veuve, lady Montagu, avait un fils en bas âge[3] qui disparut un jour soudainement. Tout Londres apprit la nouvelle ; mais les recherches pour découvrir les traces de l'enfant perdu étaient demeurées[4] infructueuses. Longtemps après cette mystérieuse disparition, un jeune garçon fut envoyé par son maître pour ramoner les cheminées dans la riche habitation de lady Montagu, près de Portman-Square. L'enfant s'égara dans les noirs défilés qui serpentaient à travers[5] la maison, et, au lieu de revenir sur son chemin[6], il descendit par un tuyau de cheminée dans une des chambres à coucher où se trouvait[7] un lit somptueux. Épuisé de fatigue et cédant peut-être à l'influence de vagues souvenirs, le jeune ramoneur, tout noir qu'il était[8], se glissa entre les draps blancs et délicats. La mollesse de cette couche le plongea dans un profond sommeil.

Il dormait quand la femme de charge[9] entra par

---

1. La fête des ramoneurs : *the chimney-sweepers' holiday*. — 2. Verse : *sheds*. — 3. En bas âge : *of tender years*. — 4. Étaient demeurés : *were*. — 5. Serpenter à travers : *to wind through*. — 6. Revenir sur son chemin : *coming down by the way he went up*. — 7. Se trouvait : *stood*. — 8. Tout noir qu'il était : *black as he was*. — 9. Femme de charge : *house-keeper*.

ANECDOTES, RÉCITS, NARRATIONS.

hasard dans la chambre. Frappée de la délicatesse des traits et de l'air intéressant du petit ramoneur, elle alla prévenir la famille. L'idée de l'enfant perdu se présenta tout de suite au cœur de la mère. On interrogea le jeune garçon qui rougit sous sa noirceur innocente. Soit[10] que les durs traitements qu'il avait subis eussent effacé de sa mémoire les impressions de la première[11] enfance, soit qu'il fût troublé et confus, il ne put donner sur lui-même aucun renseignement ; mais son âge, sa voix, un certain air d'aisance[12], montraient qu'il n'était point étranger aux lieux dans lesquels le ramenait le plus grand des hasards. L'identité ayant été assez bien établie, lady Montagu reconnut[13] le petit ramoneur pour son fils, et lui restitua son nom, son rang et sa fortune.

Voulant en outre consacrer[14] par une fête le souvenir de cette étrange aventure, elle institua un dîner annuel qui avait lieu le 1er mai dans Conduit-House, et auquel se rendaient tous les garçons ramoneurs[15] de Londres. Comme on n'exigeait des convives d'autre certificat que[16] la suie empreinte[17] sur les visages, plusieurs enfants des rues[18], assure-t-on, se noircissaient la figure pour la circonstance et se glissaient ainsi parmi les ramoneurs dans la salle du banquet. Cette fête se renouvela[19] durant toute la vie de lady Montagu. Son fils la continua pendant trois ou quatre ans, puis il quitta l'Angleterre. La tradition était si

— 10. Soit : *either*. — 11. Première : *early*. — 12. Air d'aisance : *ease of manner*. — 13. Reconnut le .... : *recognized her son in ....* — 14. Consacrer : *to perpetuate*. — 15. Garçons ramoneurs : *climbing boys*. — 16. Comme on .... : *as the only certificate required of the....* — 17. La suie empreinte : *a sooty face*. — 18. Des rues : *of the streets*. — 19. Se renouvela : *was renewed*.

bien gravée dans les mœurs, que les maîtres ramoneurs et d'autres citoyens de Londres se cotisèrent pour perpétuer le divertissement du 1ᵉʳ mai. Un grand nombre de personnes se rendaient ce jour-là dans Conduit-House, et assistaient, en y contribuant, au régal de ramoneurs. Mais, après 1831, le dîner passa, ainsi que le reste, à l'état de légende.

Molière et Scaramouche.

Un bouffon de mœurs fort scandaleuses était presque autant en faveur auprès de[1] Louis XIV que Molière. On fait grand bruit d'[2] une aile de poulet que le grand roi daigna offrir à Molière, mais il fit au bouffon l'honneur de lui verser deux fois à boire[3] de[4] sa royale main. Il donnait 7,000 livres à la troupe[5] de Molière et 15,000 livres de pension à la troupe de Scaramouche. Enfin quand Molière meurt, c'est à peine si Louis XIV daigne[6] permettre d'enterrer la nuit[7], presque à la dérobée, les restes de cet homme qui avait honoré la France et l'esprit humain. Quant à Scaramouche, une foule extraordinaire de toutes sortes de personnes accompagna[8] son corps jusque dans l'église de Saint-Eustache, où il fut inhumé avec une grande pompe. C'est ainsi que le génie expie en ce monde sa supériorité.

1. Auprès de : *with*. — 2. On fait grand bruit de : *a great deal has been made of*. — 3. Verser à boire : *to fill his glass*. — 4. De : *with*. — 5. Troupe : *company*. — 6. C'est à peine si..., *scarcely would Lewis the XIVᵗʰ allow*. — 7. La nuit : *by night*. — 8. Accompagner : *to follow*.

Les anciens et les modernes.

Lorsque notre siècle nous offre quelque belle action, pourquoi ne pas la citer[1] sans se donner[2] la peine d'en aller chercher dans l'antiquité[3]? « Pour moi, disait Montaigne, si mon voisin faisait quelque chose de remarquable, je le citerais aussi volontiers que l'un des sept sages de la Grèce. Il n'y a que[4] les petits génies auxquels il faille[5] de grands noms pour leur faire admirer la vertu. Si une action n'est belle d'elle-même[6], ce ne sera ni le nom d'Épaminondas, ni celui d'Alexandre ou de César qui la fera passer pour belle; et si une pensée est fausse, ce ne sera pas le nom de Sénèque ou d'Aristote qui la rendra juste. »

Belle réponse de Rousseau.

J.-J. Rousseau venant[1] d'herboriser à la campagne, arriva chez[2] des dames, les[3] mains pleines de plantes qu'on appelle graminées. On se mit à rire en le voyant entrer. « Il n'y a pas là de quoi rire[4], dit Rousseau, je tiens dans mes mains les plus grandes preuves de l'existence de Dieu. »

---

1. Ne pas la citer : *not cite it.* — 2. Se donner : *giving ourselves.* — 3. En aller chercher... : *to go back to antiquity for it.* — 4. Il n'y a que : *it is only.* — 5. Auxquels il faille : *who require.* — 6. D'elle-même : *in itself.*

1. Venant de : *who had just been.* — 2. Arriva chez : *came before.* — 3. Les (ses). — 4. Il n'y a pas là de quoi rire : *there is nothing to laugh at.*

Sens poétique de Voltaire.

On apporta un jour à Voltaire un volume d'une nouvelle édition de ses œuvres [1]. A l'ouverture du livre, il tomba sur [2] son Épître au chevalier de B..., qui commence ainsi :

> Croyez qu'un vieillard cacochyme
> Agé de soixante et douze ans.

Voltaire entra en fureur [3], et déchira le feuillet en s'écriant : « Barbare, dis donc chargé, et non point âgé ; fais une image [4], et non pas un extrait baptistaire. »

Montesquieu et Chesterfield.

Montesquieu, à Venise, examinait tout avec grand soin, et vivait beaucoup avec un autre voyageur, lord Chesterfield, le plus spirituel et le plus Français des Anglais de ce temps. Les deux amis discutaient sur toutes choses, même sur une bien vieille question, la prééminence entre les deux peuples [1]. Chesterfield avouait que les Français avaient plus d'esprit ; mais il soutenait que les Anglais avaient infiniment plus

---

1. OEuvres : *works*. — 2. Tomba sur : *lighted upon*. — 3. Entra en fureur : *became furious*. — 4. Fais un image : *make it an image*.

1. La prééminence entre les deux peuples : *that of national supe-*

de bon sens, et Montesquieu n'en convenait pas². A travers³ ces petites discussions, Montesquieu reçoit un jour, dans son cabinet, la visite d'un inconnu⁴, d'assez pauvre apparence, qui lui dit : « Je viens, monsieur, vous révéler un important secret. Votre qualité d'étranger⁵ et vos recherches, vos questions pour tout connaître⁶ à Venise, vous ont rendu suspect⁷ au gouvernement. Par ordre du conseil des Dix, vos papiers vont être saisis, et vous serez arrêté dans la nuit. » Puis l'inconnu se retire sans plus de détails.

Montesquieu, fort troublé, ne perd pas de temps pour mettre⁸ ordre à ses papiers, jette au feu ses notes les plus hardies sur l'inquisition vénitienne et fait demander⁹ des chevaux de poste pour minuit. Lord Chesterfield rentrant le trouva dans l'émoi de ce départ précipité. L'Anglais écoute le récit de l'avertissement singulier qu'a reçu Montesquieu; puis il fait à ce sujet quelques objections de bon sens¹⁰. Quel homme est cet inconnu? quel intérêt peut-il porter¹¹ au voyageur? Comment peut-il savoir les secrets du conseil des Dix. Est-ce un espion, un agent des inquisiteurs? Pourquoi les trahirait-il gratis? Et de doute en doute, il fait sentir¹² d'une manière judicieuse que Montesquieu a cru trop légèrement, et brûlé ses papiers trop vite.

---

riority. — 2. N'en convenait pas : *would not allow this.* — 3. A travers, *in the midst of.* — 4. Inconnu : *stranger.* — 5. D'étranger : *as a foreigner.* — 6. Vos questions pour tout connaître : *your inquisitiveness about every thing.* — 7. Rendre suspect à : *to bring under the suspicion of.* — 8. Pour mettre : *in putting.* — 9. Faire demander : *to order of.* — 10. Objections de bon sens : *common sense observations.* — 11. Porter à : *to have in.* — 12. Il fait sentir, *he makes him feel.*

L'emprunteur éconduit.

Le célèbre Garrick avait souvent recours à la bourse d'autrui[1], et sa réputation de débiteur insolvable était parfaitement établie. Un jour il emprunta à Lord Chesterfield 50 livres sterling, lui promettant de les lui rendre un mois après. A l'époque dite[2], il fut exact et rendit les 50 livres. Il se trouva de nouveau dans le cas de[3] recourir à la bourse de Chesterfield. « Mylord, lui dit-il, je viens vous emprunter 25 livres; mon exactitude à vous rendre le premier prêt facilitera le second que je vous prie de me faire. — Vous vous trompez, monsieur, répondit Chesterfield; être deux fois ponctuel vous serait impossible. »

Le valet plaisant.

L'usage du docteur Swift, le Rabelais de l'Angleterre, était de voyager à pied avec un livre à la[1] main. Souvent il marchait jusqu'à la nuit[2] sans cesser de lire et sans s'arrêter ni pour boire ni pour manger. Un jour, qu'[3] il se rendait de Dublin à Waterford, suivi d'[4] un seul domestique, il fut rencontré par un vieux seigneur irlandais. Celui-ci ne

---

1. A la bourse d'autrui : *to his neighbour's purse.* — 2. A l'époque dite : *at the appointed time.* — 3. Dans le cas de : *in a position to.*

1. A la (dans sa). — 2. Jusqu'à la nuit, *till dark.* — 3. Que : *as.* — 4. De

connaissant pas Swift, demanda son nom à[5] l'homme qui l'accompagnait. Le valet, presque aussi original que le maître, ou qui l'[6]était devenu en le servant[7], répondit à l'Irlandais : « C'est monsieur[8] le doyen de Saint-Patrice et je le sers pour mes péchés. » — Et où allez-vous à cette heure? — Tout droit au ciel sans nous détourner. » Le gentilhomme, n'entendant rien à[9] cette réponse, le pria de lui expliquer ce qu'il voulait dire. « C'est pourtant une chose bien claire, répliqua le domestique; mon maître prie, et moi je suis à jeun. Où va-t-on[10], monsieur, par le jeûne et par la prière? »

Mirabeau et Beaumarchais.

Le comte de Mirabeau ne[1] subsistait guère que d'[2]emprunts. Il vint trouver[3] Beaumarchais; l'un et l'autre ne[4] se connaissaient que de réputation. La conversation fut vive, animée, spirituelle entre eux; enfin le comte, avec la légèreté[5] ordinaire aux emprunteurs de qualité, demanda à Beaumarchais de lui prêter une somme de 12,000 fr. Beaumarchais la lui refusa avec cette gaieté originale[6] qui le distinguait. — Mais il vous serait aisé de me prêter cette

(par). — 5. A : *of*. — 6. Le : *so*. — 7. En le servant (à son service). — 8. Monsieur : *the very reverend*. — 9. N'entendant rien à : *unable to make any thing of*. — 10. Où va-t-on : *whither do we go*.

1. Ne... guère : *almost entirely*. — 2. De : *on*. — 3. Venir trouver : *to come to*. — 4. Ne.... que de : *only by*. — 5. Légèreté : *levity*. — 6. Gaieté originale : *humour*.

somme, lui dit le comte? — Sans doute, lui répondit Beaumarchais ; mais, monsieur le comte[7], comme il faudrait me brouiller avec vous au jour de l'échéance de vos effets, j'aime autant que[8] ce soit aujourd'hui ; c'est 12,000 fr. que j'y[9] gagne.

Conséquences du vice.

Montesquieu fait une distinction plus spécieuse que juste lorsque, pour expliquer la fortune de César, il dit : « Cet homme extraordinaire n'avait pas un défaut, quoiqu'il eût bien des vices ; » entendant par défaut ce qui nuit[1] aux succès, et par vice ce qui dégrade l'être moral. Après avoir risqué[2] cette distinction par un entraînement de subtilité qui l'égare quelquefois, Montesquieu la détruit lui-même deux pages plus loin, car il signale les fâcheux résultats de la passion de César pour Cléopâtre, qui le retint en Égypte et l'empêcha de profiter de sa victoire[3] de Pharsale, et il conclut en ces termes : « Ainsi, un fol amour lui fit essuyer[4] quatre guerres, et, en[5] ne prévenant pas les deux dernières, il remit en question ce qui avait été décidé à Pharsale. »

Si cela était déjà incontestable du[6] temps de César, à une époque où[7] il est assez[8] difficile de déterminer

---

7. Monsieur le comte : *count.* — 8. J'aime autant que... : *it may as well be.* — 9. Y : *by.*

1. Nuire : *to be an obstacle to.* — 2. Risquer : *to hazard.* — 3. Profiter de sa victoire : *to follow up one's victory.* — 4. Lui fit essuyer : *drew him into.* — 5. En : *by.* — 6. Du (dans le). — 7. Où (quand). — 8. As-

en quoi consistait pour un homme public ce qu'on appelle aujourd'hui la considération, combien cela n'est-il pas plus évident[9] de nos jours, où nul n'acquiert par lui-même sur ses semblables un ascendant solide ou durable qu'à la condition de leur inspirer une certaine estime, incompatible avec certains désordres? Chacun sait que ce défaut de considération est l'écueil contre lequel luttait vainement le génie de Mirabeau et contre lequel le grand orateur, le grand homme d'État de la Constituante se serait probablement brisé[10], s'il eût vécu. Un narrateur nous raconte qu'il l'a vu pleurer, à demi suffoqué de douleur, en disant avec amertume : « J'expie bien cruellement les erreurs de ma jeunesse. » Mais les erreurs de sa jeunesse continuaient à être les erreurs de son âge mûr.

De Loménie.

Le mandarin chinois.

Le cheval favori de l'empereur chinois Tsi étant mort[1] par[2] la négligence de l'écuyer, l'empereur en colère voulut percer[3] cet officier de son épée. Le mandarin Yentse para le coup en disant : « Seigneur, cet homme n'est pas encore convaincu[4] du crime pour lequel il doit mourir. — Eh bien! fais-le-lui connaître[5]. — Écoute, scélérat, dit le ministre, les crimes

---

sez : *rather*. — 9. Tournez : combien plus évident cela est. — 10. Se serait brisé : *would have been wrecked*.

1. Étant mort : *having died*. — 2. Par : *through*. — 3. Percer : *to run through*. — 4. Convaincu : *convicted*. — 5. Fais le lui connaître :

que tu as commis. D'abord, tu as laissé mourir un cheval[6] que ton maître avait confié à tes soins ; ensuite tu es cause que notre prince est entré[7] dans une telle colère, qu'il a voulu te tuer de sa main[8] ; enfin, tu es cause qu'il a été sur le point de se déshonorer aux[9] yeux de tout le monde, en tuant un homme pour un cheval ; tu es coupable de tout cela, scélérat ! — Qu'on le laisse aller[10], dit aussitôt l'empereur revenu de sa colère, je lui pardonne.

La famille de Malesherbes.

Chez les Lamoignon de Malesherbes, les vertus publiques s'appuyaient sans effort[1] sur les vertus privées, et l'homme valait[2] le magistrat. En 1770, au moment de la destruction des parlements, M. de Blancménil fut exilé à Malesherbes, et M. de Maupeou fut nommé garde des sceaux. M. de Maupeou, l'auteur de cette révolution dans la constitution de la magistrature en France, voulait être chancelier, et pour cela il fallait[3] que M. de Blancménil donnât sa démission, parce que la dignité de chancelier était inamovible. Il la lui fit demander[4] par un grand seigneur qui vint à Malesherbes et représenta à M. de Blancménil que s'il ne donnait pas sa démission, le roi irrité l'exile-

---

make it known to him. — 6. Laissé mourir un cheval : *let a horse die*. — 7. Est entré : *has put himself*. — 8. De sa main : *with his own hand*. — 9. Aux (dans les). — 10. Qu'on le laisse aller : *let him go*.

1. S'appuyaient sans effort : *were naturally grounded*. — 2. Valait : *was not inferior to*. — 3. Il fallait : *it was necessary*. — 4. Il la lui

rait fort loin et séquestrerait ses rentes et ses pensions, qui faisaient[5] sa seule fortune. M. de Blancménil, après l'avoir entendu, lui répondit qu'il ne pouvait s'expliquer qu'en présence de ses enfants; il les fit appeler[6]. « Mes enfants, leur dit-il, voilà monsieur qui[7] me demande ma démission, dont M. de Maupeou a besoin pour être nommé chancelier. Pensez-vous que je doive la donner? — Non, mon père, répondit l'un d'eux pour les autres; quand on[8] est chancelier de France et qu'on n'a rien à se reprocher[9], on meurt avec ce titre. — Mais il ajoute que le roi ne me laissera pas à Malesherbes, et qu'on m'enverra dans quelque lieu fort éloigné où je serai seul. — Mon père, nous vous suivrons tous, et partout où nous serons[10] avec vous, nous vous ferons trouver Malesherbes[11]. — Il dit encore qu'on séquestrera mes rentes, qu'on me retirera mes pensions, et qu'alors je n'aurai plus de quoi subsister. — Ah! mon père, dirent-ils tous ensemble en se précipitant dans ses bras, tout ce que nous avons n'est-il pas votre bien[12]? — Vous le voyez, Monsieur, reprit M. de Blancménil, il n'y a aucun motif pour que je donne ma démission : vous pourrez le dire à M. de Maupeou; mais veuillez en même temps lui exprimer toute ma reconnaissance pour la vive satisfaction qu'il me fait éprouver[13] en ce moment.

BOISSY D'ANGLAS.

---

fit demander par : *he requested it through*. — 5. Faisaient (étaient). — 6. Il les fit appeler : *he sent for them*. — 7. Voilà monsieur qui : *this gentleman*. — 8. On : *a man*. — 9. N'a rien à se reprocher : *has nothing to reproach himself with*. — 10. Nous serons : *we are*. — 11. Nous vous ferons trouver Malesherbes : *we will make it a Malesherbes to you*. — 12. Votre bien : *yours*. — 13. Qu'il me fait éprouver : *for which I am indebted to him*.

L'hymne à la joie, de Schiller.

Un récit qu'on aimerait[1] à croire[2], bien qu'on ignore sur[3] quel témoignage il se fonde[4], assigne[5] à ce poëme une touchante origine. Un matin, pendant une promenade dans le Rosenthal, près de Leipzig, Schiller aperçut un jeune homme à demi déshabillé[6], en prière[7] sur le bord de la Pleisse, où il s'apprêtait à[8] se noyer. C'était, comme il l'apprit de lui en[9] le questionnant, un pauvre étudiant en théologie[10], qui longtemps avait lutté contre la plus affreuse misère. Le poëte lui donna le peu d'[11] argent qu'il avait sur lui[12], et lui fit[13] promettre qu'il[14] différerait au moins de[15] huit jours l'exécution de son criminel dessein. Dans le courant de la semaine, il assista à[16] une fête donnée à[17] l'occasion d'un mariage dans une famille aisée[18] de Leipsig. Au moment où[19] la joie était la plus bruyante[20], il se leva tout à coup[21], demanda quelques instants d'attention[22], réclama[23] de tous les assistants des secours pour le malheureux, et fit lui-même la quête[24] à la ronde[25], une assiette[26] à la main. Cette quête fut si abondante qu'elle suffit

---

1. Aimerait : *would like*. — 2. Croire : *to believe*. — 3. Sur : *by*. 4. Se fonde : *is supported*. — 5. Assigner : *to ascribe*. — 6. *Half undressed*. — 7. *In prayer*. — 8. S'apprêter à : *to prepare to*. — 9. En : *by*. — 10. Théologie : *divinity*. — 11. Ne traduisez pas *de*. — 12. Sur lui : *about him*. — 13. Tournez : *fit lui....* — 14. Le conditionnel avec : *would*. — 15. De : *for*. — 16. Assister à : *to be present at*. — 17. A : *upon*. — 18. Aisé : *in easy circumstances*. — 19. Où, *when*. — 20. La plus bruyante : *loudest*. — 21. Demander : *to request*. — 22. Quelques instants d'attention : *a few moments' attention*. — 23. Réclamer : *to beg*. — 24. Fit lui-même la quête : *himself made a collection*. — 25. A la ronde : *from all round*. — 26. Une assiette à la

à soutenir [27] le pauvre étudiant jusqu'au jour où il eut une place. C'est aussitôt après cette bonne œuvre [28] que Schiller aurait exprimé [29], dans ce bel hymne, sa reconnaissance à la joie, à cette joie bienveillante qui élève et agrandit [30] le cœur en [31] l'ouvrant au sentiment de l'universelle reconnaissance.

A. REGNIER.

Les manchettes de Grimm.

A l'époque de la Révolution, dit Gœthe, où le baron Grimm, croyant ne pouvoir plus [1] vivre sûrement à Paris, revint en Allemagne et s'établit à Gotha, nous étions un jour à table chez lui. Je ne sais à quel propos [2] Grimm s'écria tout d'un coup : « Je parie que nul monarque en Europe ne possède une paire de manchettes aussi précieuses que les miennes; non, aucun d'eux n'en a payé au même prix [3]. » Je laisse à penser [4] si [5] nous manifestâmes d'une manière bruyante [6] notre incrédulité et notre surprise, particulièrement les dames, et si tous nous fûmes avides [7] de voir cette paire de merveilleuses manchettes. En conséquence, Grimm se leva et alla chercher, dans

---

main : *plate in hand*. — 27. Soutenir : *to support*. — 28. Bonne œuvre : *act of kindness*. — 29. Tournez : *est dit avoir exprimé*. — 30. Agrandir : *to enlarge*. — 31. En : *by*.

1. Ne pouvoir plus : *that he could no longer*. — 2. Je ne sais à quel propos : *I do not know what led to it, but*.... — 3. N'en a payé au même prix : *ever paid such a price*. — 4. Je laisse à penser : *I leave you to guess*. — 5. Si : *how*. — 6. D'une manière bruyante : *noisely*. — 7. Si tous nous fûmes avides : *how eager we all were*. —

sa petite armoire deux dentelles [8] d'un si grand luxe [9], que la compagnie entière en témoigna la plus vive admiration. Nous essayâmes d'en estimer la valeur, ne pouvant, toutefois, la porter [10] plus haut qu'à cent ou deux cents louis d'or. Grimm en rit et s'écria : « Vous êtes loin de compte [11] : je les ai payées deux cent cinquante mille francs; heureux encore [12] de pouvoir tirer un si bon parti [13] de mes assignats. » Ceux-ci, le jour après, n'avaient plus cours [14].

GŒTHE.

Macaulay, poëte anonyme.

Un jour Macaulay faisait [1] chez le poëte Rogers l'un de ces agréables déjeuners qui réunissaient fréquemment autour d'une table égayée [2] beaucoup de charmants causeurs et de célèbres convives. Au nombre de ces derniers étaient Moore et Campbell. Campbell, en causant, cita quelques vers d'un joli poëme qui avait paru dans le *Times*, et s'adressant à Moore d'un air significatif [3] : « Vous devez, lui dit-il, connaître ces vers? — Je n'en suis pas l'auteur, répondit Moore. — Chacun, pourtant, vous les attribue. — Je n'y suis pour rien [4], je vous l'assure. » Alors Macau-

---

8. Deux dentelles : *two pieces of lace*. — 9. D'un si grand luxe : *of such richness*. — 10. La porter : *fix it*. — 11. Loin de compte : *far below the figure*. — 12. Heureux encore : *only too glad*. — 13. Pouvoir tirer un si bon parti : *to get so much for*. — 14. N'avaient plus cours : *were so much waste paper*.

1. Faisait : *was a guest at*. — 2. Égayé : *cheerful*. — 3. D'un air significatif : *with a meaning look*. — 4. Je n'y suis pour rien : *I have*

lay, rompant le silence, qu'il ne gardait jamais bien longtemps dans de semblables réunions, dit : « Ils sont de moi [5]; » et il les récita aux convives qui les lui demandèrent. Moore parla aussitôt d'une autre pièce, à son gré bien [6] supérieure encore, dont [7] il s'était fort égayé [8] et dont il avait en vain recherché [9] l'auteur : « Elle est également de moi, » reprit Macaulay. Nous découvrîmes ainsi, ajoute Moore dans ses Mémoires, une nouvelle et puissante faculté, qui s'unissait [10] à l'abondance variée de talents que nous connaissions à Macaulay.   MIGNET.

La mère et la fille.

C'était une nuit d'hiver [1]. Le vent soufflait au dehors, et la neige blanchissait les toits.

Sous un de ces toits, dans une chambre étroite, étaient assises, travaillant de leurs mains [2], une femme à cheveux blancs [3] et une jeune fille.

Et de temps en temps la vieille femme réchauffait à [4] un petit brasier ses mains pâles. Une lampe d'argile éclairait cette pauvre demeure, et un rayon de lune venait expirer [5] sur une image de la Vierge suspendue au mur.

Et la jeune fille, levant les yeux, regardait en si-

nothing to do with them. — 5. De moi : *mine*. — 6. Bien : *far*. — 7. Dont : *with which*. — 8. S'égayer : *to be amused*. — 9. Rechercher : *to seek to find out*. — 10. Qui s'unissait : *in addition to*.

1. Une nuit d'hiver : *a winter's night*. — 2. De leurs mains : *with their needle*. — 3. A cheveux blancs : *grey-headed*. — 4. A : *over*. — 5. Ve-

lence, pendant quelques moments, la femme à cheveux blancs ; puis elle lui dit : « Ma mère, vous n'avez pas toujours été dans ce dénûment ? »

Et il y avait dans sa voix une douceur et une tendresse inexprimables.

Et la femme à cheveux blancs répondit : « Ma fille, Dieu est le maître [6] ; ce qu'il fait est bien fait. »

Ayant dit ces mots, elle se tut un peu de temps ; ensuite elle reprit : « Quand je perdis votre père, ce fut une douleur que je crus sans consolation ; cependant vous me restiez [7]. Mais je ne sentais qu'une chose alors. Depuis, j'ai pensé que s'il vivait [8] et qu'il nous vît dans cette détresse, son âme se briserait [9], et j'ai reconnu que Dieu avait été bon envers lui. »

La jeune fille ne répondit rien ; mais elle baissa la tête [10], et quelques larmes, qu'elle s'efforçait de cacher, tombèrent sur la toile qu'elle tenait entre ses mains.

La mère ajouta : « Dieu, qui a été bon envers lui, l'a été [11] aussi envers nous. De quoi avons-nous manqué [12], tandis que tant d'autres manquent de tout ? Il est vrai qu'il a fallu nous habituer à peu, et ce peu le gagner par notre travail ; mais ce peu ne suffit-il pas ? et tous n'ont-ils pas été dès le commencement condamnés à vivre de [13] leur travail ? Dieu, dans sa bonté, nous a donné le pain de chaque jour [14] ; et combien ne l'ont pas ! un abri, et combien ne savent où se retirer [15] ! Il vous a, ma fille, donnée à moi : de quoi me plaindrais-je ? »

---

nait expirer : *glanced*. — 6. Le maître : *the ruler*. — 7. Vous me restiez : *you were left to me*. — 8. S'il vivait : *if he were alive*. — 9. Son âme se briserait : *it would break his heart*. — 10. Elle baissa la tête : *she hung down her head*. — 11. L'a été : *has been so*. — 12. De quoi avons-nous manqué : *what have we wanted for*. — 13. De : *by*. — 14. De chaque jour : *daily*. — 15. Où se retirer :

A ces dernières paroles, la jeune fille, tout émue, tomba aux [16] genoux de sa mère, prit ses mains, les baisa, et se pencha [17] sur son sein en pleurant.

Et la mère, faisant un effort pour élever la [18] voix : « Ma fille, dit-elle, le bonheur n'est pas de posséder beaucoup, mais d'espérer et d'aimer beaucoup. Notre espérance n'est pas ici-bas, ni notre amour non plus ; ou, s'il y est, ce n'est qu'en passant. Après [19] Dieu, vous m'êtes tout [20] en ce monde ; mais ce monde s'évanouit comme un songe, et c'est pourquoi mon amour s'élève avec vous vers un autre monde.

Quelque temps avant votre naissance, je priais un jour avec plus d'ardeur la vierge Marie ; et elle m'apparut pendant mon sommeil, et il me semblait qu'avec un sourire céleste elle me présentait un petit enfant. Et je pris l'enfant qu'elle me présentait ; et lorsque je le tins dans mes bras, la Vierge-mère posa sur sa tête une couronne de roses blanches. Peu de mois après vous naquîtes [21], et la douce vision était toujours devant mes yeux. » Ce [22] disant, la femme aux cheveux blancs tressaillit, et serra sur son cœur la jeune fille.

A quelque temps de là [23], une âme sainte [24] vit deux formes lumineuses monter vers le ciel, et une troupe d'anges les accompagnait ; et l'air retentissait de leurs chants d'allégresse.

LAMENNAIS.

where to lay their heads. — 16. A : at. — 17. Leaned. — 18. La : her. — 19. Après : next. — 20. Vous m'êtes tout : *you are my all*. — 21. Vous naquîtes : *you were born*. — 22. Ce : *so*. — 23. A quelque temps de là : *shortly after*. — 24. Une âme sainte : *a blessed spirit*.

Mort de Jeanne d'Arc.

Parvenue¹ au haut du bûcher, voyant cette grande ville de Rouen, cette foule immobile et silencieuse, elle ne put s'empêcher de² dire : « Ah! Rouen, j'ai grand peur que tu n'aies³ à souffrir de⁴ ma mort! » Celle⁵ qui avait sauvé le peuple et que le peuple abandonnait n'exprima en⁶ mourant, admirable douceur d'âme, que de la compassion pour lui!

Elle fut liée sous l'écriteau infâme, où l'on lisait : « Hérétique, apostate!... » Et alors le bourreau mit le feu. Elle le vit d'en haut⁷ et poussa un cri. Puis comme le moine qui l'exhortait ne faisait pas attention⁸ à la flamme, elle eut peur pour lui, s'oubliant elle-même, et elle le fit descendre. On avait espéré sans doute⁹ que, se croyant abandonnée de son roi, elle l'accuserait enfin et parlerait contre lui. Elle le défendit encore¹⁰ : « Que j'aie¹¹ bien fait, que j'aie mal fait, mon roi n'y est pour rien¹² ; ce n'est pas lui qui m'a conseillée. »

Cependant la flamme montait. Au moment où elle la toucha, la malheureuse¹³ frémit et demanda de¹⁴ l'eau bénite ; de l'eau, c'était apparemment le cri de la frayeur¹⁵.... Mais, se relevant¹⁶ aussitôt, elle ne

---

1. Parvenue (quand elle fut parvenue). — 2. Elle ne put s'empêcher de : *she could not help* (avec le participe présent). — 3. Que tu n'aies : *thou shalt*. — 4. De (pour). — 5. Celle (elle). — 6. En : *when*. — 7. D'en haut : *from above*. — 8. Ne pas faire attention : *to take no notice*. — 9. On avait espéré sans doute : *it was probably expected*. — 10. Encore : *still*. — 11. Que j'aie : *whether I have.... or....* — 12. N'y est pour rien : *had no hand in it*. — 13. La malheureuse : *the unfortunate victim*. — 14. De : *for some*. — 15. Le cri de la frayeur (un cri arraché par....) — 16. Se relevant : *recover-*

nomma plus que Dieu, que ses anges et ses saintes. Elle leur rendit témoignage : « Oui, mes voix étaient de Dieu, mes voix ne m'ont pas trompée !... » Enfin laissant tomber[17] sa tête, elle poussa un grand cri : Jésus!

Dix mille hommes pleuraient. Quelques soldats anglais seuls riaient ou tâchaient de rire. Un d'eux, des plus furieux, avait juré de mettre un fagot au[18] bûcher; elle expirait au moment où il le mit, il se trouva mal; ses camarades le menèrent[19] à une taverne pour le faire boire[20] et reprendre ses esprits; mais il ne pouvait se remettre[21] : « J'ai vu, disait-il hors de lui même[22], j'ai vu de sa bouche, avec le[23] dernier soupir, s'envoler une colombe ! » D'autres avaient lu dans les flammes le mot qu'elle répétait : Jésus! Le bourreau alla le soir trouver[24] frère Isambert; il était tout épouvanté; il se confessa, mais il ne pouvait croire que Dieu lui pardonnât jamais[25].... Un secrétaire du roi d'Angleterre disait tout haut en revenant : « Nous sommes perdus; nous avons brûlé une sainte ! »

Cette parole[26], échappée à un ennemi, n'en est pas moins grave. Elle restera; l'avenir n'y contredira[27] point. Oui, selon la religion[28], selon la patrie, Jeanne d'Arc fut une sainte !

MICHELET.

ing her spirits. — 17. Laissant tomber : *drooping.* — 18. Au : *on the.* — 19. Mener : *to take.* — 20. Le faire boire (lui donner à boire.) — 21. Se remettre : *retrieve his spirits.* — 22. Lui-même : *his senses.* — 23. Le (son). — 24. Aller trouver : *to go to.* — 25. Jamais : *ever.* — 26. Cette parole, etc. : *these words which compunction forced from the lips of....* — 27. Contredire : *to gainsay.* — 28. Selon la religion, etc. : *in the religious sense, in the patriotic sense.*

Raillerie[1] de Louis XI.

C'était à l'époque où[2] Charles de Bourgogne, qui était venu conduire[3] Louis XI à Paris, cherchait par son faste à éclipser son suzerain et conviait à des joutes et à des tournois les plus brillants chevaliers du royaume. Louis XI se tenait à l'écart[4] de ces fêtes; il n'y[5] prit part[6] qu'une fois et d'une façon très-singulière. Il se fit amener[7] un homme d'armes sans nom[8], mais jouteur[9] d'une force et d'une adresse sans pareilles[10] dans les exercices de chevalerie; après l'avoir, à ses frais, bizarrement équipé et bien payé, il se donna le plaisir de le voir, d'une fenêtre derrière laquelle il était caché, désarçonner et renverser par terre, les uns après les autres[11], les plus hauts[12] seigneurs de la cour de Bourgogne, à qui avait appartenu jusque-là l'honneur[13] de la journée. Dans cet étrange divertissement, Louis XI se montrait déjà tout entier : il détestait la noblesse qui lui[14] contestait son pouvoir, se moquait de ses[15] habitudes et de ses plaisirs, et il s'amusait à[16] l'humilier en attendant qu'[17] il pût l'abattre.

Sans doute, Louis XI n'est pas un roi chevalier[18],

---

1. Raillerie : *satirical joke*. — 2. Où : *when*. — 3. Venir conduire à : *to accompany to*. — 4. Se tenir à l'écart : *to keep out*. — 5. Y : *in them*. — 6. Part (une part). — 7. Se faire amener : *to send for*. — 8. Sans nom : *of obscure birth*. — 9. Jouteur (un jouteur). — 10. Sans pareille : *unparalleled*. — 11. Les uns après les autres (l'un après l'autre). — 12. Haut : (noble). — 13. Tournez : à qui, jusque-là, l'honneur de la journée. — 14. Ne traduisez pas *lui*. — 15. Ses (leurs). — 16. S'amuser à : *to take pleasure in*. — 17. En attendant que : *until the day should come when*. — 18. Conservez les deux mots : *roi che-*

mais il ne me semble pas que ce soit à nous de[19] lui en vouloir[20]. Qu'à la cour de Bourgogne on se moquât de[21] lui, parce qu'il était vêtu d'un court habit et d'un vieux pourpoint de futaine grise, parce qu'il s'asseyait sans façon[22] à la table de l'élu[23] Denis Hasselin, son compère, et se rendait avec le peuple à la messe ou aux vêpres à Notre-Dame; parce qu'enfin, dégoûté de[24] prendre pour ministres ces grands seigneurs qui avaient tant de fois trahi son père, il admettait à[25] sa confiance des médecins et des barbiers, tous ces[26] reproches ne sont pas de nature[27] à lui faire[28] beaucoup de tort parmi nous. En somme[29], ce roi des petites gens[30], ce grand et dur justicier[31] qui laissa la France plus forte et plus unie, ouvre convenablement chez nous l'époque moderne.   A. TROGNON.

Louis XI et le chancelier Chauvin.

Cependant[1] les secrètes intelligences du duc de Bretagne avec l'Angleterre continuaient toujours[2], et le roi n'ignorait point[3] qu'il n'y avait[4] sorte d'instances

---

valier, ou traduisez par : *chivalrous king*. — 19. Ce soit à nous de : *we should*. — 20. En vouloir à : *to take a person to task* (et trad. en outre en par : *on that account*). — 21. Qu'à la cour de Bourgogne on se moquât de... : *the courtiers of Burgundy might laugh at*. — 22. Sans façon : *familiarly*. — 23. Élus, magistrats chargés de la répartition des tailles : *assessors*. — 24. Dégoûté de : *disgusted at*. — 25. A : *into*. — 26. Ces : *such*. — 27. De nature : *of a kind*. — 28. Faire tort à : *to injure*. — 29. En somme : *upon the whole*. — 30. Petites gens : *common people*. — 31. Justicier : *justicer*.

1. Cependant : *in the mean time*. — 2. Toujours : *still*. — 3. N'ignorer point : *to be aware*. — 4. Qu'il n'y avait, etc., tournez : qu'au-

qui ne fussent faites au roi Édouard IV pour le faire déclarer contre la France. Il résolut de mettre un terme à ces pratiques. Une nouvelle ambassade de Bretagne était venue le trouver[5] à Argentré en Artois; il fit tout aussitôt saisir les ambassadeurs[6] et ils furent enfermés en prison. Après douze jours, Chauvin, chancelier de Bretagne, homme[7] sage et opposé au parti anglais dans le conseil du duc, fut amené devant le roi. « Monsieur le chancelier de Bretagne, lui dit-il, savez-vous pourquoi je vous ai traité[8] ainsi? — Sire, cela est malaisé à deviner, répondit maître Chauvin : on vous aura[9] rapporté quelque chose de sinistre touchant[10] monseigneur le duc; mais j'ose bien[11] répondre que ce sont[12] de faux bruits[13]; je me fais fort[14] de les éclaircir. — Ne vous travaillez[15] point l'esprit pour cela, continua le roi, car je vais vous le faire confesser à vous-même[16]. Vous affirmez donc que mon neveu de Bretagne n'a point d'intelligence contre moi avec le roi d'Angleterre? — Sire, j'en répondrais sur ma vie, répliqua le chancelier tout intimidé[17]. — En ce cas, voyez. » Et le roi tira de son pourpoint douze lettres du duc au roi Édouard avec dix réponses, le tout en original et signé des deux princes. Maître Chauvin demeura[18] confondu et jura que c'était à son

---

cune sorte d'instances n'était laissée non tentée pour déterminer le roi Édouard à se déclarer, etc. : *no sort of influence was left untried to determine king Edward to declare, etc.* — 5. Venir trouver : *to come to.* — 6. Fit saisir les ambassadeurs, tournez : ordonna les ambassadeurs être saisis. — 7. Un homme, etc. — 8. Traiter : *to use.* — 9. On vous aura... : *some one must have....* — 10. De sinistre touchant : *in dispraise of.* — 11. Oser bien : *to venture.* — 12. Ce sont : *these are.* — 13. Faux bruits : *unfounded reports.* — 14. Je me fais fort : *I make bold.* — 15. Se travailler l'esprit : *to task one's brains.* — 16. Je vais vous le faire confesser à vous-même, tournez : vous le confesserez, avec *shall.* — 17. Tout intimidé : *quite intimidated.* — 18. Demeura :

insu[19]. Il disait vrai, et le roi le savait bien ; car le duc trompait ses propres conseillers, se cachait d'eux et menait[20] toutes ces correspondances secrètes par le ministère de[21] Landais, son trésorier.

DE BARANTE.

Conjuration des Pazzi à Florence.

Le 24 février 1478, un dimanche, les deux Médicis assistaient à[1] une messe solennelle avec le[2] cardinal Riario, neveu du pape; plusieurs des conjurés les avaient accompagnés jusqu'à[3] l'église, en leur rendant[4] mille[5] hommages, lorsque tout à coup[6], au[7] signal convenu[8] de l'élévation de l'hostie, les assassins se jetèrent sur[9] Laurent et Julien. Celui-ci fut tué sur le coup[10]; Laurent fut frappé d'une main moins assurée[11]. Ses amis accoururent[12] et l'entourèrent. Il parvint à[13] se réfugier[14] dans la sacristie, et comme tout le peuple était pour lui, le premier moment une fois manqué[15], il fut sauvé.

Pendant ce temps, l'archevêque de Pise, quelques-uns de ses parents et d'autres conspirateurs s'étaient

---

stood. — 19. A son insu : *without his knowledge*. — 20. Mener : *to carry on*. — 21. Par le ministère de : *through*.

1. Assister à : *to attend*. — 2. Pas d'article. — 3. Jusqu'à : *into*. — 4. Rendre : *to show*. — 5. Mille : *much*. — 6. Tout à coup : *all on a sudden*. — 7. Au : *on a*. — 8. Convenu : *preconcerted*. — 9. Se jeter sur : *to fall upon*. — 10. Coup : *spot*. — 11. Assuré : *steady*. — 12. Accoururent : *rushed to his rescue*. — 13. Parvenir à : *to succeed in*. — 14. Se réfugier : *to take refuge*. — 15. Une fois manqué : *once*

rendus[16] au palais de la seigneurie[17], où siégeaient[18] les gouverneurs de la république. Mais étant monté trop précipitamment, l'archevêque se trouva en avant de[19] sa suite, et des portes fermées l'en séparèrent. Alors les seigneurs et les serviteurs[20] qu'ils avaient avec eux, se voyant[21] assez forts pour se défendre, tombèrent sur l'archevêque et sur le peu de[22] gens qui l'avaient suivi, les mirent à mort ou les jetèrent par les fenêtres. L'archevêque, deux Salviati et un nommé[23] Jacques, fils du célèbre Poggio, furent aussitôt pendus au balcon.

De Barante.

Aventures de Charles-Quint.

Un beau jour de[1] printemps, Charles-Quint, alors simple[2] roi des Espagnes, chassait dans une forêt de la Vieille-Castille. Un violent orage qui vint à[3] éclater tout à coup sépara le roi de sa suite, et le força de chercher promptement l'asile le plus prochain. Cet asile fut une caverne formée tout naturellement par la proéminence d'un bloc énorme de rochers. Joyeux d'avoir cet abri tutélaire, Charles descend aussitôt de cheval...; mais jugez quelle est sa surprise, lorsqu'à la lueur d'un éclair il aperçoit tout

---

ost. — 16. Se rendre : *to repair*. — 17. Employer ici le mot italien *signoria*, comme plus loin le mot *signori*. — 18. Siéger : *to sit*, mais ici, *to use to sit*. — 19. En avant de : *in advance of*. — 20. Serviteurs : *attendants*. — 21. Voir : *to find*. — 22. Le peu de : *the few*. — 23. Un nommé : *one*.

1. Un beau jour de : *on a fine day in*. — 2. Simple : *only*. — 3. Vint

près de lui quatre hommes de fort mauvaise mine[4], armés des pieds à la tête, et qui semblent plongés[5] dans un profond sommeil. Il fait deux pas vers l'un d'eux ; soudain le dormeur se lève sur ses pieds[6] et lui dit : « Vous ne vous douteriez[7] jamais, sénor caballero, du rêve étonnant que je viens de faire. Il me semblait que votre manteau de velours passait sur[8] mes épaules. » Et en disant ces mots, le voleur dégrafe le manteau du roi et s'en empare.

« Sénor escudero, ajouta le second, j'ai rêvé que j'échangeais ma résille contre[9] votre belle toque à plumes[10].

— Et moi, dit un troisième, que je trouvais un coursier magnifique sous ma main.

— Mais, camarades, s'écria alors le quatrième, que me restera-t-il[11] avec vos rêves ?

— Eh ! par saint Jacques, cette chaîne d'or et ce sifflet d'argent, reprit le premier, en apercevant ces joyaux appendus[12] au cou du prince.

— Tu as, ma foi, raison, dit l'autre. Et aussitôt sa main s'avança pour saisir les objets.

— C'est au mieux[13], mes amis, dit alors Charles-Quint ; mais avant de vous livrer ce bijou, je veux vous en montrer l'usage, » et aussitôt, prenant le sifflet, il en[14] tira un son aigu et prolongé.

A ce bruit, plusieurs seigneurs de la suite du roi s'avancent vers la caverne, et bientôt cent personnes

---

à : *happened to*. — 4. De fort mauvaise mine : *very ill looking*. — 5. *Buried*. — 6. Se lève sur ses pieds : *rose to his feet*. — 8. Douter : *to suspect*. — 8. Sur : *on*. — 9. Contre : *for*. — 10. Belle toque à plumes : *handsome cap and feathers*. — 11. Que me restera-t-il : *what will remain for me*. — 12. Appendus à : *hanging round*. — 13. C'est au mieux : *that is all very well settled*. — 14. En : *from it*.

entourent le monarque. Lorsque le roi vit tous ses gens réunis, il se tourna vers les quatre bandits restés stupéfaits[15].

« Mes braves, leur dit-il, j'ai rêvé aussi, moi : c'est qu'avant une heure vous seriez pendus. »

Quelques instants après, les voleurs étaient accrochés à des[16] arbres....

Un jour que Charles-Quint s'était égaré à la chasse[1] dans les montagnes près de Madrid, il rencontra un paysan. L'empereur, sans être connu, questionna le bonhomme, et lui demanda combien de rois il avait vus.

« Je suis vieux, dit le paysan, j'ai connu cinq rois. J'ai vu d'abord le roi Don Juan de Castille et son fils Don Henri, puis le roi Don Ferdinand et Don Philippe, et ce Charles que nous avons maintenant.

— Et sur ta vie, reprit l'empereur, quel a été[2] le meilleur, quel a été le plus mauvais ?

— Le meilleur, répondit le vieux, il y a peu de doute[3], c'est le roi Don Ferdinand ; le plus mauvais, je n'en dis pas plus[4], mais celui-ci l'est assez[5] ; il nous tient toujours inquiets[6], il est toujours en Italie, en Allemagne ou en Flandre, laissant femme et enfants, et emportant tout l'argent de l'Espagne.

— 15. Restés stupéfaits : *who stood stupefied.* — 16. Étaient accrochés à : *were swinging from.*

1. A la chasse : *when hunting.* — 2. Quel a été : *which was.* — 3. Il y a peu de doute : *there is little doubt about it.* — 4. Je n'en dis pas plus : *I say no more.* — 5. L'est assez : *is bad enough.* — 6. In-

Avec ses revenus et les grands trésors qui lui viennent des Indes, qui suffiraient à conquérir mille mondes, il n'est pas content; il faut qu'il[7] accable d'impôts les pauvres laboureurs qu'il ruine. Plût à Dieu[8] qu'il se contentât d'être seulement roi d'Espagne! »

Ce fut un bon avis pour Charles-Quint.

De Mazade.

Évasion du cardinal de Retz.

Ce fatal accident politique est raconté d'une manière assez railleuse[1] par l'abbé Arnauld.

« Le dessein de cette Éminence, dit-il, était de s'en aller droit à Paris[2], et il y avait des relais disposés pour cela. Il espérait bien[3] de ranimer[4] sa cabale par sa présence, en[5] profitant[6] des mauvaises dispositions des Parisiens contre le cardinal Mazarin. Mais tous les beaux projets du cardinal de Retz s'évanouirent[7] par l'accident qui lui arriva; car, abandonnant[8] avec peu d'adresse[9] un excellent cheval qu'il montait, sur un pavé sec et glissant, les quatre pieds lui manquèrent[10], et la chute fut si grande[11] que le cardinal se

---

quiets : *on the alert*. — 7. Il faut qu'il : *he must needs*. — 8. Plût à Dieu : *would to God*.

1. Assez railleuse : *rather jesting*. — 2. Il s'était évadé du château de Nantes. — 3. Bien : *fully*. — 4. Traduisez : pouvoir ranimer. — 5. En : *by*. — 6. Profiter : *to turn to account*. — 7. S'évanouir : *to vanish*. — 8. Abandonner un cheval : *to set a horse at full speed*. — 9. Avec peu d'adresse : *awkwardly enough*. — 10. Les quatre pieds lui manquèrent : *its four feet went from under it*. — 11. Grand :

démit une épaule[12]. On eut bien de la peine[13] à le remettre[14] à cheval, et il vérifia la prédiction du duc de Brissac qui, l'attendant à une lieue de Nantes avec M. de Sévigné et d'autres gentilhommes, avait dit à ces messieurs, en[15] parlant du cardinal : Vous verrez que notre homme[16] sera encore si maladroit qu'on nous le ramènera estropié[17]! Il fallut donc prendre d'autres mesures, qui furent d'aller à Machecoul chez M.[18] le duc de Retz et de passer ensuite à Belle-Isle d'où[19], quelques jours après, il s'embarqua pour Saint-Sébastien ; et avec des passe-ports d'Espagne[20] il se rendit en ce pays[21].

De Sainte-Aulaire.

Dévouement de lady Russell.

La veille du jour où lord Russell devait[1] comparaître devant la cour d'assises, lady Russell lui écrivit : « Nos amis croient que je puis vous être de quelque utilité en[2] assistant au débat[3] ; je suis prête ; je le désire ardemment ; ma résolution tiendra ; que ce soit aussi la vôtre, je vous en conjure. Il se peut que[4] la cour ne me le permette pas[5] ; mais vous[6], permettez-moi de le tenter. »

---

heavy. — 12. Traduisez : une des épaules du cardinal fut.... — 13. Traduisez : il fut avec beaucoup de peine (*difficulty*).... — 14. Remis à cheval : *set on his horse again.* — 15. Ne traduisez pas *en.* — 16. Notre homme, traduisez : *l'homme.* — 17. Estropié : *disabled.* — 18. Ne traduisez pas Monsieur. — 19. D'où : *from hence.* — 20. D'Espagne (espagnols). — 21. Ce pays (Espagne).

1. Devait : *was to.* — 2. En : *by.* — 3. Débat : *trial.* — 4. Il se peut que : *it may be.* — 5. Ne me le permette pas : *will not allow me.* — 6. Vous :

Le 13 juillet 1683, le débat s'ouvrit; la salle était encombrée de spectateurs : « Nous n'avons pas de place pour nous asseoir, » disaient les avocats. Lord Russell demanda une plume, de l'encre et du papier pour prendre des notes; on les lui donna [7]. « Puis-je avoir quelqu'un qui écrive [8] pour aider ma mémoire? dit-il. — Oui, mylord, un de vos serviteurs. — Ma femme est là, prête à le faire. »

Lady Russell se leva pour exprimer son assentiment; tout l'auditoire frémit [9] d'attendrissement et de respect.

« Si milady veut bien [10] en prendre la peine, elle le peut [11], » dit le président, et pendant tout le débat lady Russell fut là, à côté de son mari, son seul secrétaire et son plus vigilant conseiller.

L'arrêt fatal prononcé [12], ni le courage ni l'activité de lady Russell ne faiblirent; c'était une de ces âmes [13] en qui l'amour [14], le devoir et la confiance en Dieu soutiennent, au delà de tout calcul humain, la force et l'espérance....

Ayant été une si tendre et si ferme épouse [15], lady Russell fut aussi la plus affligée et la plus résignée des veuves. Sa douleur n'eut rien [16] d'agité ni de violent, elle ne diminua pas non plus avec [17] le temps, et de même que, sous la crainte de Dieu, lady Rus-

---

do you. — 7. On les lui donna : *which was given him.* — 8. Qui écrive : *to write.* — 9. Frémit : *thrilled with.* — 10. Veut bien : *is willing to.* — 11. Elle peut : *she may.* — 12. Prononcé (étant prononcé). — 13. C'était une de ces âmes : *hers was one of those souls.* — 14. L'amour, etc., tournez : la force et l'espérance sont soutenues, etc. — 15. Une si tendre et si ferme épouse (si tendre.... une épouse). — 16. Sa douleur n'eut rien.... (il n'y eut aucune.... dans sa douleur.) — 17. Elle ne diminua pas non plus avec : *nor was it les-*

sell avait fait de [18] son bonheur l'entretien de son âme, de même aussi, avec la foi qu'elle avait en la miséricorde de Dieu, elle fit de sa douleur l'entretien de son âme, et ne [19] s'affaiblit [20] pas plus dans le deuil que dans la joie, sa piété lui servant à soutenir son chagrin, comme elle lui avait servi à contenir ses jouissances. Elle prenait [21] ses consolations plus haut que dans les raisonnements du monde, ou de la philosophie, ou même de l'impassibilité chrétienne : « Mylord, » écrivait-elle [22] à un ami qui essayait sans doute de la consoler en [23] lui parlant du néant de tout ce qui existe ici-bas, « milord, je regarde comme un pauvre raisonneur celui [24] qui nous demande de prendre avec indifférence tout ce qui nous arrive [25]. Il est beau de dire : « Pourquoi nous plaindre [26] qu'on nous ait repris [27] ce qu'on n'avait fait que nous prêter pour un temps? nous le savions, » et autres paroles semblables [28]. Ce sont là des recettes de philosophes, et je ne leur porte aucun respect [29] comme à tout ce qui n'est point naturel : il n'y a point là de sincérité. J'ose dire qu'ils dissimulent et qu'ils sentent ce qu'ils ne veulent pas avouer. Je sais que je n'ai pas à [30] disputer avec le Tout-Puissant; mais si les délices de la vie s'en vont [31], il faut bien [32] que je souffre de leur perte [33] et que je les pleure; croyez-

---

sened by. — 18. Ne traduisez pas de. — 19. Ne.... plus : no more. — 20. S'affaiblir dans : to sink under. — 21. Elle prenait : she looked up for. — 22. Écrivait-elle (elle écrivait). — 23. En (par). — 24. Celui : the man. — 25. Arriver : to befall. — 26. Nous plaindrions-nous. — 27. Qu'on nous ait repris, etc., tournez : que ce qui nous avait seulement été prêté, etc. — 28. Autres paroles semblables : and so on. — 29. I have no reverence for them. — 30. Je n'ai pas à : I can't. — 31. S'en vont : is gone. — 32. Il faut bien que : I must needs. — 33. Je souffre de leur perte : be sorry it is taken away. —

ANECDOTES, RÉCITS, NARRATIONS.   95

moi, milord, la foi chrétienne a seule de quoi [34] soulager l'âme accablée par un grand malheur; il ne faut rien moins pour nous satisfaire que l'espérance de redevenir heureux [35], et je dois à cette espérance plus que je n'aurais pu devoir [36] au monde entier, quand on m'aurait offert et mis à ma disposition toutes ses gloires [37]. »

GUIZOT.

Une vente d'esclaves [1].

J'ai assisté tout à l'heure à une scène hideuse. J'oublie tous les arguments contre l'abolition [2] immédiate de l'esclavage. Je viens de voir en plein jour [3], sur la place publique de Charleston, vendre [4] à l'encan une famille de noirs. Elle était sur un tombereau comme pour le supplice [5]; à côté s'élevait [6] un drapeau rouge, digne enseigne du crime et de l'esclavage. Les nègres et les négresses avaient l'air indifférent comme le public qui les regardait. Le crieur, qu'on me dit [7] bien reçu dans la société, faisait [8], d'un air badin, valoir les qualités d'un nègre très-intelligent, jardinier

---

34. A seule de quoi (seule peut). — 35. Il ne faut rien moins, etc. : *nothing less can satisfy the mind than the hope of being again made happy.* — 36. Plus que je n'aurais pu devoir : *more than I could have done.* — 37. Quand on, etc. : *if all the glories of it had been offered me, or to be disposed of by me* (expressions mêmes de lady Russell).

1. Vente d'esclaves : *slave auction.* — 2. Abolition : *witnessed.* — 3. En plein jour : *in the open day.* — 4. Vendre : *put up to auction.* — 5. Comme pour le supplice : *as if for execution.* — 6. S'élevait : *was displayed.* — 7. Qu'on me dit : *who I am told is.* — 8. Faire va-

de première force[9]. Les acheteurs s'approchaient des hommes, des femmes et des enfants, ouvraient leur bouche[10] et considéraient leurs dents, puis on enchérissait, et.... adjugé. A vingt pas[11], en même temps, absolument de la même manière, on vendait à l'enchère un âne. On a vendu aussi un cheval. Le prix de l'homme a été 70 dollars, le cheval a coûté deux dollars de plus[12].

Je me garderai bien[13] d'ajouter la moindre réflexion à ce récit[14].

AMPÈRE.

loir : *to set forth*. — 9. De première force : *first-rate*. — 10. Leur bouche (leurs bouches). — 11. A vingt pas : *twenty paces off*. — 12. De plus : *more*. — 13. Je me garderai bien de : *I will refrain from*. — 14. Récit : *narration*.

III

PORTRAITS, TABLEAUX, DÉFINITIONS.

Athènes.

Si vous cherchez[1] un lieu qui vous puisse[2] donner une complète révélation du génie grec, allez à Athènes. Regarder est ici un bonheur vif[3]; et plus[4] on regarde, plus[5] on comprend que ce lieu ait été[6] celui[7] où le génie humain devait[8] atteindre cette fleur de jeunesse que les Grecs nommaient *Acmé*. La plupart des[9] arts et divers genres de poésie sont[10] nés ailleurs : les plus anciens sculpteurs sont de Sicyone, de Sparte, d'Argos ou d'Égine, et non d'Athènes; la poésie vient de Thrace ou d'Asie, mais chaque art, chaque genre de littérature a reçu son complément dans ce lieu favorisé. Jamais ville ne[11] sembla comme Athènes prédestinée à être la patrie de la plus par-

---

1. Chercher : *to look for*. — 2. Puisse : *may*. — 3. Vif : *intense*. — 4. Plus (le plus). — 5. Plus (le mieux). — 6. Que ce lieu ait été (ce lieu avoir été). — 7. Celui : *the one*. — 8. Devait : *was to*. — 9. La plupart des : *most*. — 10. Sont (furent). — 11. Jamais ville

faite poésie qui soit née [12] parmi les hommes ; car ici le caractère [13] de perfection est partout ; ici, rien n'est démesuré [14], ni les montagnes, ni les monuments ; ici, un horizon admirable, mais limité ; des contours pleins de fermeté et de douceur [15] ; des plans qui fuient [16] avec grâce les uns derrière les autres, qui tour à tour [17] reviennent à la lumière ou rentrent [18] dans l'ombre, selon les besoins de la perspective et pour l'effet du tableau, comme si dans ce pays, où l'art est si naturel, il y avait de l'art dans la nature.

Ampère.

Le théâtre en Grèce.

Quelquefois la situation du théâtre se trouvait [1] dans une heureuse [2] harmonie avec le sujet du drame. Quand on [3] jouait Œdipe sur le théâtre de Corinthe, le spectateur pouvait voir à la fois le Cithéron et le Parnasse ; et embrasser ainsi d'un [4] coup d'œil toute la destinée d'Œdipe depuis [5] son exposition sur la montagne maudite jusqu'à son parricide involontaire sur la route de [6] Delphes. Combien [7] l'impression que produisirent les Perses d'Eschyle dut être augmentée par la position du théâtre d'Athènes ! La patriotique

---

ne... : *no town ever....* — 12. Qui soit née : *that ever sprung.* — 13. Caractère : *stamp.* — 14. Démesuré : *huge.* — 15. Fermeté et douceur : *vigour and softness.* — 16. Fuir : *to vanish.* — 17. Tour à tour : *by turns.* — 18. Rentrer : *to sink.*

1. Se trouvait (était). — 2. Heureux : *felicitous.* — 3. On. Tournez : par le passif. — 4. D'un coup d'œil : *in one view.* — 5. Depuis : *from.* — 6. De : *to.* — 7. Tournez : combien dut l'impression, etc.,

tragédie fut jouée en vue de Salamine. Du sommet des gradins du théâtre, on jouit mieux peut-être que partout ailleurs [8] du spectacle [9] de la mer. Là on imagine sans peine [10] ce que devaient éprouver les compagnons de Thémistocle, assis sur ces gradins, quand le soleil s'inclinant sur [11] ce magnifique horizon, et Salamine apparaissant enveloppée de [12] la lumière d'or de l'Attique, on voyait fuir [13] sur la mer peinte de rose et d'azur [14] quelques-uns des vaisseaux qui avaient troué de leur éperon de fer les vaisseaux des Perses, pendant que le messager venait raconter à la mère de Xerxès et aux vieillards éperdus comment toute la flotte avait péri devant l'île de Salamine, comment la rive de Salamine était remplie de morts, et qu'on [15] entendait [16] la malheureuse reine maudire ce nom funeste. Alors quels transports, quels applaudissements devaient [17] saluer [18] à la fois le récit et le théâtre du glorieux combat !

AMPÈRE.

Périclès.

Périclès connaissait trop bien [1] sa nation pour ne pas fonder ses espérances sur le talent de la parole [2],

---

avoir été, etc.; dut : *must*. — 8. Partout ailleurs : *anywhere else*. — 9. Traduisez : le spectacle. — 10. Sans peine : *lazily*. — 11. S'inclinant sur : *inclining towards*. — 12. Enveloppé de : *wrapped in*. — 13. Fuir : *gliding*. — 14. La mer peinte, etc. : *the sea tinged with pink and azure*. — 15. Et que : *and whilst*. — 16. On entendait; tournez : par le passif. — 17. Devaient : *must have*. — 18. Saluer : *to hail*.

1. Connaître trop bien : *to be to well acquainted with*. — 2. Talent

et l'excellence de ce talent, pour n'être pas le premier à le respecter. Avant que de paraître en public, il s'avertissait[3] en secret qu'il allait parler à des hommes libres, à des Grecs, à des Athéniens.

Cependant il s'éloignait[4] le plus qu'[5]il pouvait de la tribune, parce que, toujours ardent[6] à suivre avec lenteur le projet de son élévation, il craignait d'effacer par de nouveaux[7] succès l'impression des premiers, et de porter[8] trop tôt l'admiration du peuple à ce point d'où elle ne peut que descendre[9]. On jugea[10] qu'un orateur qui dédaignait des applaudissements dont il était assuré méritait la confiance qu'il ne cherchait[11] pas, et que les affaires dont il faisait le rapport devraient[12] être bien importantes, puisqu'elles le forçaient à rompre le silence.

On conçut une haute idée du pouvoir qu'il avait sur[13] son âme, lorsqu'un jour que[14] l'assemblée se prolongea[15] jusqu'à la nuit, on vit un simple particulier[16] ne cesser de l'interrompre et de l'outrager, le suivre avec des injures jusque dans sa[17] maison, et Périclès ordonner froidement à un de ses esclaves de prendre un flambeau et de conduire cet homme[18] chez lui[19].

Quand on vit enfin que partout il montrait non-seulement le talent, mais encore la vertu propre à[20]

---

de la parole ; éloquence. — 3. S'avertir (sic) : *to premonish one's self*. — 4. S'éloigner de : *to keep away from*. — 5. Le plus que ; tournez : par autant que. — 6. Ardent : *eager*. — 7. Nouveaux : *fresh*. — 8. Porter : *to raise*. — 9. Descendre ; traduisez : décroître. — 10. On jugea ; tournez : il fut pensé. — 11. Chercher : *to court*. — 12. Devaient : *must*. — 13. Sur : *over*. — 14. Que : *as*. — 15. Tournez : fut prolongée. — 16. On vit un particulier (un particulier fut vu.) — 17. Jusque dans sa : *to his very*. — 18. Conduire cet homme : *take the man back*. — 19. Chez lui : *to his house*. — 20. Propre à : *re-*

la circonstance; dans son intérieur, la modestie et la frugalité des temps anciens; dans les emplois de l'administration, un désintéressement et une probité inaltérable; dans le commendement des armées, l'attention à ne rien donner [21] au hasard et à risquer plutôt sa réputation que le salut de l'État, on pensa qu'une âme qui savait [22] mépriser les louanges et l'insulte, les richesses, les superfluités et la gloire elle-même devait avoir [23] pour le bien [24] public cette ardeur délirante [25] qui étouffe les autres passions, ou qui du moins les réunit dans [26] un [27] sentiment unique.

Ce fut surtout [28] cette illusion qui éleva Périclès; et il sut l'entretenir pendant près de quarante ans, dans une nation éclairée, jalouse de son autorité, et qui se lassait [29] aussi facilement de son admiration que de son obéissance.

BARTHÉLEMY.

Alcibiade.

Sa vie a été un mélange perpétuel de bien et de mal. Ses saillies pour [1] la vertu étaient mal soutenues [2], et dégénéraient bientôt en [3] vices et en crimes,

---

quired by. — 21. Donner : to leave. — 22. Savoir : to know how to. — 23. Avoir : to feel. — 24. Bien : welfare. — 25. Délirante : absorbing. — 26. Dans : into. — 27. Un.... unique : one. — 28. Tournez : à cette élévation surtout Périclès dut son élévation. — 29. Se lasser : to get tired.

1. Saillies pour : fits of. — 2. Mal soutenu : ill supported. — 3. En :

qui ont fait peu d'honneur [4] aux instructions qu'un grand philosophe s'était efforcé de lui donner pour le rendre homme de bien [5]. Ses actions ont [6] eu de l'éclat, mais sans règle. Son caractère avait de l'élévation et du grand [7], mais sans [8] suite. Il fut successivement l'appui et la terreur des Lacédémoniens et des Perses. Il fit [9] le malheur et le bonheur de sa patrie, selon qu' [10] il se déclara [11] pour ou contre elle. Enfin, il alluma une guerre funeste dans toute la Grèce par la seule passion de dominer, en portant [12] les Athéniens à assiéger Syracuse, bien moins dans [13] l'espérance de conquérir toute la Sicile et ensuite l'Afrique, que dans le dessein de tenir Athènes dans sa dépendance : persuadé [14] qu'ayant à manier [15] un peuple inconstant, soupçonneux, ingrat, jaloux et ennemi de ceux qui le gouvernent, il fallait l'occuper sans cesse [16] de quelque grande affaire, afin que ses services fussent toujours nécessaires [17], et qu'on [18] n'eût pas le loisir d'examiner, de censurer, de condamner sa conduite.

Rollin.

Aspect de Rome.

Rome n'est pas une ville comme les autres villes : Rome a un charme malaisé à définir, et qui n'appar-

---

into. — 4. Honneur : *credit.* — 5. Homme de bien : *good man.* — 6. Trad. : ont été éclatantes, mais mal réglées. — 7. Du grand : *grandeur.* — 8. Sans suite : *no consistency.* — 9. Faire : *to cause.* — 10. Selon que : *according as.* — 11. Se déclarer : *to declare.* — 12. En portant : *by inducing* (avec l'accusatif). — 13. Dans : *with.* — 14. Persuadé : *being aware.* — 15. A manier : *to deal with.* — 16. Il fallait l'occuper sans cesse de : *they must be constantly occupied with.* — 17. Nécessaires : *wanted.* — 18. On n'eût pas le loisir : *they might not have leisure to.*

tient qu'à elle [1]. Ceux qui éprouvent ce charme s'entendent à demi-mot [2] ; pour les autres, c'est une énigme. Quelques-uns avouent naïvement ne pas comprendre l'attrait mystérieux qui attache à [3] une ville comme à une personne ; un plus grand nombre affichent la prétention de [4] sentir cet attrait. Mais les véritables fidèles reconnaissent [5] bien vite ces faux dévots et sourient en les écoutant, comme les personnes qui aiment véritablement [6] la peinture ou la musique sourient quand certains connaisseurs se placent à contre-jour devant le tableau qu'ils admirent, ou battent à faux la mesure [7] de l'air [8] qui les transporte.

AMPÈRE.

Les Gracques [1].

On [2] a beaucoup déclamé contre les lois agraires ; on a donné leur nom au système insensé qui voudrait établir violemment l'égalité absolue de la propriété. Il est cependant bien certain que les Gracques ne demandèrent jamais rien de pareil [3]. Ils réclamaient seulement pour les plébéiens un droit qui leur appartenait incontestablement, celui d'entrer en partage

---

1. N'appartient qu'à elle : *is her own*. — 2. A demi-mot : *with half a word*. — 3. Qui attache à, etc. : *which endears a city to you as if it were a person*. — 4. Afficher la prétention de : *to pretend to*. — 5. Reconnaître : *to find out*. — 6. Les personnes qui aiment véritablement... : *the real lovers of....* — 7. Battre à faux la mesure de : *to beat false time to*. — 8. Air : *tune*.

1. *The Gracchi*. — 2. On.... (tournez par le passif : les lois agraires ont été....) — 3. Rien de pareil : *any thing of the kind*. —

des terres conquises par eux sur l'ennemi. Ils voulaient[4], non détruire la propriété, mais créer de petits propriétaires[5] à côté[6] des grands[7]. Leur but était honnête et généreux. Ces deux nobles frères, dont tout[8] le crime fut de valoir mieux que leur temps, succombèrent, parce que le vieil esprit romain, qui les inspirait, ne vivait plus[9] que dans leur cœur. Une aristocratie corrompue les persécuta, des plébéiens corrompus les abandonnèrent, et leur généreuse mort prouva cette triste vérité que, lorsque les mœurs sont mauvaises, les bonnes lois sont impossibles.

AMPÈRE.

Vercingétorix.

Je me souviens encore de l'émotion que me causait[1], dès mon enfance[2], le récit[3] de sa lutte contre César. Quoique le temps ait modifié mes idées sur bien des points, quoique la conquête romaine ne m'inspire plus la même indignation et que je reconnaisse tout ce que lui doit notre France moderne, j'ai conservé la même chaleur d'enthousiasme pour le héros Arverne. A[4] mes yeux, c'est en lui[5] que se personnifie[6] pour la première fois notre indépendance nationale, et s'il était permis de[7] comparer un héros

---

4. Vouloir : *to want*. — 5. Propriétaire : *land-owner*. — 6. A côté : *beside*. — 7. Grands (ajoutez *ones* à l'adjectif). — 8. Tout : *only*. — 9. Ne plus : *no longer* (ou *only*).

1. Que me causait : *which I felt*. — 2. Dès mon enfance : *from a boy*. — 3. Le récit : *at the account*. — 4. A (dans). — 5. C'est en lui : *in him*. — 6. Se personnifie (est personnifié). — 7. S'il était permis

païen avec une vierge chrétienne, je verrais en lui, au succès près [8], comme un [9] précurseur de Jeanne d'Arc. L'auréole du martyre ne lui manque pas; six ans de captivité et la mort reçue de [10] la main d'un esclave dans la froide étuve de la prison Mamertine valent bien [11] le bûcher [12] de Rouen. Assurément, comme homme de guerre, on ne saurait le mettre sur le même rang que [13] César; mais il fut souvent bien inspiré par son ardent patriotisme, il possédait de rares facultés d'organisation et de commandement, il se montra toujours persévérant, actif, intrépide. Bien qu'il eût parfois poussé la rigueur jusqu'à des extrémités qui révoltent nos idées modernes et chrétiennes, il eut de ces mouvements généreux qui ne manquent jamais aux [14] vrais [15] grands hommes. Quand je le vois, malgré sa résolution bien prise, céder aux larmes et aux prières des habitants de Bourges, qui le suppliaient d'épargner leur ville, je sens qu'un cœur bat [16] dans sa poitrine. Et quand, au [17] dernier jour de sa puissance, il se dévoue au salut de ses compagnons, que [18], paré de [19] sa plus riche armure, monté sur son plus beau cheval, il va s'offrir avec tant de fierté et de bonne grâce [20] à un vainqueur dont il n'avait pas de pitié à attendre, je salue [21] en lui le premier des Français. Je ne suis pas un détracteur de César : si de plus vastes génies peut-être ont étonné le monde, je n'en connais pas de plus complet, de plus

de : *if we dare*. — 8. Au succès près : *barring the success*. — 9. Comme un : *as a sort of*. — 10. Reçue de... : *at a slave's hand*. — 11. Valent bien : *may match with*. — 12. Le bûcher : *the stake*. — 13. Que (avec). — 14. Qui ne manquent jamais à : *never wanting in*. — 15. Vrais : *truly*. — 16. Que le cœur bat (un cœur battant). — 17. Au : *on the*. — 18. Que : *when*. — 19. Paré de : *clad in*. — 20. De bonne grâce : *such a good grace*. — 21. Saluer : *to hail*. —

séduisant; quand je lis l'histoire de sa vie, je suis tenté d'oublier qu'il a consacré toutes les ressources de son incomparable nature à l'asservissement de sa patrie; je me sens sous le charme, et je comprends, comme Montaigne, « que la victoire n'ait pu se séparer de lui, même en cette très-injuste guerre civile. » Mais un petit chef de clan [22] de l'Auvergne qui parvient à réunir en un faisceau national [23] des tribus éparses, hostiles les unes aux autres, et qui tient un moment en échec [24] la fortune de César, n'a-t-il pas droit [25] aussi à [26] notre admiration ? A tenter [27] ce sublime effort pour sauver l'indépendance de son pays, il y avait certes plus de vraie gloire qu'à fonder le gouvernement des empereurs à Rome.

AMPÈRE.

Apothéose des empereurs romains.

A peine le prince avait-il fermé les yeux qu'un lit d'or et de pourpre était dressé dans la chambre la plus somptueuse du palais, et tandis que le corps, brûlé suivant les rites religieux et renfermé dans une urne, était porté sans apparat aux monuments sépulcraux des Césars, soit au tombeau d'Auguste, soit au mausolée d'Adrien et de Sévère, une image de cire, présentant les traits du défunt et vêtue de ses ornements impériaux, était couchée sur un lit de parade,

---

22. Un petit chef de clan : *a petty chieftain*. — 23. Un faisceau national : *one national body*. — 24. Tenir en échec : *to hold in check*. — 25. Droit : *a claim*. — 26. A (sur). — 27. A tenter : *in making*.

le diadème au front[1], l'épée au côté[2]. Mille candélabres d'or resplendissaient alentour comme un symbole de la puissance. La garde palatine veillait, le glaive au poing[3]; le sénat, les magistrats, les matrones de la maison impériale, rangés à droite et à gauche de l'image, lui faisaient cortége[4] nuit et jour; le peuple lui-même était admis par intervalles à la faveur de l'adorer. Rien ne semblait changé aux actes ordinaires de la vie; les affranchis, les chambellans se tenaient à distance[5], prêts à obéir au moindre signe du maître; le médecin venait respectueusement s'incliner[6], comme pour observer le progrès de quelque mal redoutable, et le centurion de garde demandait le mot d'ordre. Au jour convenu[7], cette vie imaginaire cessait. Conduits en grande pompe au champ de Mars, l'image et le lit étaient déposés sur un bûcher de feuilles sèches, de bois de senteur et d'aromates. Quelque orateur illustre prononçait l'éloge du défunt, des chants solennels se faisaient entendre[8], et le feu était mis au bûcher[9]. Alors, du sein d'un nuage[10] d'encens, un aigle vivant s'élançait, et, prenant son essor vers le ciel, semblait emporter l'âme du César sous le symbole même de Rome.

AM. THIERRY.

1. Le diadème au front : *with a diadem on its head.* — 2. L'épée au côté : *a sword at its side.* — 3. Le glaive au poing : *sword in hand.* — 4. Faire cortége : *to form a guard of honour.* — 5. A distance : *in the back-ground.* — 6. S'incliner : *to bend over him.* — 7. Au jour convenu : *on the appointed day.* — 8. Se faisaient entendre : *were heard.* — 9. Le feu était mis au bûcher : *the pile was fired.* — 10. Du sein d'un nuage : *from a cloud.*

Attila.

Le nom d'Attila s'est conquis [1] une place dans la mémoire du genre humain à côté des [2] noms d'Alexandre et de César. Ceux-ci durent leur gloire à l'admiration, celui-là à la peur ; mais, admiration ou peur, quel que soit le sentiment qui confère à un homme l'immortalité, ce sentiment, on peut en être sûr, ne s'adresse [3] qu'au génie. Il [4] faut avoir ébranlé [5] bien violemment les cordes du cœur humain pour que les oscillations [6] s'en perpétuent ainsi à travers les âges. Attila doit sa sinistre gloire moins encore au mal qu'il fait qu'à celui qu'il pouvait faire [7], et dont le monde est resté [8] épouvanté. Le catalogue malheureusement trop nombreux des ravageurs de la terre nous présente bien des hommes qui ont détruit davantage, et sur [9] qui cependant ne pèse [10] pas, comme sur celui-ci, l'éternelle malédiction des siècles. Alaric porta le coup mortel [11] à l'ancienne civilisation en [12] brisant le prestige d'inviolabilité qui couvrait [13] Rome depuis sept cents ans ; Genséric eut un privilége unique parmi ces priviléges de ruine, celui de saccager Rome et Carthage ; Radagaise, la plus féroce des créatures que l'histoire ait [14] classées parmi les hommes, avait fait vœu [15] d'égorger deux millions de Romains au pied de ses idoles ; et le nom de ces dévastateurs ne se

---

1. S'est conquis (a conquis). — 2. A côté de : *by*. — 3. S'adresser : *to be granted*. — 4. Il : *one*. — 5. Ébranler : *to strike*. — 6. Pour que les oscillations, etc... : *that they should thus vibrate on*. — 7. Trad. : avoir fait. — 8. Est resté : *is still*. — 9. Sur : *on*. — 10. Peser : *to weigh heavy*. — 11. Porter le coup mortel : *to give a death-blow*. — 12. En : *by*. — 13. Trad. : avait couvert Rome pour. — 14. L'ind. — 15. Un

PORTRAITS, TABLEAUX, DÉFINITIONS.

trouve[16] que dans les livres. Attila, qui échoua devant Orléans, qui fut battu par nos pères à Châlons, qui épargna Rome à la prière d'un prêtre, et qui périt de [17] la main d'une femme, a laissé après [18] lui un nom populaire, synonyme de [19] destruction. Cette contradiction apparente frappe d'abord l'esprit lorsqu'on [20] étudie ce terrible personnage.

L'histoire nous a laissé [21] un portrait d'Attila d'après lequel on peut se représenter assez [22] exactement ce barbare [23] fameux. Court de taille et large de poitrine [24], il avait la [25] tête grosse, les [26] yeux petits et enfoncés, la [27] barbe rare, le nez épaté, le teint presque noir. Son cou jeté naturellement en arrière, et ses regards, qu'il promenait autour de lui [28] avec inquiétude ou curiosité [29], donnaient à sa démarche quelque chose de fier et d'impérieux. « C'[30]était bien [31] là, » dit Jornandès, que nous aimons à citer parce qu'il nous reproduit naïvement les impressions restées [32] chez les nations gothiques, « c'était bien là un homme marqué au coin [33] de la destinée, un homme né pour épouvanter les peuples et ébranler la terre. » Si quelque chose venait à [34] l'irriter, son visage [35] se crispait [36], ses yeux lançaient [37] des flammes; les plus résolus n'osaient affronter [38] les éclats [39] de sa colère. Ses

---

vœu. — 16. Est trouvé. — 17. Par. — 18. Derrière. — 19. Avec. — 20. *One*. — 21. Laisser : *to hand*. — 22. Assez : *pretty*. — 23. Barbare : *barbarian*. — 24. Court de taille et large de poitrine : *short of stature and broad-chested*. — 25. La : *a*. — 26. Ne traduisez pas *les*. — 27. La : *a*. — 28. Promener autour de soi : *to cast round*. — 29. Avec inquiétude ou curiosité : *with anxiety or curiosity*. — 30. Ce : *this*. — 31. Bien : *indeed*. — 32. Restées : *then extant*. — 33. Au coin : *with the stamp*. — 34. Venir à : *to happen to*. — 25. Visage (traits) : *features*. — 36. Se crisper : *to contract*. — 37. Lancer : *to flash*. — 38. Affronter : *to stand*. — 39. Éclat : *explosion*. —

paroles et ses actes mêmes étaient empreints d'une sorte d'emphase calculée pour l'effet [40] ; il ne menaçait qu'en termes effrayants ; quand il tuait, c'était pour laisser des milliers de cadavres sans sépulture [41] en [42] spectacle aux vivants. A côté de cela [43] il se montrait doux pour ceux qui savaient se soumettre, exorable aux prières, généreux envers ses serviteurs et juge intègre vis-à-vis de ses sujets. Ses vêtements étaient simples, mais d'une grande propreté ; sa nourriture se composait de viandes sans assaisonnement, qu'on lui servait dans des plats de bois [44] ; en tout [45], sa tenue modeste et frugale contrastait avec le luxe qu'il aimait à voir déployer autour de lui.

AM. THIERRY.

La chasse chez les Huns.

Chez les Huns, comme plus tard chez les Mongols, la grande chasse était une institution politique qui avait pour but de tenir les troupes toujours en haleine [1] : destinée à remplacer la guerre pendant les repos forcés, elle en était comme le portrait vivant. Tchinghiz Khan, dans le livre de ses ordonnances, l'appelle l'école du guerrier ; un bon chasseur, à [2]

---

40. Pour l'effet : *to produce effect*. — 41. Sans sépulture (non ensevelis). — 42. En (comme un). — 43. A côté de cela : *on the other hand*. — 44. Plats de bois : *wooden trenchers*. — 45. En tout : *in every respect*.

1. Tenir en haleine : *to keep in a state of readiness*. — 2. A : *in*.

ses yeux, valait [3] un bon soldat : il en devait être ainsi chez les Huns. Suivant les usages orientaux, le jour de la chasse, annoncé longtemps à l'avance avec la solennité d'une entrée en campagne [4], était précédé d'ordres et d'instructions que chacun devait [5] suivre exactement. Un corps d'armée tout entier, le roi au [6] centre, les généraux aux [7] ailes, exécutait ces immenses battues où l'on traquait tous les animaux d'une contrée. L'adresse de la main, la sûreté de la vue, la finesse de l'odorat et de l'ouïe, la présence d'esprit, la décision, en un mot, toutes les qualités du guerrier s'y déployaient [8] comme sur un champ de bataille véritable, et en effet la guerre, à la manière des nomades de l'Asie, n'était pas autre chose qu' [9] une chasse aux hommes. Les Huns observaient soigneusement ces pratiques apportées de l'Oural, qui maintenaient leur vigueur tout [10] en les rappelant [11] aux traditions de leur vie primitive et au souvenir de leur berceau. Attila s'en servait au besoin pour masquer des campagnes plus sérieuses : au moment où il venait de [12] proclamer une chasse, ce qu'il méditait réellement, c'était une expédition militaire dans les villes de la Pannonie.

AM. THIERRY.

— 3. Valoir : *to be equivalent to*. — 4. Une entrée en campagne : *the opening of a...*. — 5. Devait : *must*. — 6. A (dans). — 7. A (sur). — 8. S'y déployaient (étaient déployées là). — 9. Pas autre chose que : *nothing else than*. — 10. Tout en les rappelant (pendant qu'elles....). — 11. Rappeler quelqu'un à : *to remind any one of*. — 12. Venait de : *had just*.

La croix de feu[1] en Écosse.

Lorsqu'un chef[2] voulait convoquer son clan dans quelque circonstance subite et importante, il tuait une oie, faisait une croix de quelque bois léger, en allumait les quatre bouts, et les éteignait dans le sang de l'animal. Cette croix s'appelait la croix de feu ou de honte, parce que celui qui refusait d'obéir à ce signal était noté d'infamie[3]. La croix était remise entre les mains d'un messager agile et fidèle, qui, courant avec rapidité au hameau le plus voisin, la présentait au premier de l'endroit[4], sans proférer une autre parole que le nom du lieu du rendez-vous[5]. Celui-ci devait l'envoyer avec une égale promptitude au plus prochain village; elle parcourait[6] ainsi, avec la plus incroyable célérité, tout le district dépendant d'un[7] même chef, et passait à ses alliés et voisins si le danger leur était commun[8]. A la vue de la croix de feu, tout homme de l'âge de seize à soixante ans, et en état de porter les armes, était obligé de prendre ses meilleures armes[9] et ses meilleurs vêtements, et de se trouver[10] au lieu du rendez-vous. Celui qui y manquait[11] était exposé à[12] voir ses terres mises à feu et à sang[13], péril dont la croix de feu était l'emblème. Dans la guerre civile de

---

1. La croix de feu : *the fiery cross*. — 2. Chef : *chieftain*. — 3. Noté d'infamie : *branded with shame*. — 4. Le premier de l'endroit : *the chief man of the place*. — 5. Le lieu du rendez-vous : *the place of meeting*. — 6. Parcourir : *to traverse*. — 7. De : *on*. — 8. Si le danger leur, etc. : *if it was a common danger*. — 9. Armes : *weapons*. — 10. Se trouver : *to repair*. — 11. Qui y manquait : *who failed*. — 12. Était exposé à : *ran the risk of*. — 13. Mises à feu et à sang : *devoted to*

1745, la croix de feu circula [14] souvent en Écosse; une fois entre autres, elle parcourut [15] en trois heures tout le district de Breadalbane, espace d'environ dix lieues. Cette pratique était usitée chez presque tous les peuples scandinaves.

GUIZOT.

Charles-Quint.

Malgré sa grande supériorité, ce prince ne put pas suffire à [1] une tâche aussi compliquée et aussi vaste, et telle que le voulait le gouvernement de ses immenses domaines. Il ne put pas trouver en lui de quoi [2] suffire à [3] la vie de tant de peuples, pourvoir aux [4] besoins de tant de pays, résister à tant d'adversaires. Il ne put pas comprimer l'Espagne, occuper les côtes de Barbarie, résister aux Turcs, conquérir et garder l'Italie, coloniser le Mexique et le Pérou, combattre la France, contenir l'Allemagne, satisfaire les Pays-Bas. Il ne put pas devenir roi [5] absolu dans ses pays héréditaires, se rendre empereur tout-puissant dans une confédération libre, se poser [6] comme une digue insurmontable à [7] l'esprit réformateur de son temps, et rester [8] général victorieux partout. Il l'essaya pendant trente ans.

Posté très-souvent en Flandre, la plus centrale de

---

fire and blood-shed. — 14. Circuler : *to be sent round.* — 15. Elle parcourut : *it went through.*

1. Suffire à : *to be adequate to.* — 2. De quoi : *wherewith.* — 3. Suffire à : *to provide for.* — 4. Pourvoir à : *to meet.* — 5. Roi (un roi). — 6. Se poser : *to set himself up.* — 7. A (contre). — 8. Rester :

ses possessions, il gouverna de là toutes les autres. Il eut à courir sans cesse des Pays-Bas en[9] Espagne, d'Espagne en Italie, d'Italie en France, de France en Allemagne. Il alla tenir des assemblées, ravir des libertés, livrer des batailles. Tout lui réussit[10] d'abord : les Castillans insurgés furent défaits à Villalar, les Flamands révoltés à Gand, les Français en Italie, les Allemands sur le Danube et sur l'Elbe. Mais il fallait[11] toujours s'agiter et toujours vaincre. Cette vie sans repos[12] et ces victoires sans terme[13] l'affaiblirent et le lassèrent. Sa tête se couvrit de bonne heure de cheveux blancs. La tristesse maladive qu'il tenait[14] de sa mère, et qui était restée enfermée[15] dans les profondeurs de son âme pendant le temps des distractions et des victoires, en sortit[15] et le gagna[16]; il devint lent et sombre. Cet homme si actif, dont une partie du monde attendait les ordres, ne donnait plus sa signature qu'avec peine. Il recherchait[17] la solitude, s'enfermait[18] des heures[19] entières dans un appartement tendu de[20] noir et éclairé par sept torches. Il méditait déjà de sortir vivant du monde[21] et de déposer le fardeau que lui avaient laissé ses ancêtres, et qu'il avait lui-même rendu plus pesant. Il suffisait d'[22] un revers pour l'y décider. Ce revers ne se fit pas attendre[23].

MIGNET.

to continue to be. — 9. En : to. — 10. Tournez : Il réussit en tout. — 11. Il fallait : *he must*. — 12. Sans repos : *restless*. — 13. Sans terme : *endless*. — 14. Tenir : *to inherit*. — 15. Enfermé : *dormant*. — 16. En sortit : *showed itself*. — 17. Gagner : *to get the better of*. — 18. Rechercher : *to seek*. — 19. S'enfermer : *to shut one's self up*. — 19. Des heures : *for hours together*. — 20. Tendre de : *to hang with*. — 21. Sortir vivant du monde : *leaving the world in his lifetime*. — 22. Il suffisait de : *nothing was wanting but*. — 23. Tournez : il n'eut pas à l'attendre longtemps.

Philippe II.

En[1] succédant à son père, Philippe II se retira en Espagne, d'où il ne sortit jamais. Il devint roi[2] tout à fait péninsulaire. Charles-Quint avait été le souverain réel de tous ses États: il les[3] avait tour à tour habités[4] et souvent parcourus. Il tenait[5] à tous ses peuples par quelque côté : son origine le rendait Flamand, sa gravité Espagnol, son bon sens Italien, sa prudence Allemand. Il était propre à tout régir, parce qu'il allait[6] tout voir et qu'il savait[7] tout comprendre.

Il n'en fut pas de même de[8] son fils. Ce qu'il y avait d'universel[9] dans Charles-Quint disparut dans Philippe II. Non-seulement ce prince se transporta au delà des Pyrénées, mais il s'enferma pour ainsi dire[10] à l'Escurial comme dans un monastère. Étranger[11] aux Flamands et aux Italiens, il devint invisible aux Espagnols eux-mêmes. Des deux choses que son père avait dirigées avec une égale supériorité, la guerre et la politique, il ne se réserva que la dernière. Il ne parut qu'une fois en armes sous les murs de Saint-Quentin, et comme il ne se plut pas au bruit des balles, il ne se montra depuis lors sur aucun champ de bataille, et ne combattit que par ses généraux. Il gouverna seul et par écrit[12]. Rien même de petit[13] ne se passait sans

---

1. En : *on*. — 2. Roi (un roi). — 3. Les (dans chacun d'eux). — 4. Habiter : *to reside in*. — 5. Tenir (appartenir). — 6. Il voulait : *he would*. — 7. Savait (pouvait). — 8. De même de : *so with*. — 9. Ce qu'il y avait d'universel : *what universality there was*. — 10. Pour ainsi dire : *as it were* (à placer devant le verbe). — 11. Étranger : (un étranger). — 12. Par écrit : *by written orders*. — 13. Rien même

qu'[14] il le sût. Il lisait tous les rapports de son conseil, il prononçait sur toutes les affaires de ses ministres, il annotait toutes les dépêches de ses ambassadeurs. Comme il était lent quoique infatigable, et peu résolu quoique très-obstiné, les décisions ne se prenaient[15] pas assez vite et les affaires ne s'expédiaient point. La monarchie s'affaissait comme le pays. Loin de comprendre l'enseignement[16] qui résultait de l'abdication de son père, Philippe II chercha à agrandir encore les possessions espagnoles. L'extinction de la dynastie portugaise lui fit envahir le Portugal. Les divisions religieuses de l'Europe lui inspirèrent la pensée de s'emparer de l'Angleterre et de placer sa fille sur le trône de France. L'un de ces projets causa la destruction de la marine espagnole, qui périt dans le désastre de l'Armada; l'autre aboutit à[17] la ruine financière de l'Espagne.

MIGNET.

Le connétable de Bourbon.

Le connétable de Bourbon était aussi dangereux qu'il était puissant. Il avait de fortes[1] qualités. D'un esprit ferme, d'une âme ardente, d'un caractère résolu, il pouvait ou bien servir ou beaucoup nuire. Très-actif, fort appliqué, non moins audacieux que persé-

---

de petit (pas même la plus petite (insignifiant) chose). — 14. Sans que : *without his* (avec le participe présent). — 15. Ne se prenaient (tournez par le passif). — 16. Enseignement : *lesson*. — 17. Aboutir à : *to end in*.

1. Fortes : *fine*.

vérant, il était capable de concourir[2] avec habileté aux plus patriotiques desseins et de s'engager par[3] orgueil dans les plus détestables rébellions. C'était un vaillant capitaine et un politique hasardeux. Il avait une douceur froide[4] à travers laquelle perçait une intraitable fierté, et sous les apparences les plus tranquilles il cachait la plus ambitieuse agitation[5]. Il est tout entier[6] dans ce portrait saisissant[7] qu'a tracé de lui la main de Titien, lorsque, dépouillé de ses États, réduit à combattre son roi et prêt à envahir son pays, le connétable fugitif avait changé la vieille et prophétique devise de sa maison, *spes*, qu'un Bourbon devait réaliser avant la fin du siècle dans ce qu'elle avait de plus haut[8], en[9] cette devise terrible et extrême[10] : *omnis spes in ferro est*. Sur ce front hautain, dans ce regard pénétrant et sombre, aux mouvements décidés de cette bouche ferme, sous les traits hardis de ce visage passionné[11], on reconnaît l'humeur altière, on aperçoit les profondeurs dangereuses, on surprend les déterminations violentes du personnage désespéré qui aurait pu être[12] un grand prince et qui fut réduit à devenir un grand aventurier. C'est bien là[13] le vassal orgueilleux et vindicatif auquel[14] on avait entendu dire que sa fidélité résisterait à[15] l'offre d'un royaume, mais ne résisterait pas à un affront. C'est bien là le serviteur d'abord glorieux de son pays qu'une offense et une injustice en rendirent[16] l'ennemi funeste, qui

---

2. Concourir à : *to concur in*. — 3. Par : *through*. — 4. Douceur froide : *cold blandness of manner*. — 5. Agitation : *restlessness*. — 6. Il est tout entier : *he stands before*. — 7. Saisissant : *striking*. — 8. Dans ce qu'elle avait de plus haut : *in its highest sense*. — 9. En (pour). — 10. Extrême : *desperate*. — 11. Passionné : *impassioned*. — 12. Aurait pu être : *might have been*. — 13. C'est bien là : *this is indeed*. — 14. Auquel.... : *who had been heard to say*. — 15. Résister à : *to be proof against*. — 16. En

répondit à l'injure par la trahison, à la spoliation par la guerre. C'est bien là le célèbre révolté et le fougueux capitaine qui vainquit François Ier à Pavie, assiégea Clément VII dans Rome, et finit sa tragique destinée les armes à la main[17], en montant à l'assaut de[18] la ville éternelle.

MIGNET.

Henriette de France.

A peine arrivée en Angleterre, la reine n'avait pas caché l'ennui que lui inspirait[1] sa nouvelle patrie. Religion, institutions, coutumes, langage, tout lui déplaisait; elle avait même, peu après leur union, traité son mari avec une puérile insolence; et Charles, poussé à bout par[2] l'explosion[3] passionnée de son humeur, se vit forcé un jour de renvoyer sur le continent quelques-uns des serviteurs qu'elle avait amenés. Le plaisir de régner pouvait seul la consoler de ne plus vivre en France[4]; elle y compta dès qu'elle cessa de craindre le parlement. D'un esprit agréable et vif, elle acquit bientôt sur un jeune roi de mœurs très-pures[5] un ascendant qu'il accepta avec une sorte de reconnaissance, et comme touché qu'elle consentît à se trouver bien[6] auprès de lui. Mais le bonheur de

---

rendirent ...., *turned into a*. — 17. Les armes à la main : *sword in hand*. — 18. En montant à l'assaut de : *when scaling the walls of*.

1. Que lui inspirait... : *with which her... inspired her*. — 2. Poussé à bout par : *out of patience at*. — 3. Explosion : *outburst*. — De ne plus vivre en France : *for living out of France*. — 5. De mœurs très-pures : *of irreproachable conduct*. — 6. Se trouver bien : *to be happy*. —

la vie domestique, cher[7] à l'âme sérieuse de Charles, ne pouvait suffire au[8] caractère léger, remuant et sec d'Henriette-Marie; il lui fallait un empire avoué, l'honneur de tout savoir, de tout régler, le pouvoir enfin[9], tel qu'une femme capricieuse le veut exercer[10].

GUIZOT.

Christine de Suède.

Christine fut un personnage extraordinaire, capable de grandes vertus par[1] orgueil; elle était portée[2] par son tempérament à cet amour de la gloire qui a inspiré tant de belles actions; mais le germe ne fleurit pas[3] dans son âme. Les louanges précoces et de mauvaises leçons la corrompirent de bonne heure. Elle oublia ses devoirs pour ne songer qu'à ses caprices, et son abdication ne saurait être regardée que[4] comme la désertion et l'oubli des grands devoirs qu'impose le rang suprême. Ce n'est pas la véritable gloire qui la séduit, mais l'amour du bruit[5] et le besoin d'occuper de son nom la curiosité des peuples. Rien ne la fixe et ne l'attache, parce qu'elle n'a ni convictions ni principes. Au temps de sa puissance elle s'entoure de savants sans faire[6] pour cela[7] progresser la science dans son royaume. Elle s'occupe de philosophie, et

---

7. Cher : *so dear*. — 8. Suffire à : *satisfy*. — 9. Enfin : *in fact*. — 10. Le veut exercer : *desires to wield*.

1. Par : *through*. — 2. Portée : *disposed*. — 3. Ne fleurit pas : *did not blossom*. — 4. Ne saurait être regardée que : *can only be looked upon*. — 5. L'amour du bruit : *love of effect*. — 6. Faire progresser : *to advance*. — 7. Pour cela : *on that account*.

la philosophie est pour elle une lettre morte dont sa conduite dément sans cesse les préceptes. Intelligence vive et brillante, elle dépense en stériles projets, en agitations impuissantes[8] toutes les facultés de son esprit. Ce[9] n'est pas une grande reine, car ce nom ne saurait appartenir à la princesse transfuge du trône[10] qui ne fonde rien, ne laisse rien après elle, à la fille de Gustave-Adolphe qui renie[11] le glorieux héritage de son père. C'est une héroïne de théâtre[12] qui abdique par orgueil pour se montrer plus grande que les rois. Sa vie est une inconséquence, une contradiction perpétuelle, on pourrait presque dire une folie pédante et galante. Sa destinée a quelque chose qui étonne ; mais on est encore plus attristé que surpris, et, par malheur pour sa mémoire, la tache de sang reparaît toujours.

P. Boiteau.

Cromwell.

Un homme s'est rencontré[1] d'une profondeur d'esprit incroyable ; hypocrite[2], raffiné[3] autant qu'habile politique ; capable de tout entreprendre et de tout cacher ; également actif et infatigable dans la paix et dans la guerre ; qui ne laissait rien à la fortune de ce qu'il pouvait lui ôter par conseil[4] et par prévoyance,

---

8. Impuissant : *impotent*. — 9. Ce (elle). — 10. Transfuge du trône : *deserter of her throne*. — 11. Renier : *to cast away*. — 12. Héroïne de théâtre : *stage heroine*.

1. Un homme s'est rencontré : *then appeared a man*. — 2. L'article indéfini. — 3. Raffiné : *accomplished*. — 4. Conseil : *counsel*. —

PORTRAITS, TABLEAUX, DÉFINITIONS.

mais au reste[5] si vigilant et si prêt à tout[6], qui n'a jamais manqué[7] les occasions qu'elle lui a présentées; enfin un de ces esprits remuants[8] et audacieux qui semblent nés pour changer le monde.

Que le sort de tels esprits est hasardeux[9], et qu'il en paraît[10] dans l'histoire à qui leur audace a été funeste! Mais aussi que ne sont-ils pas[11], quand il plaît à Dieu de s'en servir! Il fut donné à celui-ci[12] de tromper les peuples et de prévaloir contre les rois. Car, comme il eut aperçu que dans ce mélange infini de sectes qui n'avaient plus de[13] règles certaines, le plaisir de dogmatiser, sans être repris[14] ni contraint par aucune autorité ecclésiastique ni[15] séculière, était le charme qui possédait les esprits, il sut si bien les concilier par là[16], qu'il fît un corps redoutable de cet assemblage[17] monstrueux.

Quand une fois on a trouvé le moyen de prendre[18] la multitude par l'appât de la liberté, elle suit en aveugle, pourvu qu'elle en[19] entende seulement le nom. Ceux-ci, occupés du premier objet qui les avait transportés[20], allaient toujours[21], sans regarder qu'ils allaient[22] à la servitude, et leur subtil conducteur qui, en combattant, en dogmatisant, en mêlant mille personnages[23] divers, en faisant[24] le docteur et le prophète, aussi bien que le soldat et le capitaine,

---

5. Au reste : *besides*. — 6. Si prêt à tout : *always so ready*. — 7. Manquer : *to miss*. — 8. Remuant : *stirring*. — 9. Hasardeux : *unsafe*. — 10. Qu'il en paraît : *how many we find*. — 11. Que ne sont-ils pas : *how mighty their part is*. — 12. Il fut donné à celui-ci : *he was allowed to*. — 13. Plus de : *no longer any*. — 14. Repris : *checked*. — 15. Ni : *or*. — 16. Par là : *on this point*. — 17. Assemblage : *medley*. — 18. Prendre : *to decoy*. — 19. Ne traduisez pas *en*. — 20. Transporter : *to enrapture*. — 21. Allaient toujours : *followed on*. — 22. Aller : *to rush*. — 23. Personnages : *characters*. — 24. Faire :

vit[25] qu'il avait tellement enchanté le monde, qu'il était regardé de toute l'armée comme un chef envoyé de Dieu pour la protection de l'indépendance, commença à s'apercevoir qu'il pouvait encore les pousser plus loin. C'était le conseil de Dieu d'instruire les rois[26].

BOSSUET.

La paix d'Utrecht[1].

Ainsi se termina cette longue contestation qui occupa la fin d'un siècle et troubla le commencement d'un autre ; qui donna à l'Espagne une dynastie continentale, et acheva de lui enlever[2] ses dernières possessions d'Europe ; qui devint pour la France à Utrecht ce que la paix de Westphalie avait été pour l'Autriche, une limitation qui finit[3], comme chacun l'avait projeté dans les moments où la sagesse faisait taire[4] l'ambition, par un partage, et qui plaça partout les deux maisons d'Autriche et de France en équilibre et en échec. Ceux qui tentèrent de s'opposer à ce dénouement, nécessaire au repos universel, furent arrêtés par la force des événements. Louis XIV, en voulant tout avoir, faillit tout perdre[5] ; ses ennemis, en voulant tout lui ôter, lui rendirent ce que lui avait enlevé la fortune. Il garda les provinces qu'il

---

to play. — 25. Voir : *to find*. — 26. D'instruire les rois : *that kings should be instructed*.

1. Conclue en 1713. — 2. Acheva de lui enlever : *finally deprived her of*. — 3. Finir par : *to end in*. — 4. Faire taire : *to silence*. — 5. Fail-

s'était[6] résigné à céder : il vit la sombre pâleur de ses derniers jours éclairée de quelques rayons de gloire ; il affermit son petit-fils sur son trône ; et lorsque, après avoir conclu cette grande et dernière affaire de de son règne, il mourut, la couronne de France passa sans secousse[7] du front du vieux monarque sur la tête du jeune enfant, dernier reste[8] de sa postérité.

MIGNET.

Baptême du roi de Rome.

Le 9 juin 1811 fut choisi pour la cérémonie du baptême du roi de Rome. Tout avait été mis en œuvre[1] pour que cette solennité fût[2] digne de la grandeur de l'empire et des vastes destinées promises au jeune roi. Le 8 juin au soir[3], Napoléon se transporta de Saint-Cloud à Paris, entouré d'un cortége magnifique. Un an s'était[4] à peine écoulé, et déjà il avait un héritier, et il pouvait dire[5] avec orgueil que la Providence lui accordait tout ce qu'il[6] désirait avec la ponctualité d'une puissance soumise. Elle ne l'[7]était pas, hélas ! et devait[8] le lui prouver bientôt ! Mais il semblait qu'elle[9] lui prodiguât tous les bonheurs[10], comme pour rendre plus grande la faute

---

lit tout perdre : *was very near* (le verbe au part. prés.). — 6. Était : *had*. — 7. Sans secousse : *without any shock*. — 8. Reste : *scion*.

1. Mettre en œuvre : *to set to work*. — 2. Fût : *might be*. — 3. Le 8 juin au soir, traduisez : sur le soir du huitième de juin. — 4. S'était, traduisez : avait. — 5. Il pouvait dire : *he might have said*. — 6. Tout ce que : *all that*. — 7. Ne pas traduire *le*. — 8. Devait : *was to*. — 9. Il semblait qu'elle...., trad. : elle semblait.... — 10. Tous les

d'en abuser[11] et plus terrible le châtiment que cette faute entraînerait....

Le lendemain, jour de dimanche, Napoléon, accompagné de l'Impératrice et de sa famille, conduisit son fils à Notre-Dame, l'église du sacre, et le présenta aux ministres de la religion. Cent évêques et vingt cardinaux, le Sénat, le Corps législatif, les maires des bonnes villes, les représentants de l'Europe remplissaient l'enceinte sacrée où l'enfant[12] impérial devait recevoir les eaux du baptême. Quand le pontife eut achevé la cérémonie et rendu le roi de Rome à la gouvernante des enfants de France, celle-ci[13] le remit à Napoléon, qui, le prenant dans ses bras et l'élevant au-dessus de sa tête, le présenta ainsi à la magnifique assistance avec une émotion visible, qui devint bientôt générale. Ce spectacle remua tous les cœurs. Quelle profondeur dans le mystère qui entoure la vie humaine! Quelle surprise douloureuse si, derrière cette scène de prospérité et de grandeur, on[14] avait pu[15] apercevoir[16] tout à coup tant de ruines, tant de sang et de feux, et les flammes de Moscou et les glaces de la Bérésina, Leipzig, Fontainebleau, l'île d'Elbe, Sainte-Hélène; et enfin la mort de cet auguste enfant à vingt ans[17], dans l'exil, sans une seule[18] des couronnes aujourd'hui accumulées sur sa tête, et tant d'autres révolutions encore[19] qui devaient relever sa famille après l'avoir abattue! Quel bienfait[20] de la Providence d'avoir caché à[21] l'homme son lendemain! Mais quel écueil[22] aussi pour sa prudence chargée

bonheurs, trad. : toute espèce de.... — 11. Abuser : *to misuse*. — 12. Enfant : *infant*. — 13. Celle-ci : *she*. — 14. On : *people*. — 15. Avait pu : *could have*. — 16. Apercevoir : *to discover*. — 17. A vingt ans : *twenty years old*. — 18. Une seule : *one*. — 19. Encore : *more*. — 20. Bienfait : *blessing*. — 21. A : *from*. — 22. Écueil, *danger*. —

de[23] deviner ce lendemain, et de le conjurer à force de[24] sagesse.

THIERS.

L'étude des langues.

On ne saurait[1] doter l'enfance de la connaissance de trop de langues, et il me semble que l'on devrait[2] mettre toute son application[3] à l'en instruire. Elles sont utiles à toutes les conditions des hommes, et elles leur ouvrent également l'entrée ou à une profonde ou à une facile et agréable érudition. Si l'on remet cette étude si pénible à un âge plus avancé, on n'a pas[4] la force de l'embrasser par[5] choix, ou l'on n'a pas celle d'y[6] persévérer; et, si l'on[7] y persévère, c'est[8] consumer[9] à[10] la recherche des langues le temps qui est destiné à l'usage que l'on doit en[11] faire; c'est borner[12] à la science des mots un âge qui veut déjà aller plus loin[13] et qui demande[14] des choses; c'est au moins avoir perdu les premières et les plus belles années de sa vie. Un si grand fond[15] ne se peut bien faire[16] que lorsque tout s'imprime[17] dans l'âme[18] naturellement et profondément; que[19] la mémoire est

---

23. Chargée de : *having to*. — 24. A force de : *by his*.

1. On ne saurait : *we need not fear of*. — 2. On devrait : *we should*. — 3. Mettre toute son application (à l'infinitif) : *to make it one's whole study*. — 4. On n'a pas : *we lack*. — 5. Par : *from*. — 6. Y : *in it*. — 7. Si l'on : *if we do*. — 8. C'est : *we then*. — 9. Mettre au part. pr. le verbe consumer. — 10. A : *in*. — 11. En : *of them*. — 12. Borner : *to confine*. — 13. Plus loin : *beyond*. — 14. Demander : *to demand*. — 15. Fond : *stock*. — 16. Faire : *to store*. — 17. S'imprime, employer le passif. — 18. L'âme : *the mind*. — 19. Que : *when*. —

neuve[20], prompte[21] et fidèle; que l'esprit et le cœur sont encore vides de[22] passions, de soins et de désirs, et que l'on est déterminé à[23] de longs travaux par ceux de qui l'on dépend. Je suis persuadé que le petit nombre des habiles[24] ou le grand nombre de gens[25] superficiels vient de l'oubli[26] de cette pratique.

La Bruyère.

Dante.

Voici[1] venir[2] ce génie, le vrai génie du moyen âge; et, sans avoir secoué[3] tout à fait la poussière du temps, il réunira bien des vertus poétiques: il aura l'accent[4] du drame et de la satire, comme celui de la poésie lyrique et de l'enthousiasme. Il appellera *Comédie* son œuvre immense, mêlée, turbulente[5] comme son siècle. Il aura, dans son langage habilement extrait[6] de tous les dialectes vulgaires de l'Italie, l'énergie populaire et la sublimité, ou la tendresse et la douceur mystique; il empruntera sans cesse à[7] la riche nature dont[8] il est entouré, au spectacle des champs, au souvenir de ses fuites[9] à travers tous les lieux et parmi toutes les conditions humaines, à ses combats, à ses souffrances, bien des images de la vie réelle et

---

20. Neuve: *fresh*. — 21. Prompte, fidèle: *ready, retentive*. — 22. Vides de: *free from*. — 23. Déterminé à: *induced to devote one's self to*. — 24. Habiles: *clever people*. — 25. Gens: *ones*. — 26. Oubli: *neglect*.

1. Voici: *behold*. — 2. Venir: *here comes*. — 3. Secouer: *to shake off*. — 4. Accent: *language*. — 5. Turbulent: *wild*. — 6. Extrait: *compounded*. — 7. A: *from*. — 8. Dont: *by which*. — 9. Fuites: *wander-*

des mœurs[10] de son temps; et il sera pourtant, à certaines heures de son inspiration, le plus idéal et le plus recueilli[11] des poëtes religieux. Lui qui tenait dans ses mains la malédiction[12] des prophètes et la lançait[13] au gré de[14] sa haine ou de sa justice, il trouvera les accents les plus purs qui jamais aient[15] retenti sur la lyre, pour porter jusqu'à[16] Dieu la prière et l'espérance humaines[17].   VILLEMAIN.

Eschyle[1], Dante et Shakspeare.

On a fait le rapprochement très-naturel d'Eschyle avec Dante et avec Shakspeare; ce sont[2] en effet des génies de même famille. Tous trois furent doués d'une imagination créatrice à des époques où[3] les premiers rayons de la civilisation perçaient les nuages de la barbarie. Un autre trait caractéristique qui leur est commun, c'est[4] le mélange inattendu de la grâce et de la tendresse, au milieu des scènes violentes et des émotions les plus terribles. Il y a dans le rôle de la nymphe Io (personnage du Prométhée) un délicieux passage sur les rêves d'une jeune fille. Ce contraste rappelle[5] tout à fait les amours de Francesca de Rimini au milieu de l'Enfer de Dante, et les ravissantes

---

ings. — 10. Mœurs : *manners*. — 11. Recueilli : *pious*. — 12. Malédiction : *anathema*. — 13. Lancer : *to hurl*. — 14. Au gré de : *according to*. — 15. L'indicatif. — 16. Porter jusqu'à : *to offer to*. — 17. De l'homme.

1. *Æschylus*. — 2. Ce sont (ils sont). — 3. A des époques où : *at times when*. — 4. C'est (est). — 5. Rappelle : *reminds one of*. —

figures[6] de femmes crayonnées par Shakspeare dans ses tragédies les plus sombres. ARTAUD.

Portrait de Shakspeare par Dryden.

Je commence par[1] Shakspeare : c'[2] était de tous les modernes, et peut-être de tous les poëtes, l'homme qui avait l'âme la plus vaste et la plus compréhensive. Toutes les images de la nature lui étaient présentes ; et il les reproduisait sans effort et par inspiration. Quand il décrit quelque chose, vous faites plus que la voir : vous en avez le sentiment[3]. Ceux qui l'accusent d'avoir manqué d'instruction[4] lui donnent[5] le plus grand éloge. Il savait d'instinct[6], il n'avait pas besoin des livres pour lire la nature ; il regardait en dedans, et il la[7] trouvait là. Je ne puis dire qu'il soit[8] partout égal à lui-même ; s'il l'était[9], je lui ferais injure[10] de le comparer même aux plus grands hommes. Il est souvent plat, insipide ; sa verve[11] comique dégénère en grossièreté, son élévation sérieuse en enflure[12] ; mais il est toujours grand, lorsqu'une grande occasion lui est offerte. Personne ne peut dire que Shakspeare, trouvant un sujet convenable[13] à son génie, ne se soit pas élevé[14] au-dessus de tous les autres poëtes. DRYDEN.

6. Figures : *portraits*.

1. Par (avec). — 2. Ce (il). — 3. Vous en avez le sentiment : *you feel it*. — 4. D'avoir manqué d'instruction : *of a want of learning*. — 5. Donner : *to bestow*. — 6. D'instinct : *instinctively*. — 7. La : *her*. 8. Soit (est). — 9. S'il l'était : *if he were*. — 10. Injure : *injustice*. — 11. Verve : *vein*. — 12. Enflure : *bombast*. — 13. Convenable : *suitable*. — 14. Ne se soit pas élevé : *has not risen*.

Raphaël.

Les habitudes de Raphaël étaient celles d'un grand seigneur[1]; il vivait sur un pied[2] d'égalité complète avec les plus illustres personnages de Rome. Sa modestie, dont parlent trop unanimement les contemporains pour qu'elle puisse être mise en doute[3], n'allait cependant pas jusqu'à[4] le rendre aveugle sur son mérite, ni indifférent à l'immense réputation dont il jouissait. Il écrivait à Simone Ciarla, en 1514 : « Vous voyez, mon cher oncle, que je fais honneur[5] à vous, à tous nos parents et à ma patrie. Il n'en est pas moins vrai que je garde votre souvenir dans le plus profond[6] de mon cœur, et que lorsque je vous entends nommer, il me semble que j'entends nommer mon père. » Et il ajoute : « Je vous prie d'aller trouver[7] le duc et la duchesse, et de leur dire, ce qu'ils auront du plaisir à apprendre, que l'un de leurs serviteurs leur fait honneur. » Il était un ami et une sorte de frère aîné et de protecteur pour ses élèves plutôt qu'un maître ; il les aidait de sa bourse, de son crédit, de ses conseils, et sut maintenir entre eux, par la seule force[8] de l'affection qu'ils lui portaient, la plus parfaite harmonie. « Bien loin de concevoir le moindre orgueil, dit Calcagnini, il est affable pour tout le monde, prévenant et toujours prêt à écouter les avis et les discours d'autrui, surtout ceux de Fabius de Ravenne, vieillard d'une probité stoïque,

---

1. Grand seigneur : *nobleman*. — 2. Un pied : *a footing*. — 3. Mettre en doute : *to call in question*. — 4. Jusqu'à : *so far as*. — 5. Je fais honneur : *I do credit*. — 6. Le plus profond : *the depth*. — 7. Aller trouver : *to go to*. — 8. La seule force : *the mere strength*.

mais aussi aimable que savant. Raphaël, qui l'a recueilli[9] et qui l'entretient, a soin de lui comme de son maître ou de son père. Il le consulte en tout et défère toujours à ses conseils. » Sa bienveillance avait désarmé la jalousie ; sa nature douce, aimable, sympathique lui avait rallié tous les cœurs[10]. Aussi sa mort causa-t-elle des regrets unanimes et un deuil public. Le peuple de Rome suivit ses restes, comme il devait faire plus tard[11] pour ceux de Michel Ange, et la foule, si indifférente d'ordinaire aux événements de cette nature, sentit le coup qui la frappait. Ses amis étaient inconsolables, et Castiglione écrivait à sa mère : « Je suis en bonne santé, mais il me semble que je ne suis pas dans Rome, puisque mon pauvre Raphaël n'y est plus. Que son âme bénie soit au sein de Dieu ! »

Ch. Clément.

Pindare et Bossuet.

Bossuet, le plus grand lettré[1] comme[2] le plus grand inspiré des siècles nouveaux de l'Église[3], et le moderne du génie le plus antique, touchait intimement[4], sans le vouloir[5], à cette poésie lyrique et gnomique

---

— 9. Recueillir : *to take home.* — 10. Lui avait rallié tous les cœurs : *had drawn all hearts to him.* — 11. Comme il devait faire plus tard : *as later they followed.*

1. Le plus grand lettré : *the greatest literary character.* — 2. Comme : *as.* — 3. Le plus grand inspiré... *the most loftily inspired of the modern fathers of the church.* — 4. Touchait intimement à : *was closely congenial with.* — 5. Sans le vouloir : *without being conscious of it.*

dont Pindare fut le chantre inspiré. « Malgré le grand creux qu'il trouvait, disait-il quelque part, dans l'antiquité profane, il était en intelligence[6], en harmonie de l'âme avec[7] cette poésie morale venue de Pythagore et déclarée sainte par Platon, toute pleine d'éclatantes peintures et de graves pensées, et souvent si chaste et si haute que les premiers pères de l'Église l'accusaient d'avoir dérobé la parole de Dieu, comme Israël les vases d'Égypte, et que Clément d'Alexandrie, en particulier, prétendait noter[8] dans Pindare bien des traits empruntés aux[9] chants de David et à la sagesse de Salomon. Mais de telles ressemblances n'étaient prises[10] peut-être qu'au trésor inépuisable des sentiments humains, et à une rencontre[11] du génie, perpétuelle[12] révélation que Dieu donne à l'homme.

Une autre disposition encore rapprochait naturellement[13] le langage de l'évêque moderne et celui du poëte thébain. C'était un instinct de la grandeur[14] sous toutes les formes, un goût pour les choses éclatantes, depuis les phénomènes de la nature jusqu'aux pompes de la puissance et de la richesse humaines; c'était aussi ce ferme jugement, en contraste avec l'imagination éblouie, ce retour sincère et triste[15] qui abat[16] ce qu'elle avait d'abord admiré et se donne le spectacle de deux grandeurs également senties, celle du monument et celle de la ruine. La splendeur du soleil, la magnificence des rois, les merveilles des arts,

---

6. Intelligence : *intimate connection*. — 7. En harmonie de l'âme avec : *his soul was in a harmonious concert with*. — 8. Prétendait noter : *maintained he could point out*. — 9. Aux : *from the*. — 10. Prises au : *drawn out of*. — 11. Rencontre : *discovery*. — 12. Ici l'article indéfini. — 13. Rapprochait naturellement : *created a natural similarity between*. — 14. Un instinct de la grandeur : *an intuitive sense of greatness*. — 15. Retour sévère et triste : *after thought severe and sad*. — 16. Abat-

les palais, les fêtes, la solennité des sacrifices, la guerre avec ses terribles images et sa sanglante parure[17], les casques d'airain, les aigrettes flottantes plaisaient également aux deux poëtes.

Pindare avait de plus pour lui[18] les cieux éclatants de l'Europe orientale et le voisinage de l'Asie, les tremblements de l'Etna, ses flammes réfléchies[19] dans la[20] nuit sur la mer de Sicile, les peuples barbares inondant[21] la Grèce héroïque et repoussés par elle. Mais ces grands spectacles de terreur et de bruit, que nos régions tempérées n'offraient pas à l'évêque de Meaux, il les voyait en souvenir ; et la Bible lui ouvrait tout l'Orient. « Où sont ces marteaux d'armes[22] tant vantés et ces arcs qu'on ne vit jamais tendus en vain ? Ni les chevaux ne sont vites ni les hommes ne sont adroits que pour fuir devant le vainqueur. » Est-ce Pindare, est-ce Bossuet qui parle ainsi ? Est-ce le pontife, dans l'éloge de la princesse Palatine et dans le récit des guerres sauvages de Pologne, ou le poëte, dans sa joie triomphante de Marathon et de la fuite des Perses aux[23] arcs recourbés[24]. Ce n'est pas seulement le même cri de guerre, le même accent d'une âme belliqueuse ; le vêtement[25] et comme[26] l'armure a passé d'un monde à l'autre.

VILLEMAIN.

tre : *to lay low*. — 17. Parure : *pomp*. — 18. Pour lui : *in his favour*. — 19. Réfléchies sur : *reflected in*. — 20. Dans la : *at*. — 21. Inonder : *to run over*. — 22. Marteaux d'armes : *war-hammers*. — 23. Aux : *with*. — 24. Recourbés : *curved*. — 25. Vêtement : *raiment*. — 26. Comme : *at is were*.

Portrait de Corneille par Racine.

La scène retentit encore des acclamations qu'excitèrent à leur naissance le *Cid, Horace, Cinna, Pompée,* tous ces chefs-d'œuvre représentés depuis sur tant de théâtres, traduits en tant de langues et qui vivront à jamais dans la bouche des hommes. A dire le vrai, où trouve-t-on[1] un poëte qui eût possédé à la fois tant de grands talents, tant d'excellentes qualités, l'art, la force, le jugement, l'esprit? Quelle noblesse, quelle économie dans les sujets! quelle véhémence dans les passions! quelle gravité dans les sentiments! quelle dignité et en même temps quelle prodigieuse variété dans les caractères! Combien de rois, de princes, de héros de toutes nations nous a-t-il représentés, toujours tels qu'ils doivent[2] être, toujours uniformes[3] avec eux-mêmes, et jamais ne se ressemblant les uns aux autres. Avec cela, une magnificence d'expression proportionnée aux maîtres du monde qu'il fait souvent parler; capable néanmoins de s'abaisser quand il veut, et de descendre jusqu'aux plus simples naïvetés du comique, où il est encore inimitable : personnage[4] véritablement né pour la gloire de son pays; comparable, je ne dis pas à tout ce que l'ancienne Rome a eu d'excellents tragiques, puisqu'elle confesse elle-même qu'en ce genre elle n'a pas été fort heureuse, mais aux Eschyle, aux Sophocle, aux Euripide, dont la fameuse Athènes ne s'honore[5] pas moins que des Thémi-

---

1. Où trouverons-nous. — 2. Doivent : *ought*. — 3. Uniforme : *consistent*. — 4. Personnage : *man*. — 5. S'honorer : *boast.* —

stocle, des Périclès, qui vivaient en même temps qu'eux.

Que l'ignorance rabaisse tant qu'elle voudra l'éloquence et la poésie et traite les habiles écrivains de gens inutiles dans les États, nous ne craindrons point de dire, à l'avantage des lettres, que, du moment que des esprits sublimes, passant de bien loin les bornes communes, se distinguent, s'immortalisent par des chefs-d'œuvres, quelque étrange inégalité que, durant leur vie, la fortune mette entre eux et les plus grands héros, après leur mort cette différence cesse. La postérité qui se plaît, qui s'instruit dans les ouvrages qu'ils lui ont laissés, ne fait point de difficulté de les égaler à tout ce qu'il y a de plus considérable parmi les hommes, et fait marcher de pair l'excellent poëte et le grand capitaine. Le même siècle qui se glorifie aujourd'hui d'avoir produit Auguste ne se glorifie guère moins d'avoir produit Horace et Virgile. Ainsi, lorsque, dans les âges suivants, on parlera avec étonnement des victoires prodigieuses et de toutes les grandes choses qui rendront notre siècle l'admiration de tous les siècles à venir, Corneille, n'en doutons point, Corneille tiendra sa place parmi toutes ces merveilles. La France se souviendra avec plaisir que, sous le règne du plus grand de ses rois a fleuri le plus grand de ses poëtes[6].

RACINE.

6. Racine, dans ce passage remarquable, se peint lui-même en exaltant Corneille, et se présage, sans le savoir, une gloire non moins grande et non moins légitime.

Molière et Regnard.

En 1622 et en 1655, à trente-trois ans d'intervalle, deux enfants naissaient[1] à Paris, au quartier des Halles, dans deux maisons presque voisines. Leur condition[2], sinon leur fortune, était égale : l'un fils d'un tapissier, l'autre fils d'un marchand de salines ; mais bientôt que de différences dans leur destinée ! L'un est riche, l'autre est pauvre; tous deux voyagent de bonne heure : celui-ci, menant le train[3] d'un grand seigneur, ne s'arrête que là où la terre lui manque[4]; celui-là, sous un nom d'emprunt[5], chef d'une troupe de comédiens ambulants, traîne pendant douze ans, à travers la France[6], l'existence nomade des héros de Scarron. Tous deux rentrent[7] à Paris, l'un pour se ménager[8] tour à tour les plaisirs de la ville et de la campagne voisine, l'autre pour continuer le dur métier qu'il aime. L'un arrête[9] sa vie de jeunesse[10] dans un imprudent mariage; l'autre poursuit la sienne dans un joyeux célibat. Le travail d'esprit n'est à celui-ci[11] que le délassement du plaisir; à celui-là[12], ce n'est pas seulement le besoin[13] de son génie, c'est le fardeau généreusement porté pour les autres, en même temps que[14] la consolation de ses propres misères. La vie n'est pour l'un qu'une fête perpé-

---

1. Naissaient : *were born*. — 2. Condition et fortune au pluriel.— 3. Menant le train : *leading the life*. — 4. Là où la terre lui manque : *to the end of the world*. — 5. D'emprunt (emprunté). — 6. A travers la France : *all over France*. — 7. Rentrer : *to return*. — 8. Se ménager tour à tour : *to enjoy alternately*. — 9. Arrêter : *to end*. — 10. Sa vie de jeunesse : *his youthful follies*. — 11. Celui-ci : *the latter*. — 12. Celui-là : *the former*. — 13. Le besoin : *the law*. — 14. En même temps

tuelle, embellie par de faciles et rapides succès; pour l'autre, c'est un combat de tous les jours[15], et un long effort d'adresse en même temps que de patience, de dignité en même temps que de courage, afin d'imposer à tous[16] les hardiesses[17] de son génie. L'un meurt à cinquante-quatre ans, en[18] épicurien, dit-on, comme il avait vécu, des suites d'un excès de table[19]; l'autre, à cinquante-un ans, succombe à la tâche, sur son théâtre même[20], qu'il mettait son honneur[21], à ne point quitter. On dispute à celui-ci[22] la terre où doit reposer sa cendre[23], car il était comédien; celui-là est inhumé avec les honneurs dus à son rang, dans une église, dans une chapelle de la Vierge, car il était trésorier de France et conseiller du roi. Est-il besoin que je[24] nomme les deux premiers poètes de leur siècle et de leur pays, Molière et Regnard?

S. GILBERT.

Pascal, La Rochefoucauld et Retz.

Je ne m'en défends pas[1], je n'aime pas La Rochefoucauld : je veux dire l'homme et le philosophe; mais je mets très-haut l'écrivain[2]. Sans doute La Roche-

---

que : *as well as*. — 15. Un combat de tous les jours : *a daily fight*. — 16. Imposer à tous : *to force upon all*. — 17. Hardiesses : *bold attempts*. — 18. En : *as a*. — 19. D'un excès de table : *of a surfeit*. — 20. Même : *very* (mis devant le substantif). — 21. Qu'il mettait son honneur : *which he made it a point of honour*. — 22. On dispute à celui-ci (à celui-ci est disputé). — 23. Sa cendre (des cendres). — 24. Est-il besoin que je : *need I*.

1. Je ne m'en défends pas : *I do not attempt to deny it*. — 2. Je mets très-haut l'écrivain : *the writer stands very high in my opinion*.

foucauld pâlit devant[8] Pascal ; mais Pascal, c'est[4] un homme de génie, un grand esprit inspiré par un grand cœur et servi par un art consommé. Il a tour à tour la hauteur[5] et le pathétique de Corneille, la plaisanterie profonde de Molière, la magnificence et la sublimité de Bossuet ; il occupe avec eux les sommets de l'art. Au-dessous de Pascal et de ces maîtres incomparables, La Rochefoucauld a encore une belle place. Son vrai[6] rival, celui[7] avec lequel il a des rapports de tout genre[8], c'est le[9] cardinal de Retz. Peut-être la nature avait-elle plus fait pour Retz ; elle lui avait donné autant d'esprit, plus d'imagination, de force, d'étendue. Retz a des moments admirables ; il démêle[10] et expose avec une netteté supérieure les affaires les plus difficiles ; sa narration est pleine d'agrément ; il excelle dans les portraits, il y déploie les plus grandes qualités, et particulièrement une étonnante impartialité à l'égard même de ceux qui l'ont le plus[11] combattu[12], Condé ou Molé, Mazarin seul excepté ; il est unique pour la[13] profonde[14] intelligence[15] des partis et pour la peinture vivante[16] de l'intérieur de chacun d'eux ; il a de la finesse, de la vigueur, de l'éclat, et par-dessus tout cela une parfaite simplicité, une aisance du plus haut ton[17]. Une seule chose lui a manqué[18] : le soin et l'étude. L'art n'a point achevé[19] son génie ; il

---

— 3. Pâlit devant : *is thrown into the shade by.* — 4. C'est : *is.* — 5. Hauteur : *loftiness.* — 6. Vrai : *real.* — 7. Celui : *the author.* — 8. Avec lequel .... : *between whom and him exist points of comparison of every kind.* — 9. C'est le : *is.* — 10. Démêler : *to unravel.* — 11. Le plus : *most.* — 12. Combattre : *to oppose*, verbe actif. — 13. La, traduisez *sa*. — 14. Profond : *thorough.* — 15. Intelligence : *knowledge.* — 16. Peinture vivante : *lively description.* — 17. Une aisance du plus haut ton : *a most high life easy style.* — 18. Une seule chose lui a manqué : *the only thing he wanted was.* — 19. Achevé : *finished.* —

est négligé, quelquefois même incorrect, et il se perd souvent dans des détails infinis [20]. C'est [21] que Retz voulait seulement amuser ses amis et se divertir lui-même dans sa retraite de Commercy, et que, s'il regardait [22] aussi le public et la postérité, c'était d'un regard détourné et lointain [23], tandis que La Rochefoucauld, après avoir commencé à écrire par occasion [24], par [25] complaisance même, peu à peu enhardi par ses succès de société, s'en proposa [26] de plus grands et songea à paraître devant le public. Là est [27] le trait particulier de La Rochefoucauld, qui [28] le distingue entièrement de Retz, de ces grands [29] seigneurs et de ces grandes dames dont Mme de Sévigné et Saint-Simon sont les représentants les plus illustres, qui écrivaient si bien sans en faire profession [30] et sans penser à se faire imprimer, au moins de leur vivant. La Rochefoucauld a su [31] qu'il y a un art d'écrire et il s'est exercé dans cet art. A peu près vers 1660, il est devenu un homme de lettres, bien entendu [32] en mettant [33] tout son soin à ne le [34] pas paraître.

Cousin.

---

20. Infini : *endless*. — 21. C'est : *the reason is*. — 22. Regarder le : *to look to*. — 23. Lointain : *distant*. — 24. Par occasion : *for the occasion*. — 25. Par : *out of*. — 26. Se proposa : *aimed at*. — 27. Là est : *this is*. — 28. Qui : *that which*. — 29. Grands : *noble*. — 30. En faire profession : *professing to do so*. — 31. A su : *knew*. — 32. Bien entendu : *of course*. — 33. En mettant : *whilst using*. — 34. Le : *one*.

Milton.

Ainsi se préparait[1] l'Homère des croyances chrétiennes[2]; ainsi, nourrie[3] dans les factions, exercée[4] par tous les fanatismes de la religion, de la liberté, de la poésie, cette âme orageuse et sublime, en[5] perdant le spectacle du monde, devait un jour retrouver dans ses souvenirs le modèle des passions de l'enfer, et produire[6], du fond[7] de sa rêverie que la réalité n'interrompait plus, deux créations également idéales, également inattendues dans ce siècle farouche, la félicité du ciel et l'innocence de la terre. Mais, avant que[8] Milton ait couvert des rayons d'une gloire si pure la triste célébrité qu'avaient encourue ses premiers ouvrages, nous trouverons du moins dans la malheureuse voie où[9] il s'était engagé son nom plus d'une fois honoré par les leçons hardies qu'il adressait à Cromwell. Les égarements du fanatisme, et non les calculs de bassesse, pouvaient seuls s'accorder avec[10] tant de génie.

VILLEMAIN.

1. Ainsi se préparait : *such was the mental training of.* — 2. Les croyances chrétiennes : *the christian love.* — 3. Nourri : *brought up.* — 4. Exercée : *worked up.* — 5. En : *whilst.* — 6. Produire : *to bring forth.* — 7. Fond : *depth.* — 8. Mais avant que... : tournez : mais avant que la triste célébrité qu'avaient encourue les premiers ouvrages de Milton ait été couverte par les rayons d'une gloire si pure (ait été couverte : *has been thrown into the shade*). — 9. Où (dans laquelle). — 10. S'accorder avec : *to be reconciled with.*

Formation de la langue anglaise.

Les îles de la Grande-Bretagne, séparées du reste du monde par un détroit et une mer orageuse, ces îles que les Romains eux-mêmes contemplaient[1] avec une secrète terreur, ont successivement reçu dans leur sein les émigrés de tous les siècles ; et chacune de ces invasions joncha leurs plaines de[2] sang et carnage. C'est[3] à travers mille bouleversements qu'elles ont marché[4] vers leur grandeur actuelle. Aux horreurs des irruptions barbares ont succédé les guerres étrangères, aux guerres étrangères les guerres civiles, aux guerres civiles les dissensions religieuses, à celles-ci[5] des luttes nouvelles provoquées[6] par l'ambition des partis ; et, au milieu de ces fluctuations terribles plus destructives que celles de l'Océan, la langue[7] anglaise composée de cinq langues, le peuple anglais formé de dix peuples, les lois anglaises extraites de vingt codes, la littérature anglaise bigarée de[8] mille couleurs, ont grandi dans une proportion telle[9] qu'ils occupent maintenant sur le globe une de ces places privilégiées que[10] la France seule ose leur disputer[11]. Aussi voyons-nous[12] cette origine variée, multiple, longtemps inconciliable, quoique fondue[13] actuellement dans une admirable harmonie, se révéler à toutes

---

1. Contempler : *to view*. — 2. De : *with*. — 3. Ne pas traduire : c'est que. — 4. Marcher : *to step up*. — 5. A celles-ci : *to these*. — 6. Provoquées : *caused*. — 7. Langue : *tongue*. — 8. Bigarrée de : *checkered with*. — 9. Dans une proportion telle : *on such a scale*. — 10. Que : *for which*. — 11. Leur disputer : *to contend with them*. — 12. Aussi voyons-nous : *and therefore we find*. — 13. Fondue : *blended*.

les époques historiques et littéraires de l'Angleterre ; époques celtique, romaine, saxonne, normande, anglaise ancienne et moderne, marquées chacunes[14] par de grands noms, représentant des mœurs, des traditions, des nationalités différentes ; et cependant de ce choc d'éléments[15] a jailli[16] une magnifique littérature.   F. E.

Littérature anglaise au dix-huitième siècle.

Il est vrai que, sous les règnes de Guillaume III et de la reine Anne, les poétiques élans[1] de Shakspeare et de Milton ont fait[2] place à un goût plus modeste, à un style plus timide et plus châtié[3] ; il est vrai qu'à l'exception de Newton, qui, rival heureux de Descartes et de Leibnitz, a su lire dans les astres la loi de l'univers, les savants et les littérateurs de cette époque se distinguent[4] par une noble élégance plutôt que par une conception hardie. Mais, si l'on considère leur nombre, leur caractère, leur influence sur les mœurs et les habitudes de la nation, la tendance civilisatrice qui ressort[5] de leurs œuvres, on devra convenir[6] que leur gloire est réelle et qu'ils méritent l'hommage de la postérité. Tous reflètent le siècle de Louis XIV qui venait de briller sur la France, et ce n'est pas à la France qu'il convient de[7] déprécier cette imitation.

— 14. Marquées chacune : chacune marquée. — 15. Choc d'éléments : *conflicting elements*. — 16. A jailli : *sprung*.

1. Élan : *strain*. — 2. Ont fait : *gave*. — 3. Châtié : *polished*. — 4. Se distinguent : *are distinguished*. — 5. Ressort : *results*. — 6. On devra convenir : *it is but just to acknolewdge*. — 7. Ce n'est pas à la

Aussi[8] lira-t-on toujours avec plaisir, après les essais hardis de Dryden, poëte inspiré mais inégal, les vers purs et harmonieux de Pope, exprimant avec noblesse[9] de sages pensées, les critiques si fines[10] d'Addison, les saillies de Swift et de Steele; et, sous les règnes des premiers Brunswicks, les austères méditations de Young, les riants tableaux de Thompson et de Goldsmith, les touchantes élégies de Gray et de Collins, les spirituels romans de Richardson et de Fielding, les vives fictions de Sterne et de De Foe, auteur[11] trop oublié de Robinson. L'histoire prend un essor rapide sous la plume de Hume, de Robertson et de Gibbon; l'éloquence de la tribune[12] grandit avec Bolingbroke et Chatham, pour s'élever sous Burke, Fox et Pitt à des accents[13] dignes de Démosthène. Cette période de deux siècles est féconde en beaux noms, féconde en généreux dévouements; et la lutte opiniâtre qui la termine[14], et dans laquelle la France, appelée à des destinées nouvelles, ne peut briser par trente ans de[15] victoires, qui lui soumettent la moitié de l'Europe, l'opposition tenace d'un seul peuple, a quelque chose d'imposant, de grandiose, qu'une impartialité équitable ne peut s'empêcher d'[16]admirer.

C'est ainsi que[17] se prépara[18] pour l'Angleterre un développement nouveau de sa littérature, lorsque, par une série de succès dus à l'habileté autant qu'à la[19] vaillance, aux chances de la fortune autant qu'à ses

---

France qu'il convient de : *it does not belong to France to*. — 8. Aussi : *and therefore*. — 9. Avec noblesse : *nobly*. — 10. Si fines : *so exquisitely ingenious*. — 11. L'article défini. — 12. Éloquence de la tribune : *parliamentary eloquence*. — 13. Accents : *strains*. — 14. Terminer : *to close*. — 15. Trente ans de : *thirty years*. — 16. S'empêcher de : *help*. — 17. C'est ainsi que : *thus*. — 18. Se prépara (fut préparé). — 19. La

efforts, elle parvint à[20] ce degré de puissance dont elle jouit encore maintenant. C'est alors que, sous Georges III et Georges IV, surgit cette école de poëtes, d'historiens et de romanciers, plus hardis, plus indépendants que ceux qui les avaient précédés, et, qui, mêlant aux[21] légendes du moyen âge les précieuses découvertes de leur siècle, et aux souvenirs historiques de l'Europe les rêves vaporeux[22] de l'Orient, se sont exercés[23] dans tous les genres, ont abordé tous les sujets en imprimant[24] à chaque production le type[25] de leur nationalité. C'est alors, qu'après les spirituelles comédies de Sheridan, les poëmes saisissants de Cowper et de Wordsworth, les chants[26] mélodieux de Burns et de Moore, on vit paraître[27] les œuvres immenses, si pleines de verve et d'imagination, si admirables de force et de[28] richesse, quoiqu'à des points de vue tout opposés, des deux grands écrivains de l'époque, sir Walter Scott et lord Byron.

F. E.

Beethoven.

Ennemi de[1] toute contrainte, Beethoven, quoiqu'il eût vécu dans le monde élégant[2] depuis son arrivée à Vienne, ne put jamais s'habituer aux exigences de

---

(sa). — 20. Parvenir à : *to reach*. — 21. Mêlant aux : *blending with*. 22. Rêves vaporeux : *hazy dreams*. — 23. S'exercer dans : *to practice*. 24. En imprimant : *by marking*. — 25. Le type : *with the stamp*. — 26. Chant : *strain*. — 27. On vit paraître : *made their appearance*. — 28. De force... (par leur force...).

1. Ennemi de : *disliking*. — 2. Monde élégant : *fashionable societ*.

l'étiquette. Chez[3] l'archiduc Rodolphe, à qui il avait donné des leçons de piano et de composition musicale, cette étiquette était sévère suivant l'usage de la cour impériale ; elle faisait le supplice du[4] grand artiste. Ses bévues ordinaires lui attiraient à[5] chaque instant quelque observation des[6] personnes attachées au prince ; mais ce fut toujours en vain qu'on essaya de lui enseigner les règles de la politesse. Fatigué enfin de ces avis sans cesse renouvelés, Beethoven s'avança un jour vers[7] l'archiduc devant une brillante assemblée, et lui dit : « Prince, je vous estime et vous vénère autant que personne au[8] monde ; mais je ne puis m'habituer aux détails de cette gênante et minutieuse étiquette qu'on s'obstine à[9] m'enseigner. Je prie Votre Altesse de m'en[10] dispenser. » Admirateur[11] du talent de son ancien professeur et plein de bonté, l'archiduc fit aussitôt donner[12] l'ordre à toute sa maison de laisser à Beethoven la liberté de ses allures[13]. Jamais l'intérêt qu'inspirait un si grand homme ne se manifesta avec tant de force que pendant sa dernière maladie. L'inquiétude était sur tous les visages, la foule obstruait les abords de[14] son logement pour apprendre de ses nouvelles[15] ; les plus grands personnages se faisaient inscrire[16] à sa porte. Le bruit du danger qui le menaçait s'était répandu avec rapidité ; il parvint bientôt à[17]

— 3. Chez : *at* (et le nom propre au possessif). — 4. Faire le supplice de : *to be a torture for*. — 5. Attirer à : *to draw upon*. — 6. De : *from*. — 7. S'avancer vers : *to step forward to*. — 8. Au (dans le). — 9. On s'obstine à : *they persist in*. — 10. M'en dispenser : *to relieve me from it*. — 11. Admirateur (un admirateur). — 12. Fit donner (donna). — 13. Laisser à Beethoven la liberté de ses allures : *to leave Beethoven at liberty to follow his own way*. — 14. Les abords de : *the approaches to*. — 15. Apprendre de ses nouvelles : *to inquire after him*. — 16. Se faisaient inscrire : *left their names*. — 17. Il parvint

Weimar où se trouvait[18] Hummel, qui partit à l'instant pour Vienne, dans le dessein de se réconcilier avec[19] Beethoven qui s'était brouillé avec[20] lui quelques années auparavant. En entrant dans la chambre, Hummel fondit en larmes ; Beethoven lui tendit la main[21], et ces deux hommes célèbres ne se séparèrent que comme deux vrais amis. Après le moment fatal, une consternation générale se répandit dans la ville. Plus de trente mille personnes suivirent le convoi funèbre, et le *Requiem* de Mozart fut exécuté pour ses obsèques.

FÉTIS.

Le jeu à Londres en 1770.

Comme le jeu[1] et l'extravagance des jeunes gens de qualité étaient arrivés à[2] un degré inouï[3], il vaut la peine[4] d'en donner la mesure[5]. Ils avaient un club à Almacks, dans Pallmall, où ils ne jouaient que[6] des rouleaux de 50 livres sterling, et généralement il y avait sur la table 10 000 livres en espèces ; lord Holland en a payé plus de vingt mille pour ses deux fils. Les manières des joueurs ou même leurs costumes méritent qu'on les fasse connaître[7]. Ils com-

---

à : *it reached*. — 18. Se trouvait : *was*. — 19. De se réconcilier avec : *of being reconciled to*. — 20. S'était brouillé avec : *had fallen out with*. 21. Lui tendit la main : *stretched out his hand to him*.

1. Fureur du jeu : *rage for gambling*. — 2. Étaient arrivés à : *had reached*. — 3. Degré inouï : *unprecedented hight*. — 4. Il vaut la peine : *it is worth while*. — 5. D'en donner la mesure : *to show the extent of it*. — 6. Ils ne jouaient que : *they only played for*. — 7. Méritent qu'on les fasse connaître : *deserve to be made known*. —

mencent par mettre bas[8] leurs habits brodés ou par les retourner[9], ils attachent à leurs poignets des gardes en peau[10] pour préserver leurs manchettes; et pour protéger leurs yeux contre[11] la lumière et ne pas déranger leur coiffure, ils mettent de grands chapeaux de paille de forme haute[12], à[13] larges bords, ornés de fleurs et de rubans; enfin, ils portent des masques pour cacher leurs émotions, quand ils jouent au quinze. Chacun a une petite table à côté de lui pour placer son thé[14] et une jatte de bois à bordure d'or moulu où il met ses rouleaux. Ce sont des Juifs qui fournissent, à des prix usuraires, les voies et moyens de cette ruineuse guerre. Ces pertes étaient si grandes que des contemporains n'ont pas douté qu'il n'existât dans les nobles tripots une bande secrète qui exploitait[15] l'aveuglement de cette jeunesse.

H. WALPOLE.

Les courses d'Epsom.

Les courses commencent le 28 mai de chaque année, et durent près[1] d'une semaine, mais le jour des jours[2] est le 25, qui a pris le nom de Derby, parce que cette fête publique fut inaugurée en 1780 par le comte[3] de Derby. Une semaine avant l'événement, dans les salons, les tavernes, les omnibus, les

---

8. Mettre bas : *to take off.* — 9. Retourner : *to turn inside out.* — 10. Gardes en peau : *leather cuffs.* — 11. Contre : *from.* — 12. De haute forme : *high crowned* (adjectif). — 13. A : *with.* — 14. Pour placer son thé : *to put his tea on.* — 15. Exploiter : *to turn to account.*

1. Près de : *nearly.* — 2. Le jour des jours : *the day.* — 3. Comte :

wagons de chemin de fer, on n'entend plus qu'un sujet de conversation[4] : « Qui remportera le prix ? » De jour en jour[5] l'émotion et la curiosité augmentent. La fièvre du Derby se communique[6] du marché du turf à toutes les classes de la société. On[7] parie avec fureur[8] sur des chevaux qu'on n'a jamais vus, et dont quelques-uns ne doivent même pas[9] concourir[10]. Dans certaines rues de Londres, la circulation est interceptée par la foule des hommes qui spéculent sur les courses. Les femmes, que dis-je[11], les enfants eux-mêmes n'échappent point à cette maladie[12], qui est dans l'air. L'écolier qui se rend à la classe du matin[13] avec quelques livres serrés dans une sangle de cuir a peut-être oublié[14] d'étudier sa leçon; mais demandez-lui les noms des chevaux que soutient sur le marché la faveur publique, il les sait par cœur. Cette fête nationale est[15] aussi devenue avec le temps[16] une institution qui domine[17] même les affaires d'État, qui exerce la plus grande influence sur les mœurs anglaises, qui déplace chaque année un grand nombre de fortunes par la manie[18] du jeu[19] de hasard.

ESQUIROS.

earl. — 4. Traduisez : le seul sujet de conversation à être entendu. — 5. De jour en jour : *daily*. — 6. Se communiquer : *to spread*. — 7. On : *people*. — 8. Parie avec fureur, traduisez : de furieux (lourds) paris sont faits sur... : *heavy bets are laid on....* — 9. Traduisez : ne sont même pas pour : *are not even to*. — 10. Concourir, traduisez : courir. — 11. Que dis-je : *nay*. — 12. Cette maladie : *the infection*. — 13. Classe du matin : *morning-school*. — 14. A peut-être oublié : traduisez : peut avoir oublié : *may have forgotten*. — 15. Est : *has*. — 16. Avec le temps : *in the course of time*. — 17. Dominer : *to supersede*. — 18. Par la manie du jeu, traduisez : en donnant libre carrière à : *by giving free scope to*. — 19. Manie du jeu : *gambling*.

Bonté de Walter Scott.

Parmi les traits de caractère que l'on cite, et où se peint la belle âme[1] du grand écrivain, il en est que nous ne voulons pas oublier : Walter Scott posait, un orage vient à éclater[2]; il se lève aussitôt, et s'excusant envers[3] le peintre dont il retarde ainsi la besogne : « Je vous quitte, lui dit-il, lady Scott a peur du tonnerre. » Un vieux domestique qui le servait depuis[4] seize ans était alors dans un état de santé qui faisait prévoir sa fin comme très-prochaine[5]. Walter Scott pria instamment Leslie de dessiner pour lui la figure de ce brave homme, qu'il entourait des soins les plus affectueux. Un des résidents d'Abbotsford était un jeune ecclésiastique qu'une surdité irrémédiable semblait condamner à n'avoir jamais d'emploi[6]. On ne pouvait se faire entendre de lui[7] qu'au moyen d'[8]un cornet. Walter Scott ne manquait jamais de le placer à table immédiatement auprès de lui, et si quelque passage de la conversation lui semblait devoir[9] l'intéresser, il le lui transmettait à l'aide de cette espèce de porte-voix. Le peintre Newton, qui voyageait alors en Écosse, étant venu rejoindre à Abbotsford son ami Leslie, celui-ci

---

1. Où se peint la belle âme : *in which the kind heart.... reveals itself.* — 2. Un orage vient à éclater : *a storm burst over the house.* — 3. Envers : *to*. — 4. Le servait depuis : *had been in his service for.* — 5. Faisait prévoir sa fin comme très-prochaine : *announced his approaching end.* — 6. Qu'une surdité irrémédiable semblait condamner à n'avoir jamais d'emploi : *whose... seemed to shut him out from all...* — 7. Se faire entendre de lui : *to make him hear.* — 8. Qu'au moyen de : *without a.* — 9. Lui semblait devoir : *seemed likely to.* —

lui fit un jour remarquer cette manœuvre, en lui disant : « Voyez[10] Scott qui glisse son aumône au pasteur[11]. »
LESLIE.

Un grand seigneur anglais.

« Couché, nous dit Leslie, dans ce lit splendide, entouré de ces portraits aristocratiques qui semblent revivre et vaciller sous mon regard, j'ai cru parfois que je les entendais respirer, et je m'attendais à les voir sortir[1] de leurs cadres pour venir agiter[2] mes rideaux. Étrange destinée que la mienne[3] ! Une[4] année, dans la prison des débiteurs insolvables, en compagnie de[5] joueurs et d'escrocs, dormant sur une misérable et sordide couchette[6], où une noire vermine me venait assiéger ; l'année d'après[7], noyé[8] dans l'édredon et le velours, habitant les splendides appartements d'un palais, recevant une des hospitalité les plus nobles, les plus riches, les plus belles[9]. Lord Egremont, littéralement, c'est le soleil. Les mouches elles-mêmes[10], à Petworth, semblent savoir qu'on y fait place[11] à leur existence et que les fenêtres leur appartiennent. Chiens, chevaux, bétail, daims, pourceaux, et les paysans et les valets, et les hôtes,

---

10. Voyez : *look at*. — 11. Qui glisse son aumône au pasteur : *dropping his alms into the parson's poors'box*.

1. Sortir : *come out*. — 2. Agiter : *shake*. — 3. Étrange destinée que la mienne : *a strange fate mine is*. — 4. Une : *one*. — 5. De : *with*. — 6. Couchette : *pallet*. — 7. L'année d'après : *the next year*. — 8. Noyé : *sunk*. — 9. Les plus belles : *the fairest*. — 10. Les mouches elles-mêmes : *the very flies*. — 11. On y fait place, etc. :

et la famille, et les enfants et les parents, tous ont leur part de cette prodigalité, de cette bonté, de cette opulence. Au milieu de ses hôtes, après le déjeuner, apparaît lord Egremont, donnant la main à [12] quelques-uns de ses petits-enfants. En dehors de la fenêtre aboient et gémissent [13] une douzaine d'épagneuls noirs auxquels il distribue des gâteaux et des bonbons, prenant bien soin d'égaliser les parts [14]. Pendant qu'il devise avec quelques convives et propose à tous quelque passe-temps qui leur est destiné, un valet boutonne ses guêtres de cuir, et le voilà dehors [15], laissant chacun tirer parti [16] à sa guise et en toute [17] liberté de toutes les ressources de plaisir si libéralement placées à sa disposition. Tous le retrouvent [18] à dîner, et les hauts faits [19] du jour y ont leur chronique [20]. Notre hôte sert lui-même plusieurs plats, sans regretter [1] la peine qu'il prend à [22] découper. Il sert d'une main libérale et mange de bon cœur. Il y a grande abondance, mais nulle profusion; de bons vins, mais sans dépense absurde. Tout est solide, ample, riche, anglais. A soixante et quatorze ans, lord Egremont chasse encore tous les jours, et rentre souvent trempé jusqu'aux os [23]. Il a l'activité, la bonne mine d'un homme de cinquante ans [24]. Je n'ai jamais vu pareil caractère ni pareil homme, et je doute qu'on en trouve beaucoup [25] ici-bas. »   LESLIE.

room is given to them to live. — 12. Donnant la main à : *holding by the hand.* — 13. Gémissent : *whimper.* — 14. D'égaliser les parts : *that all share be alike.* — 15. Le voilà dehors : *forth he goes.* — 16. Tirer parti de : *to enjoy.* — 17. Toute : *full.* — 18. Le retrouvent : *meet him again.* — 19. Hauts faits : *feats.* — 20. Ont leur chronique : *are chronicled.* — 21. Sans regretter : *without minding.* — 22. A : *in.* — 23. Trempé jusqu'aux os : *drenched to the skin.* — 24. Ne traduisez pas *ans.* — 25. Qu'on en trouve, etc. : *whether many such are to be found.*

Les nouvellistes.

Il y a une certaine nation [1] qu'on appelle les nouvellistes [2]. Leur oisiveté est toujours occupée. Ils sont très-inutiles à l'État; cependant ils se croient considérables, parce qu'ils s'entretiennent [3] de projets magnifiques [4] et traitent de grands intérêts [5]. La base [6] de leur conversation est une curiosité frivole et ridicule. Il n'y a point de [7] cabinets si [8] mystérieux qu'ils ne prétendent pénétrer ; ils ne sauraient consentir à ignorer quelque chose. A peine ont-ils épuisé le présent, qu' [9]ils se précipitent dans l'avenir, et marchant au-devant de [10] la Providence, la préviennent [11] sur toutes les demandes des hommes. Ils conduisent un général par la main, et, après l'avoir loué de [12] mille sottises [13] qu'ils n'a pas faites, ils lui en préparent [14] mille autres qu'il ne fera pas. Ils font voler les armées [15] comme des grues, et tomber les murailles comme des cartons. Ils ont des ponts sur [16] toutes les rivières, des routes secrètes dans toutes les montagnes, des magasins immenses sous les sables brûlants; il ne leur manque que [17] le bon sens.

MONTESQUIEU.

1. Nation : *tribe.* — 2. Nouvellistes : *news-mongers.* — 3. S'entretenir de : *to talk about.* — 4. Magnifique : *grand.* — 5. Grands intérêts : *weighty matters.* — 6. Base : *ground-work.* — 7. Il n'y a point de : *no.* — 8. Si : *ever so.* — 9. Que : *when.* — 10. Marcher au-devant de : *to be beforehand with.* — 11. Prévenir : *to get the start of.* — 12. De : *for.* — 13. Sottise : *blunder.* — 14. Préparer : *to meditate.* — 15. Ils font « les armées voler, » etc. — 16. Sur : *over.* — 17. Il ne leur manque que : *they have every thing but.*

Il est riche, le pauvre homme!

« Mon cher ami, une chose me préoccupe[1] depuis[2] quelque temps; je vous ai parlé de cette maison couverte de chaume, de ce chaume couvert de mousse, de cette crête de toit couronnée d'iris, qu'on aperçoit d'un certain endroit de mon jardin. Depuis quelque temps, je la vois[3] toujours fermée; j'ai demandé à mon domestique :

— Est-ce que[4] le bûcheron n'[5]habite[6] plus là-haut[7]?

— Non, monsieur, il est parti[8] il y a[9] deux mois. Il est devenu riche; il a fait un héritage[10]; six cents livres de rente[11]; il est allé demeurer à la ville[12].

« Il est devenu riche!

« C'est-à-dire[13] qu'avec ses six cents livres de rente, il a été louer[14] à la ville une petite pièce sans air[15] et sans soleil[16], d'où l'on ne voit ni le ciel, ni les arbres, ni la verdure; où l'on respire un air nauséabond, où l'on est entouré pour tout point de vue[17] d'un papier d'un jaune sale, enjolivé d'arabesques chocolat.

« Il est devenu riche!

« Il est devenu riche! C'est-à-dire qu'il n'a pu[18]

---

1. Me préoccupe : *has preoccupied me.* — 2. Depuis : *for.* — 3. Je la vois (je l'ai vue). — 4. Est-ce que : *does.* — 5. Ne plus : *no longer.* — 6. Habiter : *to live.* — 7. Là-haut : *up there.* — 8. Il est parti : *he left.* — 9. Il y a : *since.* — 10. Fait un héritage : *acquired an inheritance.* — 11. De rente : *a year.* — 12. A la ville : *in town.* — 13. C'est-à-dire : *which means.* — 14. Il a été louer... : *he is gone to take.* — 15. Sans air : *airless.* — 16. Sans soleil : *sunless.* — 17. Pour tout point de vue de : *with no other prospect than.* — 18. Il n'a pu :

garder son chien qu'il avait depuis si longtemps[19], parce que cela gênait[20] les autres locataires de la maison. Il loge dans une sorte de boîte carrée ; il a des gens à droite[21] et à gauche[22], dessus[23] et dessous[24]. Il a quité sa belle chaumière et ses beaux arbres et son soleil, et ses tapis d'herbe si verte et le chant des oiseaux, et l'odeur des chênes. Il est devenu riche! le pauvre homme ! »

A. KARR.

Merveilles de la nature.

Ne me dites pas, à moi, que l'étude des lois naturelles et la recherche[1] des causes refroidissent[2] le cœur et retardent l'essor de la pensée, je ne vous croirais pas; car, si peu qu'on regarde[3] la source ineffable des éternels phénomènes, je veux dire[4] la logique et la magnificence de Dieu, on[5] est ébloui d'[6] admiration devant son œuvre.... Croyez-vous que ce chêne dont le magnifique branchage vous porte[7] à la rêverie[8] perdrait dans votre esprit, si vous aviez examiné le frêle embryon[9] qui l'a produit, et si vous aviez suivi les lois de son développement au sein[10] des conditions propices que la Providence universelle

---

he has not been able to. — 19. Il avait depuis si longtemps (il avait eu si longtemps). — 20. Gêner : *to annoy*. — 21. A droite : *right*. — 22. A gauche : *left*. — 23. Dessus : *above*. — 24. Dessous : *below*.

1. La recherche de : *the seeking after*. — 2. Refroidir : *to chill*. — 3. Si peu qu'on regarde : *however little one considers*. — 4. Vouloir dire : *to mean*. — 5. On : *he*. — 6. De : *with*. — 7. Porter : *to dispose*. — 8. *Revery*. — 9. Embryon : *germ*. — 10. Au sein : *in the*

lui[11] a préparées? Pensez-vous que cette mousse dont nous foulons[12] le frais velours cesserait de vous plaire le jour où vous découvririez à la [13] loupe le fini merveilleux[14] de sa structure et les singularités ingénieuses de sa fructification? Il y a plus[15] : une foule[16] d'objets qui vous semblent insignifiants, disparates[17] ou incommodes[18] dans le paysage, prendraient de l'intérêt[19] pour votre esprit, et même pour vos yeux, si vous y lisiez l'histoire de la terre écrite en caractères profonds et indélébiles.

Mme SAND.

L'Amérique méridionale[1].

Au midi de l'isthme de Panama je trouvai la culture, les arts, les richesses, qui naissent du[2] travail de l'homme, moins développés qu'au nord ; mais la Providence a fait[3] davantage pour ces régions équinoxiales, où la nature, prodigue de trésors, semble avoir reculé les limites de sa puissance. Figurez-vous le boabad, ce géant de la végétation, reposant sur un tronc de cent pieds de[4] circonférence comme sur une tour inexpugnable, et les cimes des bois élancées[5] dans les airs à deux cents pieds de haut[6]. Là se ba-

---

midst. — 11. Pour lui. — 12. Fouler : *to tread*. — 13. A la : *with a*. — 14. Le fini merveilleux : *the wonderful finish*. — 15. Il y a plus : *moreover*. — 16. Une foule : *numbers*. — 17. Disparate : *incongruous*. — 18. Incommode : *inconvenient*. — 19. Prendre de l'intérêt : *to acquire, to offer an interest*.

1. Méridionale : *south*. — 2. Naître de : *to spring from*. — 3. Faire : *to do*. — 4. De : *in*. — 5. S'élancer : *to spire*. — 6. Dans les airs à

lanvent l'arbre à cire et le bambou; l'acajou et le campêche étalent partout leurs précieux[7] rameaux; des bosquets du myrte qui donne[8] le piment tapissent les hautes régions[9], et, sur une échelle de sept cents lieues, le kinkina décore[10] le flanc des Andes. Avide[11] de produire, la terre se hérisse[12] de cactus gigantesques, de lauriers, de daturas, de lianes grimpantes qui courent suspendre leur parure[13] aux escarpements des monts ou à la tige altière[14] des arbres. Le[15] front[16] couvert de ces guirlandes, le cyprès, chargé de siècles, rappelle ces grands prêtres de l'antiquité qui portaient[17] sur leur tête blanche[18] une couronne de roses; et le palmier, avec sa taille[19] élégante, qu'entourent[20] ces festons voyageurs[21], se prête, plus encore[22] que dans les plaines de l'Orient, aux brillantes fictions de la poésie.

Mieux encore[23] que le Mexique, cette terre enchantée doit[24] à sa Cordillière le bienfait de posséder en même temps toutes les zones. Établi à de certaines élévations, l'homme voit, du milieu des rochers qui bordent sa demeure, une Asie s'étendre[25] à ses pieds; une Europe l'entoure, et un Groënland s'enfonce[26] au-dessus de lui dans le séjour des nuages. Chacune de ces contrées se présente à ses regards avec les

200 pieds de haut, trad. : 200 pieds haut dans l'air. — 7. Précieux : *valuable*. — 8. Donner : *to yield*. — 9. Hautes régions : *upland*. — 10. Décorer : *to adorn*. — 11. Avide : *eager*. — 12. Se hérisser de : *to bristle with*. — 13. Qui courent suspendre leur parure : *vying with each other in adorning*. — 14. Altier : *lofty*. — 15. Le front, traduisez : avec leurs fronts. — 16. Front : *brow*. — 17. Porter : *to wear*. — 18. Blanche : *hoary*. — 19. Taille : *shape*. — 20. Entourer : *to encircle*. — 21. Voyageurs : *airy, wandering*. — 22. Se prête plus encore... aux brillantes fictions : *affords still more beautiful images*. — 23. Encore : *even*. — 24. Devoir à : *to be indebted to.... for*. — 25. S'étendre : *spreading*. — 26. S'enfoncer dans : *to pierce*. —

formes végétales qui la distinguent : les eaux, les bois, les airs sont peuplés des hôtes de tous ces éléments jusqu'aux limites de la fécondité. Plus loin, des troupes [27] de lamas, et quelquefois des chevaux, des bœufs sauvages perdus dans leur fuite [28], des jaguars, des ours, poursuivant la proie qui les égare, se rencontrent, à la région des neiges éternelles, avec le sphinx et le colibri emportés par les orages. Plus loin encore, par delà [29] le Chimboraço, règne le condor ce roi des airs, qui, embrassant dans son vol les climats les plus contraires, part [30] des sables ardents du rivage pour aller, sur les confins de notre atmosphère, planer à des hauteurs où nos nacelles aériennes ne pourraient pas le suivre ; comme s'il prenait à tâche [31] de justifier par son essor audacieux l'allégorie païenne qui donna [32] l'aigle pour symbole au dieu de l'éther.

DE SALVANDY [33].

La tour de porcelaine en Chine.

La fameuse tour de porcelaine est [1] située au sud de la ville de Nankin, un peu en dehors des [2] murs,

— 27. Troupes : *flocks*. — 28. Perdus dans leur fuite : *flying away*. — 29. Par delà : *beyond*. — 30. Partir : *to start*. — 31. Comme s'il prenait à tâche : *as if he was eager*. — 32. Donna.... pour : *made.... the*. — 33. M. de Salvandy, ministre de l'instruction publique en 1837 et 1845, a vivifié par son active sollicitude toutes les branches de l'enseignement, et donné en France la première impulsion à l'étude des langues étrangères.

1. Le mot ordinaire pour porcelaine de Chine est *china*; il faut employer ici le mot *porcelaine*. — 2. En dehors de : *outside of*. —

au [3] centre d'un monastère dont l'enceinte a [4] près d'[5]une lieue et qui est appelé le monastère de la faveur rémunératrice. C'est un monument [6] octogone à [7] neufs étages dont le plus bas a [8] 120 pieds de tour [9]. Elle repose [10] sur une large base en briques [11] de [12] 10 pieds de [13] haut. Un escalier en spirale [14] de cent quatre-vingt-dix marches conduit au sommet, que surmonte un mât de 30 pieds terminé par [15] une boule en cuivre. L'ensemble [16] s'élève à 260 pieds au-dessus du sol. Le monument est recouvert [17] de plaques [18] de porcelaine vertes, rouges, jaunes et blanches.

Chaque étage est surmonté d'un toit en saillie [19] couvert en tuiles vertes, et une sonnette en cuivre est suspendue [20] à l'extrémité de chacune des huit cornes. Commencée en l'an 372 après Jésus-Christ par l'empereur Kien-Ouan, de la dynastie des Tsin, elle fut brûlée [21] par les Mongols et rebâtie par l'empereur régnant en 1411, lorsqu'il transporta [22] le siége [23] du gouvernement de Nankin à Pékin. Son fils la termina. La construction de cette tour n'a pas coûté moins de 20 millions de francs.

3. Au : *in the*. — 4. A : *is*. — 5. Près de : *nearly*. — 6. Monument : *building*. — 7. A : *of*. — 8. A : *is*. — 9. De tour : *in circumference*. — 10. Reposer : *to rest*. — 11. Traduire : en briques par le substantif *brick* employé comme adjectif. — 12 et 13. Ne pas traduire *de*. — 14. Escalier en spirale : *spiral staircase*. — 15. Terminé par : *ending in*. — 16. L'ensemble : *the whole*. — 17. Recouvrir : *to cover over*. — 18. Plaques : *slabs*. — 19. Toit en saillie : *projecting roof*. — 20. Est suspendue : *hangs*. — 21. Brûlé : *burnt down*. — 22. Transporter : *to remove*. — 23. Siége : *seat*.

Éruption du Temboro.

La plus terrible éruption dont on ait gardé le souvenir[1], dans les îles de la Sonde, eut lieu dans l'île de Sumbawa. Cette éruption est peut-être la plus effrayante qu'on puisse trouver dans l'histoire du monde entier ; elle remonte à quarante ans seulement[2], et pourtant qui s'en souvient, hormis quelques géologues ? Qui sait le nom et la place du volcan Temboro ? Il semble que les catastrophes les plus épouvantables ne puissent[3] nous toucher que quand elles sont près de nous, ou quand elles se mêlent à des souvenirs[4] qui nous sont devenus familiers. On va remuer[5] la cendre qui a enseveli Pompéi, et nous a fidèlement gardé, à travers les siècles, les trésors et les rafinements du goût antique : on ne compte pas[6] les forêts et les plantations des îles de la Sonde que la cendre a ensevelies. Personne n'ignore[7] comment périt Pline l'Ancien en l'an 79. Qui sut jamais ou se rappelle qu'en 1815 l'éruption du Temboro coûta la vie à[8] plus de cinquante mille personnes ?

Elle commença le 5 avril avec d'épouvantables explosions, et atteignit, cinq jours après seulement, le plus haut degré d'intensité ; d'énormes colonnes de fumée sortaient du cratère, et cachaient entièrement le sommet de la montagne, dont tous les flancs étaient couverts de[9] débris incandescents et de cendres fines;

---

1. Dont ont ait gardé le souvenir : *held in remembrance*. — 2. Elle remonte à 40 ans seulement : *it dates but 40 years back*. — 3. Ne puissent.... que : *can only*. — 4. Elles se mêlent à des souvenirs : *are mixed up with memories*. — 5. On va remuer : *we stir up*. — 6. On ne compte pas : *we take no account of*. — 7. Personne n'ignore : *every body knows*. — 8. La vie à : *the lives of*. — 9. De (avec). —

Les champs cultivés qui recouvraient toutes les pentes de la montagne furent convertis, en peu de temps, en un désert stérile. 12 000 habitants périrent à Sumbawa, les uns sous les débris[10], les autres brûlés. L'île Lombock, bien que située à trente-six lieues environ, fut entièrement recouverte d'une couche de cendres épaisse de deux pieds : 44 000 personnes y périrent de faim.

La quantité de cendres qui fut expulsée par le volcan est véritablement énorme : le 18 avril, le lieutenant Owen Phillips vit encore[11] toute la montagne enveloppée de nuages obscurs, et la fumée ne cessa d'en sortir pendant[12] trois mois. Les cendres volcaniques changèrent le jour en[13] une nuit profonde, jusqu'à cent vingt-six lieues de distance[14], et obscurcirent le soleil jusqu'à cent quatre-vingts lieues; elles furent transportées sur des points qui sont aussi éloignés du Temboro que Turin ou Marseille du Vésuve, ou Londres des volcans éteints de l'Auvergne, et couvrirent une ellipse dont la surface est plus grande que l'Allemagne tout entière. On reste peut-être au-dessous de[15] la vérité en admettant qu'il tomba, en moyenne[16], sur cette immense étendue, deux pieds de cendres. En acceptant ce chiffre, on arrive par le calcul à un volume total à peu près triple du volume[17] du Mont-Blanc. On ne connaît pas d'autre exemple d'une aussi énorme quantité de matières sorties d'[18]un volcan, sauf le courant[19] de lave qui

---

10. Débris : *ruins*. — 11. Encore : *still*. — 12. Pendant (pour). — 13. En : *into*. — 14. Jusqu'à 126 lieues de distance : *over a distance of*.... — 15. On reste.... au-dessous de : *keep below*. — 16. En moyenne : *on an average*. — 17. Triple du volume, trad. : *Three times the bulk*. — 18. Sortie de : *expelled from*. — 19. Courant : *stream*. —

descendit, en 1783, du Skaplar-Jokul en Islande, et qui recouvrit cent soixante kilomètres carrés environ, sur cent mètres de hauteur moyenne. Ce volume est le double du [20] précédent et représente six fois celui du Mont-Blanc.

Les détonations, pareilles à une forte canonnade, qui accompagnèrent les débuts de l'éruption, se propagèrent dans [21] un espace elliptique beaucoup plus étendu : on les entendit dans l'île entière de Java, dans les Célèbes, à Ternate, dans les îles Moluques jusqu'à la Nouvelle-Guinée, dans la plus grande partie de Sumatra, et jusque dans le nord-est de l'Australie. Le plus grand axe de cette grande ellipse avait sept cents lieues de longueur. Si le Vésuve eût été le centre d'une pareille éruption, les bruits souterrains auraient pu être [22] entendus jusqu'à Odessa en Russie, dans toute l'Allemagne jusqu'à Dantzig, en France jusqu'à Cherbourg, en Espagne jusque vers Grenade, dans toute l'Algérie et la régence de Tunis, et dans une assez grande partie de l'Asie-Mineure. Le 10 avril, par conséquent cinq jours après le commencement de l'éruption, dans un golfe voisin, l'air étant parfaitement calme, la mer fut remuée et soulevées pendant trois minutes à douze pieds plus haut qu'au moment des plus puissantes [23] marées. Le même jour, une trombe de vent exerça pendant une heure, près du Temboro, les plus terribles ravages, et emporta sur [24] son passage les hommes, les arbres et jusqu'à [25] des maisons.

LAUGEL.

20. Le double du : *double that of the.* — 21. Se propagèrent dans : *spread over.* — 22. Auraient pu être : *might have been.* — 23. Les plus puissantes : *the highest.* — 24. Sur (dans). — 25. Jusqu'à (même).

Superstitions des Cypriotes.

Il règne[1] dans l'île quelques superstitions singulières, notamment celle du mauvais[2] œil. Un regard suffit, dit-on, pour vous tuer, vous, votre enfant, votre âme, ou pour amener[3] la perte de votre récolte, l'incendie[4] de votre maison. Bien des personnes ont été gravement maltraitées parce qu'on les accusait d'[5]avoir jeté[6] un regard funeste[7]. Comme le premier coup d'œil[8] est le seul que l'on croie[9] dangereux, un grand nombre d'Orientaux, en vous abordant[10], détournent[11] la[12] tête. On a soin aussi de placer à l'entrée des maisons des objets bizarres qui attirent[13] la vue; c'est pour cette raison que beaucoup de maisons et de jardins sont déshonorés[14] par des têtes de chevaux et de moutons mises en évidence[15]. Les Cypriotes rendent une sorte de culte à la mer. On les entend quelquefois dire : « Nous avons trois patrons supérieurs à tous les autres : saint Georges, saint Lazare, et la sainte[16] mer. » Ils ont une fête nationale appelée la fête de l'eau ou du cataclysme, qui paraît être la continuation de celle où l'on célébrait Vénus naissant[17] à Paphos de[18] l'écume des flots. J'ai assisté[19] à cette curieuse fête. Le matin[20],

---

1. Régner : *to be prevalent* (et tournez la phrase par le passif). — 2. Mauvais : *evil*. — 3. Amener : *to cause*. — 4. Incendie : *conflagration*. — 5. De : *of*. — 6. Jeter : *to cast*. — 7. Regard funeste : *sinister look*. — 8. Coup d'œil : *look*. — 9. On croie : *is considered*. — 10. Aborder : *to accost*. — 11. Détourner : *to turn away*. — 12. La : *their*. — 13. Attirer l'attention : *to attract notice*. — 14. Déshonoré par : *disgraced by*. — 15. Mis en évidence : *set up in conspicuous places*. — 16. Saint (ici) : *holy*. — 17. Naissant : *springing*. — 18. De : *from*. — 19. J'ai assisté : *I was present*. — 20. Traduisez : dans le

tous les habitants jetaient de l'eau à la figure des passants [21] en leur criant : Dieu soit loué ! Un grand nombre se mirent en route [22] pour présenter leurs devoirs [23] à la mer, c'est-à-dire pour y faire [24] des ablutions ou se signer avec l'eau marine. La fête principale a lieu [25] à Larnaca : les abords de cette ville sont encombrés par [26] les chameaux et les mules qui ont amené des habitants de toutes les parties de l'île.

GAUDRY.

Un monastère du mont Liban.

Nous remontâmes à cheval [1] au pied de la colline, dans la plaine au bord du fleuve ; nous traversâmes le pont, nous gravîmes quelques coteaux boisés du Liban, jusqu'au [2] premier monastère, qui s'élevait, comme un château fort, sur un piédestal de granit. Les moines me connaissaient par les rapports de leurs Arabes et me reçurent dans le couvent.

Je parcourus les cellules, le réfectoire, les chapelles. Les moines, rentrant [3] du travail, étaient occupés dans la vaste cour à [4] dételer les bœufs et les buffles : cette cour avait l'aspect d'une cour de grande ferme ; elle était encombrée de charrues, de bétail, de fumier, de volailles, de tous les instruments [5] de la vie rus-

---

matin : *in the morning*. — 21. Jetaient de l'eau à la figure des passants : *sprinkled water in the faces of the passers by*. — 22. Se mettre en route : *to start*. — 23. Devoirs : *respects*. — 24. Faire : *to perform*. — 25. Avoir lieu : *to take place*. — 26. Par : *with*.

1. Remonter à cheval : *to remount*. — 2. Jusqu'à : *as far as*. — 3. Rentrant : *returning*. — 4. A : *in*. — 5. Instruments : *implements*.

tique. Le travail se faisait⁶ sans bruit, sans cris, mais sans affectation de silence, et comme par des hommes doués d'une décence naturelle⁷, mais non commandés par une règle sévère et inflexible.

Les figures de ces hommes, douces, sereines, respiraient la paix et le contentement : aspect touchant d'une communauté de laboureurs. Quand l'heure du repas eut sonné⁸, ils entrèrent au réfectoire, non pas tous ensemble, mais un à⁹ un, ou deux à¹⁰ deux, selon qu'ils avaient terminé plus tôt ou plus tard leur travail du moment. Ce repas consistait, comme tous les jours, en deux ou trois galettes de farine pétrie et séchée plutôt que cuite sur la pierre chaude¹¹, de l'eau et cinq olives confites dans l'huile : on y ajoute quelquefois un peu de fromage ou de lait aigre : voilà toute la nourriture de ces cénobites; ils la prennent debout ou assis sur la terre.

Tous les meubles de nos contrées leur sont inconnus. Après avoir assisté à leur dîner, et mangé nousmêmes un morceau de galette, et bu un excellent verre de vin du Liban que le supérieur nous fit apporter¹², nous visitâmes quelques-unes des cellules : elles sont toutes semblables. Une petite chambre de cinq ou six pieds carrés avec une natte de jonc et un tapis, voilà tous les meubles¹³; quelques images de saints, clouées contre la muraille, une bible arabe, quelques manuscrits syriaques, voilà toute la décoration. Une longue galerie intérieure, couverte en

---

— 6. Se faisait : *was done*. — 7. Une décence naturelle : *natural sense of propriety*. — 8. L'heure du repas eut sonné : *the dinner bell had rung*. — 9. A : *by*. — 10. A : *and*. — 11. La pierre chaude : *a heated stone*. — 12. Nous fit apporter : *ordered for us*. — 13. Tous les meu-

chaume, sert d'[14]avenue à toutes ces chambres. La vue dont on jouit des [15] fenêtres du monastère, et de presque tous ces monastères, est admirable ; les premières pentes du Liban sous le regard [16], la plaine et le fleuve de Bayruth, les dômes aériens des forêts de pins tranchant sur [17] l'horizon rouge du désert de sable, puis la mer encadrée [18] partout dans [19] ses caps, ses golfes, ses anses, ses rochers, avec les voiles blanches qui la traversent en tous sens [20], voilà l'horizon qui est, sans cesse, sous les yeux de ces moines. Ils nous firent plusieurs présents de fruits secs et d'outres de vin, qui furent chargés sur les ânes, et nous les quittâmes pour revenir par un autre chemin à Bayruth.

LAMARTINE.

La rade de Saint-Vincent.

Toutes les îles de l'archipel du Cap-Vert sont d'immenses blocs de basalte, de laves, de scories, amoncelés les uns sur les autres. Brûlées des rayons ardents du soleil du tropique, dénudées par les grandes brises des alizés, qui semblent, à leur approche [1], redoubler de [2] violence, elles n'offrent nulle part, si ce n'est dans quelques ravins profondément creusés, sur quelques points privilégiés comme [3] la Nraya, une trace quel-

---

bles : *all the furniture*. — 14. De : *as a*. — 15. Dont on jouit des : *enjoyed from*. — 16. Sous le regard : *immediately under their eyes*. — 17. Tranchant sur : *relieved by*. — 18. Encadrée : *framed in*. — 19. Dans : *by*. — 20. En tous sens : *in every direction*.

1. A leur approche : *on approaching them.* — 2. De (leur). — 3. Comme :

conque de végétation et de verdure. Partout l'œil n'aperçoit que des crêtes arides, taillées à pic, dentelées comme par des coups de[4] haches gigantesques, au-dessus desquelles planent comme des points noirs les frégates aux[5] ailes énormes, les fous, les pétrels, tous les oiseaux des grandes solitudes de l'Océan. Les volcans du Fogo encore en ignition, les cratères éteints qui dominent les cimes les plus élevées, révèlent l'origine de ces îles, que de violentes convulsions firent un jour surgir[6] au-dessus des flots. Parmi elles, et la plus désolée de toutes, est Saint-Vincent, vers laquelle accourent[7] aujourd'hui, comme à un des centres du monde, pour me servir de l'expression du poëte, tous les vaisseaux de l'univers. Qui les attire? L'île n'a pas même d'eau à leur offrir.

Quand, il y a une vingtaine d'années, la vapeur vint menacer d'une transformation complète les conditions de la navigation sur l'Océan, un négociant anglais, voyageur comme ils le sont presque tous[8], prévit les changements aujourd'hui accomplis : il comprit que, dans les grandes traversées d'Europe et l'Amérique vers l'hémisphère austral, les navires à vapeur auraient besoin d'un port de relâche[9] pour renouveler leurs provisions de charbon, et qu'ils viendraient tous là où cette relâche forcée serait la plus courte possible. La rade de Saint-Vincent fut choisie par lui ; elle se trouvait au point où se croisent les principales routes de l'Atlantique, elle offrait aussi des mouillages sûrs. En quelques années, de vastes

---

such as. — 4. Des coups de : *the strokes of.* — 5. Aux : *with their.* — 6. Firent surgir : *upheaved.* — 7. Accourir : *to resort.* — 8. Ils le sont presque tous : *they all are more or less.* — 9. De relâche : *to put into.*

dépôts de charbon furent créés, tous les moyens de célérité que donne l'emploi intelligent des machines furent réunis autour de ces dépôts ; chemins de fer, wagons, warfs, chalands, bateaux remorqueurs. Trois cents tonneaux de charbon à flot sur ces chalands permettaient d'embarquer cinq cents tonneaux en vingt-quatre heures, — *time is money*, — et tous les navires à vapeur du monde, paquebots du Brésil, de la Plata, de l'Afrique australe, bâtiments de guerre destinés à doubler les caps, accoururent au rendez-vous qui leur était assigné. La prospérité de Saint-Vincent était créée, la fortune de l'audacieux fondateur assurée pour toujours.

CH. AUBE.

Les côtes de Sicile.

Après avoir visité des roches granitiques, schisteuses et calcaires, après avoir étudié les populations propres à chacune d'elles[1], nous voulions leur comparer les côtes et la forme des volcans. Nous partîmes donc pour Stromboli par[2] une belle soirée que suivit[3] une de ces nuits admirables, privilége[4] des régions méridionales. Le soleil avait disparu à l'occident dans un lit d'or et de pourpre ; des étoiles étincelantes avaient surgi à l'orient, envahi le ciel tout entier[5], et leurs mille rayons, remplissant l'air d'une lueur phosphorescente, nous permettaient[6] de dis-

---

1. Propres à chacune d'elles : *belonging to each*. — 2. Par : *on*. — 3. Que suivit (suivie par). — 4. Privilége (qui sont le privilége). — 5. Envahi le ciel tout entier : *filled the whole heavens*. — 6. Per-

tinguer comme à travers une cage la chaîne des monts Pelores, le sommet de l'Etna. D'irrégulières bouffées d'un vent tiède nous arrivaient[7] du sud, tantôt enflant notre voile laine, tantôt la laissant retomber[8] le long du mât et appelant nos matelots à leurs bancs de rameurs. Alors l'un d'eux entonna à demi-voix un chant monotone, et les avirons, obéissant à ce rhythme connu, tombaient et s'élevaient[9] tour à tour[10]. De temps à autre, une vive étincelle s'allumait au[11] contact de la rame et, s'éteignant[12] avec la même rapidité, nous révélait la présence d'un de ces petits êtres qui produisent de la lumière comme la torpille engendre de l'électricité. Quand la brise s'élevait de nouveau, les chants cessaient, les avirons rentraient le long du bord[13]; nos hommes, couchés[14] sur leurs bancs, reprenaient[15] leur sommeil interrompu, et le léger clapotis[16] de l'eau autour de notre proue interrompait seul le silence de la mer, bien plus profond que celui de la terre. Longtemps nous admirâmes[17] cette scène si grande dans sa calme simplicité; puis, étendus sur nos matelats, abrités par une tente légère, nous nous endormîmes bercés par les oscillations à peine sensibles[18] de la barque.

DE QUATREFAGES.

mettre : *to enable*. — 7. Nous arrivaient : *came to us*. — 8. Retomber : *droop*. — 9. Tomber et s'élever : *to fall and rise*. — 10. Tour à tour : *in cadence*. — 11. S'allumait à : *struck from*. — 12. S'éteignant : *expiring*. — 13. Rentraient le long du bord : *were shipped*. — 14. Couchés : *stretched*. — 15. Reprendre : *to resume*. — 16. Léger clapotis : *soft murmur*. — 17. Longtemps nous admirâmes : *long did we contemplate in admiration*. — 18. A peine sensibles : *gentle*.

La fête de sainte Rosalie.

La fête de sainte Rosalie, qui se célèbre[1] au mois de septembre, est la fête de la Sicile entière[2]. Les préparatifs commencent plusieurs mois à l'avance, et à Palerme elle dure une semaine entière. Chaque journée a ses cérémonies et ses divertissements particuliers. Les unes et les autres ont été décrits trop souvent pour que j'en parle ici avec détail[3]; mais je ne puis passer sous silence[4] l'admirable spectacle que présente l'intérieur de la cathédrale pendant l'illumination. La nef entière, murs, piliers et voûte est éclairée par des milliers de petites bougies suspendues à l'aide de fils[5] trop fins pour être aperçus. Il résulte de[6] cette disposition un effet d'étoiles qui a quelque chose de magique. Le feu d'artifice mérite aussi une mention[7] toute spéciale; je n'en ai jamais vu à Paris qui puissent[8] lui être comparés. Sans doute nos fusées sont mieux dirigées et nos bombes s'élèvent plus haut; mais grâce à[9] la profusion des premières, leur désordre même donne à l'ensemble quelque chose de remarquablement animé. On dirait[10] des êtres vivants poussés par une volonté capricieuse, qui se cherchent, se poursuivent, se fuient. Les bombes, en éclatant, laissent[11] leur pluie d'or ou d'argent tomber dans la mer, et ces clartés qui

---

1. Se célèbre (est célébrée). — 2. De la Sicile entière : *all over Sicily*. — 3. Pour que, etc. : *for me to enter into details here*. — 4. Passer sous silence : *to pass over in silence*. — 5. Fils : *wires*. — 6. Il résulte de, etc. : *the result.... is a magical star-like effect*. — 7. Une mention : *mention*. — 8. Puissent : *could*. — 9. Grâce à : *owing to*. — 10. On dirait : *one would say they were*. — 11. Laissent tomber :

s'éteignent [12] dans les douces ondulations des vagues ont quelque chose d'étrangement mélancolique. Puis, il y a des pièces que je n'ai vu que là : entre autres, de grands bananiers de métal, flambant de haut en bas d'un feu vert obtenu sans doute avec de l'alcool et un sel de cuivre. Enfin, lors de mon passage [13] à Palerme, la pièce principale représentait un château fort, assiégé, bombardé et brûlé au milieu d'un orage. Les effets de foudre, de bombes et d'incendie étaient admirablement rendus. Ajoutons que ce château avait deux cents pas de long sur une [14] hauteur proportionnée [15], que l'ensemble du feu d'artifice mesurait plus de cinq cents pas en longueur, et que les diverses pièces étaient disposées sur plusieurs rangs [16].

DE QUATREFAGES.

Chasse à l'ours aux Asturies.

Le matin [1], de très-bonne heure, une bande de montagnards, couverts de la tête aux pieds de peaux de mouton, la laine [2] en dehors, armés de bâtons et de longs couteaux de chasse, se rendent dans les fourrés où les ours se tiennent d'habitude. Ces bandes sont composées d'une vingtaine d'hommes, dont dix armés d'un couteau et d'un sifflet de cuivre; les dix autres, d'un long bâton. Les premiers [3], ceux qui

---

pour. — 12. S'éteignent : *are extinguished*. — 13. Lors de mon passage : *when I passed through*. — 14. Sur une : *with*. — 15. Proportionnée : *in proportion*. — 16. Rangs : *rows*.

1. Le matin : *in the morning*. — 2. La laine : *the wooly outside*. — 3. Pre-

portent⁴ le couteau, s'appellent *cuchilleros*, couteleurs⁵ ; les autres, *busca ruidos*, chercheurs de bruit⁶, querelleurs. Bientôt cette bande se divise en couples ; chaque couple se compose d'un couteleur et d'un querelleur. Le couteleur porte son sifflet suspendu au⁷ cou par une chaîne de fer. Ainsi disposés, les chasseurs attendent.

Dès qu'un ours paraît à l'horizon, le couteleur et le querelleur s'avancent vers lui d'un air indifférent⁸. L'ours approche-t-il⁹, au lieu de le laisser passer tranquillement et de s'écarter¹⁰ un peu pour ne pas l'irriter, le querelleur lui barre le passage¹¹ et lève son bâton sur lui, mais sans le frapper. Il est rare qu'¹²à cette menace l'ours ne se redresse pas et ne fonde pas sur le querelleur : c'est précisément ce que demandent les chasseurs. Menacé à son tour par l'ours, le querelleur jette son bâton, saisit l'animal, le serre¹³, l'étreint dans ses deux bras. Mais ce n'est pas tout ; il faut que, par un mouvement rapide, et qui doit s'opérer¹⁴ avec une grande précision, le querelleur mette sa tête à l'abri de¹⁵ la gueule de l'animal, ce qu'¹⁶il fait en¹⁷ l'appuyant vivement sur l'épaule de l'ours. Alors commence un combat qui vous causerait la plus violente émotion si vous en étiez témoin, mais que les Asturiens recherchent avec ardeur, et dont ils se tirent¹⁸ toujours avec hon-

---

miers : *former*. — 4. Porter : *to carry*. — 5. Couteleurs : *knife-bearers*. — 6. Chercheurs de bruit : *quarrel-seekers*. — 7. Suspendu au : *hanging from*. — 8. Indifférent : *careless*. — 9. L'ours approche-t-il (si l'ours approche). — 10. S'écarter : *to stand aside*. — 11. Lui barre le passage : *bars his way*. — 12. Il est rare que, etc. : *the bear rarely fails to*, etc. — 13. Serrer : *to clasp*. — 14. Doit s'opérer : *must be performed*. — 15. A l'abri de : *out of the way of*. — 16. Ce que : *which*. — 17. En : *by*. — 18. Dont ils se tirent : *out of which they come*. —

PORTRAITS, TABLEAUX, DÉFINITIONS. 171

neur. L'ours essaye bien[19] de griffer son adversaire, mais tout ce qu'il peut[20], c'est d'arracher quelques mèches de laine à[21] la peau de mouton dont l'homme est couvert, encore[22] n'y parvient-il que rarement, car en général ces sortes de combats sont de courte durée. Aussitôt que l'ours est aux prises avec le querelleur et dans ses bras, le couteleur vient par derrière[23], le frappe mortellement, en lui enfonçant[24] jusqu'à la garde un couteau de cinquante centimètres de longueur. L'arme plongée entre la clavicule et l'omoplate doit, par le mouvement d'inclinaison[25] que le chasseur lui imprime de droite à gauche, atteindre l'animal au cœur[26].

Il n'arrive guère[27] que le couteleur ait besoin de[28] frapper plus d'un coup[29] pour délivrer le querelleur; mais quand cela arrive, la position de ce dernier devient fort critique, l'ours, une fois frappé, devient plus furieux, et même lorsqu'il tombe sur le coup[30], une convulsion, un mouvement de ses deux pattes de derrière peut mettre le chasseur en pièces. Ce cas a été prévu; le querelleur ne lâche l'ours que lorsqu'il entend le coup de sifflet[31] de son compagnon, qui annonce que l'ours n'a plus de mouvement[32]. Jusque-là le querelleur se tient étroitement[33] contre la poitrine de l'animal; et dès que

---

19. Bien : *indeed*. — 20. Tout ce qu'il peut : *all he can do*. — 21. A : *from*. — 22. Encore, etc. : *and in this even he...* — 23. Par derrière : *behind him*. — 24. En lui enfonçant : *by plunging into him*. — 25. Mouvement d'inclinaison, etc. : *direction given to it*. — 26. Atteindre, etc. : *reach the animal's heart*. — 27. Il n'arrive guère : *it seldom happens*. — 28. Ait besoin de : *needs*. — 29. Plus d'un coup : *more than once*. — 30. Sur le coup : *under the blow*. — 31. Coup de sifflet : *whistle*. — 32. N'a plus de mouvement : *is past motion*. — 33. Se tient étroitement serré : *keeps himself close pressed*. —

l'ours est tombé, les deux jambes de son adversaire lui pressant les flancs, le chasseur reste assis sur les cuisses de l'ours, de manière à prévenir ses moindres mouvements. Tant qu'il n'a pas entendu[34] le coup de sifflet, le querelleur conserve la position que nous venons de décrire. Il doit se rouler avec l'ours, se coller à lui, et, jusqu'au moment de sa mort, ne plus s'en séparer[35]. Cette lutte est horrible. Cependant il y a des Asturiens qui la répètent cinq ou six fois par semaine, et même plusieurs fois par jour, depuis leur jeunesse[36], sans avoir reçu une égratignure.

E. Bégin.

Cherbourg et Quillebeuf.

Créer sur une mer tumultueuse et[1] toujours couverte de navires une rade sûre et profonde, creuser dans le roc un vaste port, poser[2] en face des arsenaux de l'Angleterre un arsenal capable de faire respecter[3] la côte méridionale de la Manche, ouvrir aux amis un refuge, ménager[4] aux ennemis des échecs, voilà ce que nous avons fait à Cherbourg, et rien de plus grand peut-être ne s'est jamais[5] tenté dans l'intérêt de la paix du monde et de la liberté des mers....

Le nom de Quillebeuf a jeté[6] jusqu'à présent un sinistre reflet sur la navigation de la basse Seine.

---

34. Tant qu'il n'a pas entendu : *until he hears.* — 35. Ne plus s'en séparer : *not separate from him.* — 36. Depuis leur jeunesse : *from their youth upwards.*

1. Ne pas traduire *et.* — 2. Poser : *to post.* — 3. Faire respecter, etc., tournez : faire la côte.... respectée. — 4. Ménager : *to prepare.* — 5. Ne s'est jamais : *was ever.* — 6. Jeter : *to cast.* —

PORTRAITS, TABLEAUX, DÉFINITIONS. 173

Tout le monde connaît cette barre terrible qui, grandissant avec les marées des syzygies et les vents d'ouest, envahit périodiquement l'embouchure du fleuve. L'intumescence des flots, que l'attraction de la lune et du soleil promène sur [7] les profondeurs de l'océan avec une vitesse presque égale à celle de la rotation du globe, se ralentit [8] et s'élève quand le fond s'exhausse [9], et cet effet n'est nulle part si marqué que sur les grèves allongées [10] des rivières à marées [11]. Les premières ondes du flot [12] y avancent lentement; celles qui suivent les surmontent et glissent sur leur dos [13] avec une vitesse qui croît en raison de la profondeur; enfin, dans ce concours de tranches d'eau [14] de plus en plus accélérées [15], les ondes successives finissent par [16] former un bourrelet mouvant [17] dont le roulement formidable balaye le lit de la rivière et en bouleverse les rives. Malheur aux navires que ces ondulations terribles surprennent dans les posées [18] de la Seine! Elles les renversent [19], les roulent, les submergent et les ensevelissent dans la vase, qu'elles soulèvent et laissent retomber. Ces désastres n'étaient nulle part si fréquents que devant Quillebeuf, où le flot s'engouffrait dans [20] un étranglement subit : tout navire exposé aux coups [21] de la barre y était considéré comme perdu, et l'équipage le quittait après y avoir

---

7. Promène sur : *draws along.* — 8. Se ralentit : *slackens.* — 9. Quand le fond s'exhausse : *as the bed rises.* — 10. Grèves allongées : *long, low shores.* — 11. Rivières à marées : *tidal rivers.* — 12. Ondes du flot : *waves of the tide.* — 13. Les surmontent et glissent sur leur dos : *overtop them and roll over their backs.* — 14. Concours de tranches d'eau : *assemblage of layers of waves.* — 15. De plus en plus accélérées : *hurrying on.* — 16. Finissent par : *at last.* — 17. Bourrelet mouvant : *roller.* — 18. Posées : *moorings.* — 19. Renverser : *to capsize.* — 20. S'engouffrait dans... : *found itself engulfed by a sudden contraction of the bed of the river.* — 21. Aux coups : *to the ac-*

agrafé[22] un câble, au moyen duquel on le retirait, s'il plaisait à Dieu, comme un poisson au bout d'une ligne. De nombreuses pointes de mâts[23] s'élevant au-dessus du sable et des flots témoignent assez de l'incertitude de cette manœuvre.

BAUDE.

L'étude de la géographie.

Quel spectacle plus admirable et quel plus grand récit[1] que celui des conquêtes incessantes de l'homme sur[2] la nature! Qu'on prenne[3] une mappemonde : l'histoire entière de l'humanité s'y trouve inscrite[4] avec les vicissitudes du passé et les grandes perspectives de l'avenir. C'est autour de cette mer enfermée de toutes parts, semée d'[5]îles, dont les baies et les golfes pénètrent au[6] sein des terres, et sur laquelle s'allongent[7], de l'orient à l'occident, trois péninsules destinées à un si glorieux avenir, que naissent et se développent[8] les premières[9] civilisations de la moitié du monde. Cependant les temps ont marché[10]; les sociétés se sont transmis de l'une à l'autre le flambeau civilisateur[11]; de nouveau venus, curieux, avi-

tion. — 22. Agrafer : *to make fast*. — 23. Pointes de mâts : *mastheads*.

1. Plus grand récit : *grander description*. — 2. Sur : *over*. — 3. Qu'on prenne : *let us take*. — 4. S'y trouve inscrite : *is found inscribed thereon*. — 5. Semée de : *dotted with*. — 6. Au (dans le) : — 7. S'allongent : *stretch out*. — 8. Naissent, etc. : *took its birth and development*. — 9. Première : *early*. — 10. Les temps ont marché : *time has marched on*. — 11. Le flambeau civilisateur : *the torch of civiliza-*

des, intelligents, sont[12] descendus des froides contrées de l'est et du nord, il faut que le foyer[13] s'élargisse ; la Méditerranée ne suffit plus, avec son riche littoral, au déploiement[14] de l'activité humaine : à l'Atlantique maintenant[15]. De même que[16] la mer qui leur sert de[17] bassin, les régions civilisées s'élargissent et s'accroissent ; heureuses alors les nations qui peuplent les rivages prédestinés par leur situation à la grandeur : l'Espagne, la France, l'Angleterre et les grandes colonies de l'Amérique ! Mais la civilisation marche et s'étend toujours ; les deux bouts du monde se rejoignent ; voici que[18] de nouvelles régions se peuplent, que l'extrême Orient[19], si longtemps silencieux, s'habitue à[20] nous renvoyer l'écho de nos bruits, que les deux océans tendent à se rejoindre. Et qui sait dans ce conflit des hommes, dans ce mélange de toutes choses, si ce n'est pas[21] aux bassins du Pacifique qu'appartient la plus grande part de l'avenir ?

JACOBS.

Le travail.

Saint Chrysostôme écrivait avant les prodiges de l'industrie et de la science modernes ; mais il admirait déjà les changements merveilleux que l'homme

---

tion. — 12. Sont (ont). — 13. Foyer : *focus*. — 14. Déploiement : *expansion*. — 15. A l'Atlantique maintenant : *now comes the turn of....* — 16. De même que : *like*. — 17. Leur sert de : *serves as their*. — 18. Voici que : *behold*. — 19. L'extrême Orient : *the far East*. — 20. S'habitue à : *learns to*. — 21. Si ce n'est pas, etc. : *whether the shores of.... may not be destined to become the theatre of the greatest events of the future*.

faisait[1] sur la terre. L'Ecclésiastique[2], plus ancien que saint Chrysostôme, admire aussi les œuvres de l'homme ; il décrit les divers métiers, « le laboureur qui mène[3] la charrue et qui prend plaisir à[4] tenir à la[5] main l'aiguillon dont[6] il pique ses bœufs, le charpentier et le maçon qui songent nuit et jour à[7] leur travail, le graveur qui grave les cachets, qui s'occupe à[8] diversifier ses figures et s'applique à[9] imiter la peinture, veillant[10] pour achever son ouvrage ; le forgeron qui se tient près de l'enclume et considère[11] le fer qu'il met en œuvre. La vapeur du feu sèche[12] son corps, mais il résiste à l'ardeur du fourneau. Le son du marteau et de l'enclume lui fait perdre[13] l'ouïe, mais son œil est attentif à la forme qu'il veut donner à son ouvrage.

Tous ces hommes sont heureux de l'industrie de leurs mains, et ils s'étudient à être habiles dans leur métier ; sans eux[14] et sans leur travail, les villes ne seraient ni bâties, ni habitées, ni fréquentées. Ils maintiennent l'état du monde, quoique leurs souhaits ne concernent que[15] leur art. » Le travail n'est pas seulement une peine et un châtiment, dit saint Chrysostôme, il est, comme tous les châtiments de Dieu, un avertissement[16] et un remède. Les peines inutiles, qui ne servent[17] qu'à la vengeance et à la colère, appartiennent à la législation humaine. Les peines de la

---

1. Faire : *to accomplish*. — 2. *Ecclesiasticus*. — 3. Mener : *to drive*. — 4. A : *in*. — 5. A la (dans sa). — 6. Dont (avec lequel). — 7. A (de). — 8. S'occuper à : *to apply one's self to*. — 9. S'appliquer à : *to endeavour to*. — 10. Veiller : *to sit up*. — 11. Considérer : *to survey*. — 12. Sécher : *to parch*. — 13. Lui fait perdre (détruit son). — 14. Sans eux, et sans, etc. : *but for them and their....* — 15. Ne concerner que : *not to go beyond*. — 16. Avertissement : *warning*. — 17. Servir : *to serve* employé comme verbe actif. —

législation divine servent[18] au repentir et à la régénération de ceux qu'elles frappent. Tel est le travail, quand il est vrai[19] et sincère[20], quand il n'est ni artificiel ni illusoire. Le travail, tel que Dieu l'a institué, est rude[21], mais il est productif. C'est là[22] son caractère le plus certain. Rien n'était si facile à[23] Dieu que de dire[24] à la terre de tout produire spontanément; rien n'était si facile à Dieu, qui est le producteur inépuisable, que de suffire aux[25] besoins du consommateur inépuisable qu'il avait créé. Il ne l'a pas voulu[26]. Il a contenu nos appétits par nos peines et par nos labeurs; il nous a dit : Vous n'aurez que ce que[27] vous produirez; mais du[28] même coup[29] il a donné au[30] travail de l'homme le don d'être productif[31].   SAINT-MARC GIRARDIN.

L'épargne.

En réalité, les nations s'enrichissent et se perfectionnent bien moins par la thésaurisation[1] de quelques familles opulentes que par les imperceptibles épargnes de la multitude[2]. Le paysan qui amasse pour défricher un coin de terre[3], l'ouvrier qui parvient à acheter des outils pour s'établir, le bourgeois[4] qui

18. Servent : *lead to*. — 19. Vrai : *real*. — 20. Sincère : *honest*. — 21. Rude : *hard*. — 22. C'est là : *that is*. — 23. A : *for*. — 24. Dire : *to bid*. — 25. Suffire à : *to provide for*. — 26. Il ne l'a pas voulu : *such was not his will*. — 27. Ne.... que : *but*. — 28. De : *at*. — 29. Coup : *time*. — 30. Donner à : *to bestow on*. — 30. D'être productif : *of productiveness*.

1. La thésaurisation : *the hoardings*. — 2. La multitude : *the million*. — 3. Coin de terre : *patch of ground*. — 4. Bourgeois (ici) : *ma-*

limite ses dépenses personnelles pour faire de son fils un citoyen instruit et utile, l'humble employé[5] qui fait des placements[6] pour que sa vieillesse ne soit pas sans dignité, voilà[7], sans qu'ils s'en doutent[8], les vrais créateurs de la puissance sociale. Mais ce service rendu à la communauté, croit-on qu'il s'accomplisse sans effort et qu'il soit sans mérite? Certes, dans cette résistance à la tentation de dépenser, dans cette persévérance à lutter contre la fantaisie, quelquefois même contre un désir légitime, il y a un travail[9] moral souvent plus pénible que le travail des bras, et quand c'est au sein d'une famille pauvre qu'on se prive ainsi[10] en vue de l'avenir, on pourrait bien répéter ce que Montaigne a dit de la continence : « Je ne connais pas de *faire*[11] plus actif ni[12] plus vaillant que ce *non-faire*[13]. » En d'autres termes, soutenir est moins difficile que s'abstenir.

A. COCHIN.

Le barreau français.

Au barreau, les intelligences et les talents ne sont pas moins mêlés[1] que les caractères. Les uns plaident une cause comme ils laboureraient un sillon, avec patience, avec constance, avec l'application et le res-

ster, parce que *bourgeois* est en opposition avec *ouvrier*. — 5. Employé : *clerk*. — 6. Faire des placements : *to make investments*. — 7. Voilà : *these are*. — 8. Sans qu'ils s'en doutent : *without their being aware of it*. — 9. Travail : *labour*. — 10. Qu'on se prive ainsi : *that such self-denial is practiced*. — 11. Faire : *doing*. — 12. Ni : *or*. — 13. Non-faire : *not-doing*.

1. Mêlés : *varied*.

pect dus à une tâche nécessaire. Ils ne songent à y ajouter rien de leur propre fond², et leur logique robuste traverse³ du même pas⁴ les épisodes les plus émouvants et les détails les plus arides. Pour d'autres, il n'y a ni⁵ intérêts médiocres ni intérêts vulgaires. Ceux-là tournent autour de leur procès⁶ jusqu'à ce qu'ils aient trouvé l'endroit favorable par où l'art et l'imagination y peuvent entrer; et, une fois maîtres de cette brêche, ils poussent jusqu'aux⁷ raffinements et jusqu'à la sensualité le plaisir de parler juste, et de donner au langage la couleur, l'harmonie, la nouveauté, le mouvement⁸, toutes ces forces secrètes que le prestige de la forme peut ajouter à l'expression exacte de la pensée.

Il n'y a guère de⁹ profession où l'inégalité des intelligences amène¹⁰ dans les situations et dans les fortunes des contrastes plus sensibles¹¹. Nulle part la vanité publiquement humiliée n'a moins de retraites¹²; nulle part la pauvreté n'est aux prises avec¹³ de plus poignantes épreuves et de plus héroïques scrupules. Mais une sorte de familiarité fraternelle rapproche les distances¹⁴, adoucit beaucoup d'amertumes, déconcerte l'envie, et, comme il arrive souvent dans les carrières où le hasard a sa place, la médiocrité se console de ses mécomptes¹⁵ en¹⁶ rêvant des revanches¹⁷

— 2. De leur propre fond : *from their own stores*. — 3. Traverser : *to walk through*. — 4. Du même pas : *with the same even step*. — 5. Il n'y a ni, etc. : *no interest is mediocre or vulgar in their eyes*. — 6. Procès : *cause*. — 7. Ils poussent jusqu'aux, etc. : *they carry to the highest pitch of refinement and epicurism*. — 8. Mouvement : *action*. — 9. Il n'y a guère de : *there is hardly any*. — 10. Amène : *causes*. — 11. Sensible : *striking*. — 12. Retraite : *hiding place*. — 13. N'est aux prises avec : *has to struggle with*. — 14. Rapproche les distances : *lessens distances*. — 15. De ses mécomptes : *for its failures*. — 16. En : *by*. — 17. Revanches : *suc-*

lointaines, tandis que la misère elle-même confie ses illusions secrètes aux dieux inconnus de l'avenir.

Quoi qu'il en soit, et si[18] présomptueux que[19] puisse paraître ici ce jugement, j'ose dire qu'on chercherait[20] vainement une réunion d'esprits plus éclairés, plus libres, plus ouverts à toutes les idées, mieux préparés à tous les hasards, moins étonnés des[21] faveurs ou des revers[22] de la fortune; enfin, au milieu des[23] mœurs très-effacées de notre temps, une société qui soit[24] restée plus originale, et au fond[25] plus vraiment française.

Rousse.

Le vrai et le faux héroïsme.

Le culte des héros semblerait[1] ne pouvoir être que la généreuse pensée de distinguer dans l'histoire et d'offrir plus particulièrement à l'admiration des hommes les rares personnages qui ont servi et honoré l'humanité, ou seulement[2] leur pays, par des vertus ou des talents extraordinaires, et, le plus souvent[3], à leur propre dépens; puisqu'il passe pour avéré[4] que les vertus et les talents extraordinaires

---

cesses. — 18. Ne pas traduire *si*. — 19. Que : *as*. — 20. On chercherait, etc. : *you might seek in vain*. — 21. Étonnés de : *moved by*. — 22. Revers : *frowns*. — 23. Au milieu des, etc. : *in the excessive uniformity of modern manners*. — 24. Soit : *has*. — 25. Au fond : *at bottom*.

1. Traduire comme si la phrase commençait par : il semblerait que.... culte des héros : *hero-worshipping*. — 2. Seulement : *merely*. — 3. Le plus souvent : *most generally*. — 4. Il passe pour avéré : *it is aver-*

ont pour ennemi⁵ naturel le vulgaire, c'est-à-dire à peu près tout le monde, et qu'il est vrai que l'héroïsme consiste à ne tenir aucun compte⁶ des obstacles et à s'élever au-dessus de tous par la vertu dans le sens le plus étendu comme⁷ le plus vrai du mot.

Il y a eu un moment, en France, où⁸ quelques écrivains semblaient entendre l'héroïsme à la façon⁹ de l'école anglaise de Carlyle. Sans parler¹⁰ de tout ce qu'on a écrit sur les vertus des hommes de la Terreur, nous avons lu autrefois de véritables dithyrambes en prose sur les mérites du bon roi Louis onzième. La robe rouge¹¹ du cardinal de Richelieu était devenue¹², en ce temps-là, d'une blancheur immaculée; Mazarin n'avait jamais eu d'autre préoccupation que le bien¹³ de la France. Le sens commun a, croyons-nous, fait justice¹⁴ de ces dangereux paradoxes. Les services rendus à la France par Louis XI, par Richelieu, par Mazarin et par d'autres hommes d'État ont été reconnus et appréciés, mais on n'a plus songé à les¹⁵ citer comme des héros. C'est qu'en effet la justesse de vues, la fermeté de résolution, qualités assez rares assurément et fort utiles, ne sont point de l'héroïsme quand ceux qui les possèdent vont à¹⁶ leurs fins par la cruauté ou la ruse. En effet, ce qu'admirent en Angleterre les panégyristes exclusifs de Cromwell ou de Henri VIII, ce n'est pas l'hé-

---

red. — 5. Pour ennemi, trad. : pour leur ennemi. — 6. A ne tenir aucun compte : *in taking no account*. — 7. Comme : *as well as*. — 8. Où : *when*. — 9. A la façon : *after the fashion*. — 10. Parler : *to mention*. — 11. Robe rouge : *scarlet robe*. — 12. Était devenue : *had been found to be*. — 13. Le bien : *the wealth*. — 14. Faire justice de : *to do justice on*. — 15. On n'a plus songé à les.... : *they were no longer*. — 16. Vont à : *aim at*.

roïsme, c'est le succès, c'est surtout la force; et, sans doute involontairement, ils pervertiraient le sens moral de leur pays, si des esprits à la fois plus éclairés et plus sains ne protestaient contre ces mauvaises tendances. Ce réalisme sans cœur [17] est l'antipode de l'héroïsme [18].

J. M.

L'orateur chrétien.

Le christianisme élevait une tribune où [1] les plus sublimes vérités étaient annoncées hautement pour tout le monde, où les plus pures leçons de la morale étaient rendues familières à la multitude ignorante; tribune formidable [2] devant laquelle s'étaient humiliés les empereurs souillés du sang des peuples; tribune pacifique et tutélaire qui, plus d'une fois, donna refuge à ses mortels ennemis; tribune où furent longtemps défendus des intérêts partout abandonnés, et qui seule plaidait éternellement la cause du pauvre [3] contre le riche, du faible contre l'oppresseur, et de l'homme contre lui-même.

Là tout s'ennoblit [4] et se divinise; l'orateur, maître des esprits qu'il élève et qu'il consterne tour à tour, peut leur montrer quelque chose de [5] plus grand que la gloire et de plus effrayant que la mort: il peut faire descendre [6] du haut des cieux une éternelle es-

---

— 17. Sans cœur : *heartless*. — 18. Extrait d'une Dissertation sur l'école réaliste d'Angleterre, par M. Méliot.

1. Où, trad. : d'où. — 2. Formidable : *awful*. — 3. Du pauvre, du faible; trad. : des pauvres, des faibles. — 4. S'ennoblit, se divinise, trad. : est noble et saint. — 5. Ne traduisez pas de. — 6. Faire des-

pérance sur ces tombeaux où Périclès n'apportait[7] que des regrets et des larmes. Si, comme l'orateur romain, il célèbre les guerriers de la légion de Mars tombés au champ de bataille, il donne à leurs âmes cette immortalité que Cicéron n'osait[8] promettre qu'à leur souvenir; il charge Dieu lui-même d'acquitter la reconnaissance de la patrie.

Veut-il[9] se renfermer[10] dans la prédication évangélique? Cette science de la morale, cette expérience de l'homme, ces secrets des passions, étude éternelle des philosophes et des orateurs anciens, doivent-[11] être dans sa main[12]. C'est lui[13], plus encore que l'orateur de l'antiquité, qui doit connaître tous les détours[14] du cœur humain, toutes les vicissitudes des émotions, toutes les parties sensibles de l'âme, non pour exciter ces affections violentes, ces animosités populaires, ces grands incendies des passions, ces feux de vengeance et de haine où triomphait l'antique éloquence, mais pour apaiser, pour adoucir, pour purifier les âmes. Armé contre toutes les passions, sans avoir le droit[15] d'en appeler aucune à son secours, il est obligé de créer une passion nouvelle, s'il est permis de[16] profaner par ce nom le sentiment profond et sublime qui, seul, peut tout vaincre et tout remplacer dans les cœurs, l'enthousiasme religieux, qui doit donner à son accent, à ses pensées, à ses paroles plutôt[17] l'inspiration d'un prophète que le mouvement[18] d'un orateur. VILLEMAIN.

cendre : *to call down*. — 7. Apporter : *to offer*. — 8. N'osait... que : *durst only*. — 9. Veut-il, trad. : s'il préfère. — 10. Se renfermer dans : *to confine one's self to*. — 11. Doivent : *must*. — 12. Dans sa main : *at his command*. — 13. C'est lui .... qui : *he*. — 14. Détours : *recess*. — 15. Sans avoir le droit : *and bound*. — 16. S'il est permis de : *if we may*. — 17. Plutôt : *rather*. — 18. Mouvement : *animation*.

Saint Chrysostôme et Eutrope.

On pourrait [1] croire que l'évêque avait voulu [2] seconder l'effet de sa puissante parole [3] par un appareil [4] un peu [5] théâtral ; car à l'instant où [6], monté [7] sur l'estrade qui lui servait de [8] chaire, il commandait le silence [9] d'un mouvement de sa main [10], le voile [11] du sanctuaire s'ouvrit [12], et l'auditoire aperçut Eutrope. L'ancien ministre était agenouillé [13] presque sous l'autel, qu'il enlaçait de ses bras [14], pâle, couvert de cendres, et si tremblant qu'on pouvait entendre en quelque sorte [15] le claquement [16] convulsif de ses dents. Profitant [17] de l'émotion produite par ce spectacle inattendu, l'évêque commença ainsi :

« C'est en ce moment plus que jamais qu'il est permis de [18] dire avec le sage [19] : Vanité des vanités, tout est vanité ! Où donc est maintenant la splendeur du consulat ? Où est l'éclat [20] des lampes et des torches ? Où sont les applaudissements et les chœurs de danse [21], les festins et les joyeuses assemblées ? Où sont les couronnes et les magnifiques tentures ? Les rumeurs flatteuses de la ville, les acclamations du Cirque, les adulations des milliers de spectateurs, où sont-elles ? Tout cela a passé [22]. Le vent, soufflant tout

---

1. Pourrait : *might*. — 2. Vouloir : *to intend*. — 3. Parole : *language*. — 4. Appareil : *show*. — 5. Un peu : *somewhat*. — 6. A l'instant où : *when*. — 7. Monté : *standing*. — 8. De : *as a*. — 9. Commander le silence : *to command silence*. — 10. Mouvement : *waving*. — 11. Voile : *veil*. — 12. S'ouvrit : *was undrawn*. — 13. Agenouillé : *kneeling*. — 14. Enlacer de ses bras : *to embrace*. — 15. En quelque sorte : *almost*. — 16. *Chattering*. — 17. Profiter : *to take advantage*. — 18. Il est permis de : *we may*. — 19. Le sage : *the preacher*. — 20. Éclat : *blaze*. — 21. Chœurs de danses : *choral danses*. — 22. Pas-

à coup, a balayé [23] les feuilles, et nous montre l'arbre nu, ébranlé jusque dans ses [24] racines ; si violente a été la tempête, que toute force a été brisée en lui, et qu'il va tomber [25]. Où sont les prétendus [26] amis, où est l'essaim des parasites? Et les tables chargées de viandes [27], le vin bu à la ronde [28] pendant des journées entières [29], les raffinements variés des cuisiniers [30], le langage souple [31] des serviteurs de la puissance; qu'est devenu [32] tout cela ? Un rêve de la nuit qui s'évanouit au jour [33], une fleur du printemps qui se fane à [34] l'été, une ombre qui passe, une fumée [35] qui se dissout [36], une bulle d'eau qui éclate, une toile d'araignée qui se déchire [37]. — Aussi disons, disons toujours : Vanité des vanités, tout est vanité ! Inscrivez ces mots sur vos murailles, sur vos vêtements, sur [38] vos places [39], dans vos rues, sur vos maisons, sur vos fenêtres, sur vos portes; inscrivez-les surtout dans vos consciences, afin qu'ils se représentent [40] incessamment à votre pensée. Répétez-les à dîner, répétez-les à souper; que dans les assemblées du monde chacun [41] les répète à son voisin : Vanité des vanités, tout est vanité ! »

AM. THIERRY.

ser : *to vanish away.* — 23. Balayer : *to sweep away.* — 24. Jusque dans ses : *to its very.* — 25. Il va tomber : *it is falling.* — 26. Prétendus : *so called.* — 27. Viandes : *viands.* — 28. A la ronde : *round.* — 29. Entières : *whole.* — 30. Des cuisiniers (de la cuisine) : *of cookery.* — 31. Souple : *obsequious.* — 32. Est devenu : *has become of.* — 33. Au jour : *at day-break.* — 34. A : *in.* — 35. Fumée : *vapour.* — 36. Qui se dissout : *dissolving away.* — 37. Qui se déchire : *rent to pieces.* — 38. Sur : *in.* — 39. Place : *public place.* — 40. Se représentent : *may be present.* — 41. Que.... chacun : *let every one.*

Sermon du P. Bridaine.

Ce célèbre missionnaire prêcha pour la première fois dans l'église de Saint-Sulpice, à Paris, en 1751. La meilleure compagnie de la capitale y vint par curiosité. On y voyait[1] nombre d'évêques, beaucoup de personnes décorées, et une foule innombrable d'ecclésiastiques. Ce spectacle, loin d'intimider notre orateur, lui inspira sur-le-champ cet exorde :

« A la vue d'un auditoire si nouveau pour moi, il me semble, mes frères, que je ne devrais ouvrir la bouche que pour vous demander grâce[2] en faveur d'un pauvre missionnaire dépourvu de tous les talents que vous exigez quand on vient vous parler de votre salut. J'éprouve cependant aujourd'hui un sentiment bien différent; et si je suis humilié, gardez-vous de croire[3] que je m'abaisse aux misérables inquiétudes de la vanité, comme si j'étais accoutumé à me prêcher moi-même. A Dieu ne plaise qu'un ministre du ciel pense jamais avoir besoin[4] d'excuse auprès de vous; car, qui que vous soyez, vous êtes tous pécheurs. C'est devant votre Dieu et le mien que je me sens pressé de frapper ma poitrine. Jusqu'à présent, j'ai publié les justices[5] du Très-Haut dans des temples couverts de chaume; j'ai prêché les rigueurs de la pénitence à des infortunés qui manquaient de pain; j'ai annoncé aux habitants des campagnes les vérités les plus effrayantes de la religion. Qu'ai-je fait, malheureux[6]? J'ai contristé les pauvres,

---

[1]. On y voyait : *there were seen*. — [2]. Vous demander grâce : *ask your indulgence*. — [3]. Gardez-vous de croire : *do not think*. — [4]. Pense jamais avoir besoin : *should even think he needs excuses*. — [5]. Les justices : *the judgments*. — [6]. Malheureux : *miserable man*

les meilleurs amis de mon Dieu ; j'ai porté l'épouvante et la douleur dans ces âmes simples et fidèles que j'aurais dû[7] plaindre et consoler. C'est ici, où mes regards ne tombent que sur des grands, sur des riches, sur des oppresseurs de l'humanité souffrante, ou sur des pécheurs audacieux et endurcis ; ah ! c'est ici seulement qu'il fallait faire retentir[8] la parole sainte dans toute la force de son tonnerre, et placer avec moi dans cette chaire, d'un côté la mort qui vous menace, et de l'autre mon[9] grand Dieu qui vient vous juger. Je tiens aujourd'hui votre sentence à la[10] main. Tremblez donc devant moi, hommes superbes et dédaigneux qui m'écoutez : la nécessité du salut, la certitude de la mort, l'incertitude de cette heure si effroyable pour vous, l'impénitence finale, le jugement dernier, le petit nombre des élus, l'enfer, et par-dessus tout, l'éternité ; l'éternité ! voilà les sujets dont je viens vous entretenir, et que j'aurais dû sans doute réserver pour vous seuls. Eh ! qu'ai-je besoin de[11] vos suffrages, qui me damneraient peut-être sans vous sauver? Dieu va vous émouvoir[12], tandis que son indigne ministre vous parlera; car j'ai acquis une longue expérience de ses miséricordes. Alors, pénétrés d'horreur pour vos iniquités passées, vous viendrez vous jeter entre mes bras, en versant des larmes de componction et de repentir, et, à force de[13] remords, vous me trouverez éloquent. »

MAURY.

that I am. — 7. J'aurais dû : *I ought to have*. — 8. Faire retentir : *to thunder forth*. — 9. Mon : *the*. — 10. A la : *in my*. — 11. Qu'ai-je besoin de : *why should I care for*. — 12. Vous émouvoir : *move your hearts*. — 13. A force de : *in the depth of*.

Le chant du Calvaire.

Au déclin du jour, je traversais un étroit vallon que de hautes collines préservent des vents de la mer, et qui est renommé dans le pays pour la salubrité de l'air qu'on y respire[1]. Parmi les ignobles masures éparses dans ce vallon, je remarquai une petite habitation d'une propreté britannique, une espèce de cottage. Comme je m'en approchais, poussé[2] par une curiosité banale[3], j'entendis tout à coup s'élever du fond d'un verger attenant à la maisonnette les sons graves et veloutés[4] d'un violoncelle. Je reconnus l'archet, je reconnus la main. Un homme de moyen âge, à[5] face carrée et à favoris roux, se tenait sur le seuil du logis. Il vint à moi, croyant lire[6] sur mes traits l'expression d'une souffrance subite. Je l'interrogeai. Il avait dans sa ferme depuis[7] un an deux hôtes qu'il me nomma. Ma raison me disait de fuir ce lieu. Mais le violoncelle chantait toujours, et ma passion musicale, se joignant à[8] un sentiment que je ne pourrais définir, m'attirait jusqu'au fond[9] de cet abîme d'amertume, sur le bord duquel le hasard m'avait amené.

J'entrai dans le verger. Je me glissai sans bruit[10] derrière les arbres, et je pus voir un groupe de trois personnes que le feuillage d'un figuier protégeait contre[11] les rayons du soleil couchant. Une d'elles

---

1. De l'air qu'on y respire : *of its air*. — 2. Poussé : *led on*. — 3. Banal : *idle*. — 4. Les sons graves et veloutés : *the deep smooth sounds*. — 5. A : *with a*. — 6. Lire (il lisait). — 7. Depuis : *for*. — 8. Se joignant à : *added to*. — 9. Jusqu'au fond : *to the very bottom*. — 10. Sans bruit : *noiselessly*. — 11. Contre : *from*.

m'était inconnue, mais je compris que c'était un médecin. Quant aux deux autres je les connaissais. Le vieillard seul me parut changé. Les traits de la jeune fille me semblèrent à peine altérés, et cependant son attitude, le fauteuil garni d'oreillers où elle était à demi couchée[12], l'éclat[13] singulier de son regard, tout m'annonçait que le médecin venait pour elle. Comme j'arrivais — il n'y a pas un détail de cette scène qui ne me restât présent[14] quand je vivrais[15] dix mille ans, — son père déposa[16] son archet, et lui demanda comment elle se trouvait. Mieux, dit-elle en souriant, de mieux en mieux[17]; mais l'Allemagne seule me guérira tout à fait. Puis elle ferma les yeux, et murmura quelques mots indistincts.

Pendant ce temps-là, les doigts du vieillard posés sur les cordes du violoncelle en tiraient par saccade des sons[18], des plaintes qui m'entraient dans l'âme. La jeune fille se réveilla et dit : Mon père, j'ai deux grâces à vous demander : Souriez-moi[19] d'abord. Il essaya de sourire. Merci, reprit-elle, et maintenant jouez-moi le chant du Calvaire. Non, non, dit le bonhomme avec l'accent d'une gaieté poignante, le jour de ton mariage[20], fillette. L'enfant sourit en le regardant fixement : il baissa les yeux sans répliquer. D'un geste plein de douleur[21], il secoua ses cheveux blancs sur son front plus pâle que le marbre, et prit son archet. J'entendis alors le chant

---

12. A demi couchée : *half reclining*. — 13. Éclat : *brilliancy*. — 14. Qui ne me restât présent : *but will dwell in my mind*. — 15. Quand je vivrais : *should I live*. — 16. Déposa : *lay down*. — 17. De mieux en mieux : *better and better*. — 18. Par saccade des sons, des plaintes *broken and plaintive sounds*. — 19. Souriez-moi : *give me a smile*. — 20. Jour de mariage : *wedding-day*. — 21. Douleur : *anguish*. —

du Calvaire. Le chant du Calvaire, oui! Pendant qu'il jouait, je voyais de grosses larmes tomber une à une sur ses pauvres mains amaigries et tremblantes. Il pleurait! Le bois et le cuivre pleuraient[22]! Le médecin détournait les yeux, et moi! L'enfant seule ne pleurait pas ; elle n'avait plus de larmes.

O. Feuillet.

---

22. Le bois et le cuivre pleuraient : *the wood and copper instruments wailed.*

IV

LETTRES ET DIALOGUES.

Cicéron à Atticus.

Il n'y a rien de plus curieux que la manière dont Cicéron raconte un jour à Atticus un de ses plus grands succès de tribune [1]. Il s'agissait de [2] célébrer le grand consulat, sujet sur lequel, comme on sait, il était inépuisable. Ce jour-là, il avait une raison de [3] parler avec plus d'éclat [4] que de coutume : Pompée était présent; or Pompée avait la faiblesse d'être jaloux de la gloire de Cicéron. L'occasion était bonne [5] de le faire enrager [6]; Cicéron se garda bien de la négliger :

« Quand mon tour fut venu de parler, écrit-il à Atticus, comme je sus me donner carrière [7] ! Quel plaisir je pris à me combler d'éloges en présence de Pompée, qui ne m'avait pas entendu vanter mon

---

1. De tribune : *in the forum*. — 2. Il s'agissait de, etc. : *the topic was the celebration of*, etc. — 3. De : *for*. — 4. Éclat : *effect*. — 5. L'occasion était bonne : *it was a good opportunity*. — 6. De le faire enrager : *to annoy him*. — 7. Comme je me donnai carrière : *how*

consulat? Si jamais j'appelai à mon aide périodes, enthymèmes, métaphores et toutes les autres figures de rhétorique, ce fut bien alors[8], je ne parlais plus[9], je criais[10] ; car il s'agissait de[11] mes lieux communs ordinaires, la sagesse du sénat, la bonne volonté des chevaliers, l'union de toute l'Italie, les restes de la conjuration étouffés, l'abondance et la paix rétablies, etc. Vous savez la musique[12] que je fais quand je traite ces sujets. Elle fut si belle ce jour-là que je n'ai pas besoin de vous en parler davantage ; vous devez l'avoir entendue d'Athènes. »

Il n'est pas possible de se moquer de soi[13] plus gaiement.

Cicéron à Memmius.

Je vous demande encore toute la bonté que vous m'avez promise de bouche pour Aulus Fusius, qui est de mes intimes amis, et qui a toujours marqué beaucoup de zèle et d'attachement pour moi ; homme[1] d'ailleurs de beaucoup de savoir, d'une politesse extrême, et digne enfin de votre amitié. Vous ne sauriez m'obliger davantage ; sans compter[2] que vos bienfaits seront pour lui un motif perpétuel de zèle et d'attachement.

I launched forth ! — 8. Ce fut bien alors : *it was then.* — 9. Ne.... plus : *no longer.* — 10. Crier : *to shout.* — 11. Il s'agissait de : *I handled.* — 12. Musique : *noise.* — 13. De se moquer de soi : *for a man to laugh at himself.*

1. Homme (un homme). — 2. *To add.*

Cicéron à Minucius.

Sextus Aufidius ne le cède guère à [1] mes meilleurs amis, par les témoignages qu'il me donne de son attachement, et, par sa renommée personnelle, il n'est assurément au-dessous d'aucun chevalier romain. Son caractère est si modéré qu'il joint une douceur extrême aux mœurs les plus sévères. Vous ne serez pas surpris qu'à tous ces titres [2] je vous recommande ses affaires en Afrique avec toute la sincérité et tout le zèle que je puis mettre [3] dans une [4] recommandation. Si vous voulez m'obliger beaucoup, mon cher Minucius, faites-lui sentir que ma lettre a produit beaucoup d'effet sur vous. Je vous le demande avec instance.

Cicéron à Cornificius, son collègue.

Je suis fort sensible [1] aux assurances que vous me donnez de votre souvenir, et je vous demande en grâce [2] de me le conserver [3] ; non que je doute de votre constance, mais parce que cette prière est d'usage [4]. On nous apprend de fâcheuses nouvelles de Syrie : mais comme vous êtes plus près que nous de cette province, j'y prends plus de part [5] pour votre intérêt [6] que pour le mien. Nous sommes fort oisifs à Rome.

---

1. Ne le cède guère à : *is hardly second to any of....* — 2. A tous ces titres : *with such claims.* — 3. Mettre : *to use.* — 4. Une : *any.*

1. Fort sensible à : *touched by.* — 2. Demander en grâce : *to entreat.* — 3. Me le conserver : *to keep me ever in your remembrance.* — 4. D'usage : *a matter of course.* — 5. Prendre part : *to be concerned.* — 6. Pour

Il serait[7] peut-être à souhaiter[8] qu'on y fût occupé de quelque chose d'honnête et d'utile. Je n'en désespère point. Il me semble que César se charge de ce soin. Je vous apprends que pendant votre absence j'ai trouvé l'occasion et même la liberté d'écrire avec une certaine hardiesse, et sur bien des choses que vous approuveriez vous-même. Mais je me suis exercé en dernier lieu sur la meilleure espèce d'éloquence. C'est un sujet sur lequel je vous ai souvent soupçonné de n'être pas tout à fait d'accord[9] avec moi, c'est-à-dire, comme un savant homme peut ne pas s'accorder avec un homme qui n'est pas ignorant. Je vous demande donc votre suffrage pour mon travail, du fond[10] du cœur s'il se peut, ou du moins par complaisance. Je proposerai à vos gens de tirer[11] une copie de l'ouvrage et de vous l'envoyer quand[12] il ne serait pas de[13] votre goût, je m'imagine que, dans la solitude où vous êtes, tout ce qui viendra de moi ne saurait vous déplaire. Me recommander, comme vous faites, votre réputation et votre dignité, c'est vous conformer à l'usage : mais je vous prie de croire que, sans compter[14] même l'amitié que je crois mutuelle entre nous et qui fait toute l'impression qu'elle doit[15] sur mon cœur, la haute opinion que j'ai de votre esprit, de vos principes et des espérances qu'on doit concevoir de votre dignité ne me permet de vous préférer personne, et me laisse[16] voir[17] à peine quelqu'un que je puisse vous comparer.

votre intérêt : *on your acount*. — 7. Il serait (il est). — 8. A souhaiter (à être désiré). — 9. Être d'accord : *to agree*. — 10. Du fond du cœur : *for friendship's sake*. — 11. Tirer (prendre). — 12. Quand : *if even*, avec le subjonctif. — 13. De (à). — 14. Sans compter (mettant de côté). — 15. Qu'elle doit (à laquelle elle a droit). — 16. Me laisse, etc. (me laisse à peine libre de....) — 4. Voir (penser à).

Horace à Mécène.

Je vis plus heureux que des milliers d'hommes. En[1] quelque lieu que me mène ma fantaisie, j'y puis aller seul. Je m'arrête à demander le prix des légumes, du froment. J'erre[2] jusqu'à la nuit close[3] dans la foule du cirque et du forum, m'amusant de leurs charlatans, écoutant leurs devins. Je reviens ensuite à la maison[4] trouver[5] mon repas de légumes, de pois chiches, de petits gâteaux. Trois esclaves font le service[6]. Un buffet de marbre blanc porte[7] deux coupes et un cyathus; auprès est un hérisson de peu de valeur, un vase à[8] libation avec sa patère, le tout en terre de Campanie. Enfin je m'en vais dormir[9], sans affaire dans la tête qui m'oblige à me lever trop tôt le lendemain...

Je reste au[10] lit jusqu'à la quatrième heure. Ensuite je me promène, ou bien encore[11], après avoir occupé mon esprit de[12] quelque lecture, m'être amusé à écrire, je me fais frotter[13] d'huile, mais non comme le sale Natta, aux dépens de sa lampe. Quand la fatigue et l'ardeur du soleil m'avertissent qu'il est temps d'aller au bain, je quitte le Champ de Mars et ses jeux; puis je mange ce qu'il faut seulement pour ne pas rester jusqu'au soir l'estomac[14] vide, et jouis[15] à la maison, comme je l'entends[16], de mon

---

1. En (à). — 2. Errer : *to lounge*. — 3. Jusqu'à la nuit close : *till dark night*. — 4. A la maison : *home*. — 5. Trouver mon.... (à mon....). — 6. Font le service : *wait on me*. — 7. Porte (tournez sur un buffet.... se tiennent) : *stand*. — 8. A (pour les). — 9. Dormir (au lit). — 10. Au (dans mon). — 11. Ou bien encore : *or else*. — 12. De (avec). — 13. Se faire frotter : *to be rubbed*. — 14. L'estomac (avec un estomac). — 15. Jouir de : *to enjoy*. — 16. Comme je l'entends :

loisir. Voilà comme [17] vivent les hommes exempts des misères de l'ambition, qui ne portent point ses lourdes chaînes; ainsi je me console de [18] ma médiocrité, plus heureux par elle que si j'avais eu, comme d'autres, un aïeul, un père, un oncle questeurs.

Pline à Trajan, empereur [1],

Je me fais un devoir, seigneur, de vous soumettre tous mes doutes. En effet qui pourrait mieux que vous me guider dans mon incertitude ou m'instruire dans mon ignorance. Je n'ai jamais assisté aux jugements [2] des chrétiens, et j'ignore la nature et les limites de la punition et de l'enquête. J'hésite beaucoup à décider si l'on doit [3] faire une distinction d'âge, ou confondre les faibles avec les forts; si l'on doit pardonner au repentir, ou n'accorder nulle grâce à quiconque fut chrétien; si c'est le nom seul, exempt de crimes, ou les crimes qui s'y rattacheraient qu'on doit punir...

On m'a affirmé que leur plus grande faute ou leur plus grande erreur consistait dans l'usage de se réunir, à époque fixe, avant le jour, pour chanter ensemble un hymne à Christ comme à un dieu, et pour s'engager [4] par serment, non pas à faire le mal, mais à ne commettre ni vols, ni brigandages, ni adultères, à ne jamais violer [5] leur parole ou refuser de

---

as I please. — 17. Voilà comme : *thus*. — 18. De (pour).

1. Lettre écrite l'an 100 par Pline le jeune, alors proconsul en Bithynie. — 2. Jugement : *trial*. — 3. Tournez par : si je dois. — 4. S'engager : *to bind themselves*. — 5. Violer : *to forfeit*. —

rendre un dépôt. Puis ils se retiraient, et se réunissaient de nouveau dans un repas commun, inoffensif ; et, cela même, ils ont cessé de le faire depuis mon édit, qui, d'après vos ordres, prohibe les associations...

C'est pourquoi[6], suspendant l'enquête, je viens ici vous consulter ; l'affaire mérite réflexion, surtout à cause du nombre des inculpés. Car une foule de personnes de tout âge, de tout rang, des deux sexes, participent[7] à ce danger et y participeront encore. La contagion de cette croyance s'est répandue, non-seulement dans les villes, mais dans les bourgs et les campagnes. Elle semble pouvoir être arrêtée ou calmée.

Lettre de Dante.

C'est probablement de Lucques que Dante écrivit sa noble réponse à l'offre qu'on lui fit[1], en 1314, de lui rouvrir sa patrie[2] qu'il voyait dans ses songes, s'il voulait se soumettre à une sorte d'amende honorable que l'usage consacrait, mais à laquelle ne pouvait se plier l'âme altière du poëte. La fin de cette lettre respire[3] une fierté antique :

« Voilà donc le glorieux moyen qu'on offre à Dante Alighieri de rentrer[4] dans sa patrie après le supplice d'un exil de près de trois lustres ! C'est là ce qu'a mérité mon innocence, qui est connue de tous, et les[5]

---

6. C'est pourquoi : *therefore*. — 7. Participer : *to share*.

1. Qu'on lui fit (qui lui fut faite). — 2. De lui rouvrir sa patrie : *to allow his return to*. — 3. Respirer : *to breathe*. — 4. De rentrer (pour rentrer). — 5. Et les sueurs, etc., tournez : et telle est la récompense

sueurs⁶ et les fatigues que m'ont coûtées mes travaux, voilà ce qu'elles me rapportent! Loin d'un homme consacré à la philosophie⁷ cette bassesse, bonne pour un cœur de boue⁸. Moi⁹, je consentirais à être reçu en grâce¹⁰ comme un enfant! Je pourrais rendre hommage à ceux qui m'ont offensé, comme s'ils avaient bien mérité de moi! Ce n'est pas par ce chemin, ô mon père, que je veux rentrer dans ma patrie. Si vous ou tout autre trouvez une voie qui n'enlève à Dante¹¹ ni son honneur ni sa renommée, je l'accepte, et je n'y marcherai pas d'un pied paresseux¹²; mais si je ne rentre à Florence par un chemin honorable, je n'y rentrerai jamais. Eh quoi! le soleil et les étoiles ne se voient-ils pas¹³ de toute la terre? Ne pourrai-je méditer sous toute zone du ciel la douce vérité, si je ne me fais d'abord¹⁴ un homme sans gloire, ou plutôt un homme d'opprobre pour mon peuple et mon pays? Non; et, je l'espère, le pain même ne me manquera pas. »

Lettre de Michel-Ange.

Vers 1556, un coup des plus cruels vint le frapper¹ : son fidèle Urbino mourut. Il l'avait avec lui²

---

des sueurs, etc. — 6. Sueurs : *toil*. — 7. Loin de, etc. : *far from a man devoted to philosophy be such baseness*. — 8. Cœur de boue : *grovelling soul*. — 9. Moi : *I*. — 10. Être reçu en grâce : *receive pardon*. — 11. Enlève à Dante (prive Dante de). — 12. Je n'y marcherai pas d'un pied paresseux : *I will move on it with no laggard step*. — 13. Ne se voient-ils pas (employer le passif, et commencer la phrase par l'auxiliaire). — 14. Si je ne me fais d'abord : *without first becoming*.

1. Vint le frapper (il reçut un coup cruel). — 2. Il l'avait avec lui :

depuis le siége de Florence. C'était plus qu'un serviteur, c'était un ami de tous les jours et de tous les instants. C'est à lui qu'il avait fait un jour cette brusque question[3] : « Si je venais à[4] mourir, que ferais-tu ? — Je serais obligé de servir un autre maître. — O mon pauvre Urbino, je veux t'empêcher d'être malheureux, » et il lui donna à l'instant 2000 écus. « Il l'aima, dit Vasari, jusqu'à[5] le servir pendant sa maladie et à le garder la nuit. » Ayant appris la perte qu'il venait de faire[6], Vasari, alors à Florence, lui écrivit pour le consoler, et il reçut cette touchante réponse :

« Messer Giorgio, mon cher ami, j'écrirai mal; cependant il faut que je[7] vous dise quelque chose en réponse à votre lettre. Vous savez comment Urbino est mort; ç'a été pour moi une très-grande faveur de Dieu, et un chagrin bien cruel. Je dis que ce fut une faveur de Dieu, parce que Urbino, après avoir été le soutien[8] de ma vie, m'a appris[9] non-seulement à mourir sans regret, mais même à désirer la mort. Je l'ai gardé vingt-six ans avec moi, et je l'ai toujours trouvé parfait et fidèle. Je l'avais enrichi, je le regardais comme le bâton[10] et l'appui de ma vieillesse, et il m'échappe[11] en ne me laissant que[12] l'espérance de le revoir dans le paradis. J'ai un gage de son bonheur dans la manière dont[13] il est mort. Il ne regrettait pas la vie, il s'affligeait[14] seulement en pensant qu'il

---

he had been with him. — 3. Faire une brusque question : *to put a sudden question*. — 4. Si je venais à : *if I were to*. — 5. Jusqu'à : *so well that he even waited on him*. — 6. Qu'il venait de faire : (qu'il avait justement soutenue); soutenue : *sustained*. — 7. Il faut que je : *I must*. — 8. Soutien : *comfort*. — 9. Apprendre : *to teach*. — 10. Bâton : *staff*. — 11. Il m'échappe : *he is taken from me*. — 12. En ne me laissant que : *and I am left only with*. — 13. Dont (dans laquelle). — 14. S'affliger : *to grieve*. —

me laissait, accablé de maux, au milieu de ce monde trompeur et méchant. Il est vrai que la majeure [15] partie de moi-même l'a déjà suivi, et tout ce qui me reste [16] n'est plus que misères et que peines. Je me recommande à vous. »

Le vicomte d'Ortes à Charles IX[1].

J'ai communiqué le commandement de Votre Majesté à ses fidèles habitants et gens de guerre[2] de la garnison ; je n'y ai trouvé que de bons citoyens et de braves soldats, mais pas un bourreau. C'est pourquoi eux et moi supplions très[3]-humblement Votre Majesté de vouloir bien [4] employer nos bras et nos vies en choses possibles ; quelque hasardeuses qu'[5] elles soient, nous y mettrons[6] jusqu'à[7] la dernière goutte de notre sang.

Le comte de Derby à Ireton[1].

J'ai reçu votre lettre avec indignation, et c'est avec mépris que je vous renvoie cette réponse. Je ne sau-

---

15. Majeure : *best*. — 16. Tout ce qui me reste : *what is left to me*.

1. Ordonnant le massacre des protestants à Bayonne. — 2. Gens de guerre : *military* (pas de pluriel). — 3. Très : *most*. — 4. De vouloir bien : *to be pleased*. — 5. Quelque.... que : *however... they may be*. — 6. Nous y mettrons : *we will devote ourselves to it*. — 7. Jusqu'à : *to*.

1. Général de Cromwell, demandant la reddition de l'Irlande. —

rai m'empêcher de voir avec étonnement que[2] vous ayez pu[3] espérer de me rendre, comme vous, perfide envers mon souverain, puisque vous ne pouvez ignorer[4] la manière dont je me suis toujours comporté pour le service de Sa Majesté, principe[5] de fidélité dont je ne me départirai jamais. Je méprise vos offres, je dédaigne votre faveur, je déteste votre trahison, et je suis si éloigné de[6] vous livrer cette île, que j'employerai au contraire tous mes efforts à la défendre pour votre ruine[7]. Prenez ceci pour[8] ma dernière réponse, et dispensez vous de[9] me faire de nouvelles instances[10]; car, si vous m'importunez de quelque message de même nature, je brûlerai le papier, et je ferai pendre[11] le porteur. C'est[12] la résolution invariable de celui qui met[13] sa principale gloire à être le plus fidèle et le plus obéissant des sujets de Sa Majesté.

Lettre de Madame de Sévigné.

Lundi, 1er décembre 1664.

Il faut que je vous conte une petite historiette, qui est très[1]-vraie, et qui vous divertira. Le roi se mêle depuis peu de faire des vers[2]; MM. de Saint-Aignan

---

2. Je ne s'aurais m'empêcher de voir avec étonnement que : *I wonder how.* — 3. Avez pu : *could.* — 4. Vous ne pouvez ignorer : *you must know.* — 5. Principe (un principe). — 6. Si éloigné de : *so far from consenting to.* — 7. Ruine : *destruction.* — 8. Pour (comme). — 9. Dispensez-vous de : *forbear to.* — 10. Me faire de nouvelles instances : *to urge me any more.* — 11. Je ferai pendre : *I will have the... hanged.* — 12. C'est : *such is.* — 13. Met : *considers it.*

1. Très : *quite.* — 2. Se mêle de faire des vers : *has taken to verse-*

et Dangeau lui apprennent comment il faut s'y prendre[3]. Il fit l'autre jour un petit madrigal, que lui-même ne trouva pas trop joli. Un matin il dit au maréchal de Grammont : M. le maréchal, lisez ce petit madrigal, et voyez si vous en avez vu un aussi impertinent[4]; parce qu'on sait que depuis peu[5] j'aime les vers, on m'en apporte de toutes les façons. Le maréchal, après avoir lu, dit au roi : Sire, Votre Majesté juge divinement bien de toutes les choses; il est vrai que voilà le plus sot et le plus ridicule madrigal que j'aie jamais lu. Le roi se mit à[6] rire, et lui dit : N'est-il pas vrai que celui qui l'a fait est bien fat[7]? Sire, il n'y a pas moyen de lui donner un autre nom. Oh bien! dit le roi, je suis ravi que vous en ayez parlé si bonnement[8]; c'est moi qui l'ai fait.

Ah, Sire, quelle trahison! Que Votre Majesté me le rende[9], je l'ai lu brusquement[10].

« Non, M. le maréchal, les premiers sentiments sont toujours les plus naturels. »

Le roi a fort ri de cette folie, et tout le monde trouve que voilà la plus cruelle petite chose que l'on puisse faire à[11] un vieux courtisan. Pour moi, qui aime toujours à faire des réflexions, je voudrais que le roi en fît là-dessus[12] : et qu'il jugeât par là[13] combien il est loin de connaître[14] jamais la vérité.

---

making. — 3. Comment il faut s'y prendre : *how to set about it.* — 4. Un aussi impertinent : *such an indifferent one.* — 5. Depuis peu : *lately.* — 6. Se mettre à : *to begin to.* — 7. Est bien fat : *is a conceited fool.* — 8. Bonnement : *plainly.* — 9. Que Votre Majesté me le rende : *let Your Majesty give it back to me.* — 10. Brusquement : *hastily.* — 11. L'on puisse faire à : *can be done to.* — 12. En fît là-dessus : *would make some thereon.* — 13. Par là : *thereby.* — 14. De connaître, etc. : *from ever, etc.*

Le maréchal de Saxe au maréchal de Noailles.

On[1] m'a proposé, mon maître[2], d'être[3] de l'Académie française. J'ai répondu que je ne savais pas seulement l'orthographe, et que cela m'allait comme une bague à un chat[4]. On m'a répondu que le maréchal de Villars ne savait pas écrire, ni lire ce qu'il écrivait, et qu'il en était bien[5]. C'est une persécution. Vous n'en êtes pas, mon maître; cela rend la défense que je fais plus belle[6]. Personne n'a plus d'esprit que vous, ne parle et n'écrit mieux; pourquoi n'en êtes-vous pas? Cela m'embarrasse. Je ne voudrais choquer personne, bien moins un corps où il y a des gens de mérite. D'un autre côté je crains les ridicules, et celui-ci m'en paraît un bien conditionné[7]. Ayez la bonté de me répondre un petit mot[8].

(Le maréchal de Noailles lui conseilla de ne pas accepter.)

J.-J. Rousseau sur le suicide.

Soyez content, monsieur : il vous fallait absolument[1] une lettre de moi; vous m'avez voulu forcer[2] à

---

1. On : *they*. — 2. Mon maître : *my dear master*. — 3. D'être : *to make me a member*. — 4. M'allait comme une bague à un chat : *suited me as little as a ring would a cat*. — 5. Qu'il en était bien : *that he was one*. — 6. Cela rend la défense que je fais plus belle : *that strengthens my arguments*. — 7. M'en paraît un bien conditionné : *seems to me a complete one*. — 8. De me répondre un petit mot : *to give me a word in reply*.

1. Il vous fallait absolument : *you would absolutely have*. — 2. Vous

l'écrire et vous avez réussi ; car on sait bien que quand quelqu'un nous dit qu'il veut se tuer, on est obligé, en conscience, à l'exhorter à n'en rien faire[3]. Je ne vous connais point, monsieur, et n'ai nul désir de vous connaître ; mais je vous trouve fort à plaindre, et bien plus encore que vous ne le pensez. Néanmoins, dans tout le détail de vos malheurs, je ne vois pas de quoi fonder[4] la terrible résolution que vous m'assurez avoir prise. Je connais l'indigence et son poids[5] aussi bien que vous, tout au moins. Jamais elle n'a suffi seule pour déterminer un homme de bon sens à s'ôter la vie[6], car enfin le pis qu'il puisse arriver est de mourir de faim, et l'on[7] ne gagne pas grand'chose à[8] se tuer pour éviter la mort. Mais l'opprobre ? La mort est à préférer, j'en conviens ; mais encore[9] faut-il commencer par s'assurer que cet opprobre est bien réel. Un homme injuste et dur vous persécute, il menace d'attenter à[10] votre liberté ; eh bien ! monsieur, je suppose[11] qu'il exécute sa barbare menace, serez-vous déshonoré pour[12] cela ? Des fers déshonorent-ils l'innocent qui les porte[13] ? Socrate mourut-il dans l'ignominie ? Plus[14] je relis votre lettre, plus j'y[15] trouve de colère et d'animosité. Vous vous complaisez à l'image de votre sang jaillissant sur votre cruel parent ; vous vous tuez plutôt par[16] vengeance que[17] par désespoir, et vous songez

m'avez voulu forcer : *you were determined to force me.* — 3. De n'en rien faire : *to do no such thing.* — 4. Je ne vois pas de quoi fonder : *I see no sufficient motive for.* — 5. Son poids : *its grinding cares.* — 6. S'ôter la vie : *to take away his life.* — 7. L'on : *a man.* — 8. A (par). — 9. Encore : *again.* — 10. Menace d'attenter à : *threatens.* — 11. Je suppose : *suppose.* — 12. Pour (par). — 13. Porter : *to wear.* — 14. Plus (le plus). — 15. Y : *in it*, à la fin de la phrase. — 16. Plutôt par (poussé par) : *actuated by.* — 17. Que (plus que).

moins à vous tirer d'affaire qu'à punir votre ennemi. Je conviens pourtant, monsieur, que votre lettre est très-bien faite, et je vous trouve[18] fort disert pour un désespéré.

J.-J. Rousseau à Malesherbes.

Quels temps, monsieur, croiriez-vous que je me rappelle le plus souvent et le plus volontiers dans mes rêves? Ce ne sont point[1] les plaisirs de ma jeunesse; ils furent trop rares, trop mêlé d'[2]amertume et sont déjà trop loin de moi. Ce sont[3] mes promenades solitaires, ce sont ces jours rapides, mais délicieux, que j'ai passés avec moi[4] seul, avec les oiseaux de la campagne et les biches de la forêt, avec la nature entière et son[5] inconcevable Auteur. En me levant[6] avant le soleil pour aller contempler son lever dans mon jardin, quand je voyais commencer[7] une belle journée, mon premier souhait était que ni lettres, ni visites n'en vinssent[8] troubler le charme. Après avoir donné la matinée à divers soins que je remplissais tous avec plaisir, parce que je pouvais les remettre à un autre temps, je me hâtais de dîner pour échapper aux importuns[9] et me ménager[10] une plus longue après-midi. Avant une heure, même les

— 18. Je vous trouve : *I think you are.*

1. Ce ne sont point : *it is not.* — 2. De : *with.* — 3. Ce sont : *it is.* — 4. Moi : *myself.* — 5. Son : *her.* — 6. En me levant : *rising.* — 7. Commencer : *the promise of.* — 8. Ne vinssent : *might come.* — 9. Aux importuns : *from intruders.* — 10. Me ménager : *secure.* —

jours[11] les plus ardents, je partais par le grand soleil[12] avec le fidèle Achate (son chien), pressant le pas dans la crainte que quelqu'un ne vînt à s'emparer de moi avant que j'eusse pu[13] m'esquiver; mais, quand une fois j'avais pu doubler[14] un certain coin, avec quel battement de cœur, avec quel petillement de joie[15] je commençais à respirer en me sentant sauvé, en me disant : « Me voilà maître de moi pour le reste du jour ! » J'allais alors d'un pas plus tranquille chercher quelque lieu sauvage dans la forêt, quelque lieu désert où rien ne montrant la main des hommes n'annoncait[16] la servitude et la domination, quelque asile où je pusse croire[17] avoir pénétré le premier[18] et où nul tiers importun ne vînt[19] s'interposer entre la nature et moi. C'était là qu'elle semblait déployer à mes yeux une magnificence toujours nouvelle. L'or des genêts et la pourpre des bruyères frappaient mes yeux d'un luxe[20] qui touchait mon cœur. La majesté des arbres qui me couvraient de leur ombre, la délicatesse des arbustes qui m'environnaient, l'étonnante variété des herbes et des fleurs que je foulais sous mes pieds[21] tenaient mon esprit dans une alternative continuelle d'observation et d'admiration : le concours de tant d'objets intéressants qui se disputaient[22] mon attention m'attirant sans cesse de l'un vers l'autre, favorisait mon humeur rêveuse et paresseuse, et me faisait souvent redire en[23] moi-même : « Non,

11. Les jours (dans les jours). — 12. Par le grand soleil : *in the full blaze of the sun.* — 13. Avant que je pusse : *before I could.* — 14. Doubler : *to turn.* — 15. Petillement de joie : *sparkling joy.* — 16. Annoncer : *to betray.* — 17. Croire : *fancy.* — 18. Avoir pénétré, etc. : *I was the first to penetrate.* — 19. Ne vînt : *could come.* — 20. Luxe : *splendour.* — 21. Que je foulais sous mes pieds : *on which I trod.* — 22. Se disputaient : *contended for.* — 23. En : *to.* —

Salomon dans toute sa gloire ne fut jamais vêtu comme l'un d'eux[24] ! »

Mozart père à son fils.

Salzbourg, 23 octobre 1777.

Je te souhaite[1] une heureuse fête ! Que puis-je demander pour toi aujourd'hui que je ne fasse[2] tous les jours ? Je te souhaite la grâce de Dieu ! qu'[3]elle t'accompagne en tous lieux, qu'elle daigne ne t'abandonner jamais, et elle ne t'abandonnera pas tant que[4] tu t'efforceras de remplir tes devoirs de bon chrétien, de vrai catholique. Tu me connais, je ne suis ni un pédant, ni un bigot, encore moins un hypocrite. Tu ne repousseras pas une prière de ton père. Je te supplie de veiller sur ton âme, de telle sorte que[5] tu ne sois pas un souci pour ton père à son lit de mort[6], et qu'à cette heure si grave il n'ait pas à se reprocher d'avoir négligé ce qui concerne ton salut. Adieu ! sois heureux, sois raisonnable, honore et respecte ta mère qui, à son âge, a encore bien des soucis. Aime-moi comme t'aime ton père sincèrement dévoué.

---

24. Comme l'un d'eux : *like one of these.*

1. Je te souhaite, etc. : *I wish you many a happy birth-day, happy returns of the day.* — 2. Que je ne fasse : *more than I do.* — 3. Que : *may.* — 4. Tant que : *as long as.* — 5. De telle sorte que : *so that.* — 6. Lit de mort : *death-bed.*

Mozart père au P. Martini.

Salzbourg, 22 décembre 1777.

Il y a un an que[1] mon fils doit une réponse[2] à votre bienveillante lettre du 18 décembre, dans laquelle vous aviez la bonté d'approuver son motet pour quatre voix, et d'exprimer en même temps le désir d'avoir mon portrait et celui de mon fils. J'ai retardé jusqu'à ce jour, faute d'[3]un bon peintre. J'espérais toujours[4] qu'il en passerait un[5] dans notre ville, comme il arrive parfois. Enfin, je me vois[6] obligé de faire faire le portrait[7] par un peintre de Salzbourg.

Maintenant voici notre histoire : Il y avait déjà cinq ans que mon fils servait[8] notre prince pour la ridicule somme de 12 fl. 30 kr., dans l'espérance que peu à peu on reconnaîtrait[9] sa valeur, ses efforts, son talent, sa grande application et ses études incessantes; mais nous avons été déçus. Je ne vous fais[10] pas une longue description de la manière[11] de penser et d'agir de notre prince. Il suffit de vous raconter qu'il n'eut pas honte de dire que mon fils ne savait rien; qu'il devait[12] aller à Naples, dans un conservatoire de musique, pour y apprendre la musique, et tout cela, pourquoi? Pour faire entendre[13] qu'un si jeune

---

1. Il y a un an que : *it is a year since*. — 2. Doit une réponse : *ought to have answered*. — 3. Faute de : *for want of*. — 4. J'espérais toujours : *I was always in hopes*. — 5. Qu'il en passerait un dans : *that one would pass through*. — 6. Je me vois (je me trouve). — 7. De faire faire le portrait (d'avoir le portrait fait). — 8. Il y avait déjà cinq ans que mon fils servait.... (mon fils avait déjà servi cinq ans). — 9. On reconnaîtrait (tournez : par le passif.) — 10. Fais (donne). — 11. De la manière de, etc. : *of our prince's way of thinking and acting*. — 12. Il devait : *he ought to*. — 13. Faire entendre : *to make*

homme ne devait pas être assez fou pour se persuader qu'il méritait un meilleur salaire. Après cet arrêt sorti de la bouche [14] d'un prince, le reste s'apprendra peu à peu en Italie; peut-être le sait-on déjà; j'ai donc autorisé mon fils à donner sa démission [15]. Il est parti le 23 septembre de Salzbourg, et après s'être arrêté quelque temps à la cour de l'électeur, à Munich, il s'est rendu à Manheim, où il se trouve fort bien [16] et d'où il se rappelle [17] à votre bon souvenir.

Son séjour durera jusqu'au commencement de mars, c'est-à-dire la fin du carnaval, et il sera pendant le carême à Paris, s'il plaît à Dieu [18]. C'est le motif qui m'a décidé à faire faire son portrait avant son départ, pour vous l'envoyer. Quant à mon portrait, je ne pense certainement pas qu'il mérite de prendre [19] place parmi ceux des hommes de talent. Je ne m'attribue d'autre [20] mérite que celui d'avoir rempli mon devoir en [21] cultivant le talent que le bon Dieu a départi à [22] mon fils. Conservez-nous [23] votre bienveillance et votre appui, et soignez votre santé. C'est cette santé [24], si utile à vous et à vos amis, que je vous souhaite comme vœu de nouvelle année. Vous ne manquez d'aucun autre [25] bonheur. Puisse Dieu dire *amen* à ma prière.

---

us understand. — 14. Sorti de la bouche : *pronounced by the lips.* — 15. Donner sa démission : *to resign his appointment.* — 16. Fort bien : *very comfortable.* — 17. Il se rappelle, etc. : *he begs to be kindly remembered to you.* — 18. S'il plaît à Dieu : *please God.* — 19. Prendre (trouver une). — 20. Je ne m'attribue d'autre, etc. : *the only merit I take to myself is having.* — 21. En (par). — 22. Départir à : *to bestow on.* — 23. Conservez-nous, etc. : *keep us your good will.* — 24. C'est cette santé, etc. : *that health so precious to yourself and your friends stands first in my good wishes for the new year.* — 25. Vous ne manquez d'aucun autre : *you want for no other.*

Mozart à Haydn.

Vienne, 4 septembre 1785.

Un père qui avait résolu d'envoyer ses enfants dans[1] le monde, crut devoir[2] les confier à la protection et à la direction d'un homme célèbre qui était heureusement son meilleur ami. Voici[3], homme célèbre et mon meilleur ami, mes six enfants. Ils sont, il est vrai, le fruit d'un long et pénible travail; cependant, l'espoir que me donnent plusieurs personnes que cette peine ne sera pas tout à fait[4] perdue m'encourage, et je me berce avec[5] eux de[6] la flatteuse pensée que ces enfants m'apporteront un jour de la consolation[7]. Toi-même, très-cher ami, tu m'en as exprimé ta satisfaction, à[8] ton dernier séjour à Vienne. Ce témoignage me donne, par-dessus tout, le courage de te les recommander, et de croire qu'ils ne seront pas tout à fait indignes de toi. Veuille[9] donc les accueillir[10] avec bienveillance, être leur père, leur guide, leur protecteur. Dès ce moment, je te cède tous mes droits sur eux, te suppliant d'en[11] voir les défauts, que l'aveuglement paternel aurait pu[12] me cacher, et de conserver, malgré cela, ta noble amitié à celui qui sait si bien l'apprécier.

1. Dans : *out into*. — 2. Crut devoir (crut qu'il devait). — 3. Voici : *here are*. — 4. Tout à fait : *altogether*. — 5. Avec eux (comme eux). — 6. De (avec). — 7. De la consolation : *some comfort*. — 8. A (durant). — 9. Veuille : *be pleased*. — 10. Accueillir : *to welcome*. — 11. En (leurs). — 12. Aurait pu : *might have*.

Delille à Madame de D***.

Athènes, 1784.

C'est le devoir et la consolation des exilés, Madame, de célébrer religieusement les solennités et les fêtes de leur patrie. Vous savez combien [1] les mardis m'[2]étaient sacrés. Je ne puis plus les célébrer avec vous ; mais je m'unis de [3] cœur et d'esprit à ceux qui ont ce bonheur. Si vous prenez assez d'intérêt à nous pour désirer savoir des nouvelles de notre navigation, vous pardonnerez à la longueur et au bavardage de cette lettre, et vous endurerez en une fois [5] ce que vous auriez enduré en détail les mardis. Notre voyage a été très-heureux. Le vent nous a portés en cinq jours à Malte, par la plus belle [6] mer et sous le plus beau ciel du monde. J'étais très-curieux de voir cette ville, son superbe port, ses grandes murailles blanches qui, en huit jours, auraient achevé de m'aveugler [7], et ses belles rues pavées en pierre de taille qui montent et qui descendent en grands escaliers.

Enfin nous avons été forcés de relâcher par un vent contraire, si l'on peut appeler un vent [8] contraire celui qui [9] nous a donné le temps de voir Athènes. Je ne chercherai pas à vous exprimer mon plaisir en mettant pied [10] sur cette terre célèbre. Je pleurais de [11] joie. Les trois seules colonnes qui restent du temple

---

1. Combien, etc., traduisez : combien sacrés, etc. — 2. Me : *to me*. — 3. De : *in*. — 4. Bavardage : *gossipping*. — 5. En une fois : *all at once*. — 6. La plus belle mer : *the smoothest sea*. — 7. Auraient achevé de m'aveugler : *would have completely blinded me*. — 8. Un vent : *that wind*. — 9. Celui qui : *which*. — 10. En mettant pied : *on setting foot*. — 11. De : *with*.

de Jupiter m'ont tout rendu vraisemblable [12], tant sont frappants [13] ces restes de magnificence et de simplicité. Je ne pouvais me lasser [14] de voir ces grandes et belles colonnes du plus beau marbre de Paros, intéressantes par leur beauté, par celle des temples qu'elles décoraient, par les souvenirs des beaux siècles [15] qu'elles rappellent, et surtout parce que l'imitation plus ou moins exacte de leurs belles proportions est et sera, dans tous les temps et chez tous les peuples, la mesure [16] du bon ou du mauvais goût. Je les parcourais [17], je les touchais, je les mesurais avec une insatiable avidité. Elles avaient beau tomber en ruine [18], je ne pouvais quelquefois m'empêcher [19] de les croire impérissables.

La barbare ignorance des Turcs détruit quelquefois en un jour ce que des siècles avaient épargné. J'ai vu, étendue à la porte du commandant, une de ces belles colonnes dont je vous ai parlé : un ornement du temple de Jupiter allait orner son harem. Le temple de Minerve, le plus bel ouvrage de l'antiquité, dont la magnificence mit Périclès [20], qui l'avait fait bâtir, dans l'impossibilité de rendre ses comptes, est enfermé dans une citadelle construite en partie à ses dépens. Nous y sommes montés par un escalier composé de ses débris [21] ; nous foulions aux pieds des bas-reliefs sculptés par les Phidias et les Praxitèle,

— 12. M'ont tout rendu vraisemblable : *have brought the whole before me.* — 13. Tant sont frappants (tant frappants sont). — 14. Je ne pouvais jamais me lasser (je n'étais jamais las de). — 15. Des beaux siècles : *of the classical times.* — 16. La mesure : *the standard.* — 17. Je les parcourais : *I walked round them.* — 18. Elles avaient beau tomber en ruines : *in vain they were falling into ruin.* — 19. M'empêcher : *help believing them.* — 20. Mit Périclès, etc. : *made it impossible for Pericles.* — 21. Débris : *fragments.* —

je marchais à côté[22] ou j'enjambais, pour n'être pas complice de ces profanations. Un magasin à poudre est établi à côté du temple. Dans les dernières guerres des Vénitiens, une bombe a fait éclater[23] le magasin et tomber[24] plusieurs colonnes jusqu'alors parfaitement conservées. Ce qui m'a désespéré, c'est qu'au moment de descendre, on a donné ordre[25] de tirer le canon[26] pour M. l'ambassadeur. J'ai craint que[27] cette commotion n'achevât d'ébranler[28] le temple, et M. de Choiseul tremblait des[29] honneurs qu'on lui rendait.

Après[30] ces temples, on voit encore avec plaisir dix-sept colonnes de beau marbre, reste de cent dix qui soutenaient, dit-on, le temple d'Adrien. Au devant est une aire à battre le blé, pavée de[31] magnifiques débris de ce monument. On y distingue avec douleur des fragments sans nombre de superbes sculptures dont[32] ce temple était orné. Ces colonnes elles-mêmes font pitié dans leur magnificence. Je demandai qui les avait ainsi mutilées; car il était aisé de voir que ce n'était point l'effet du temps. On me répondit que de ces débris on faisait de la chaux. J'en pleurais de rage. Dans toute la ville[33] c'est le même sujet de douleur, pas un pilier, pas un degré, pas un seuil de porte qui ne soit[34] de marbre antique, arraché par force de quelque monument. Partout la mesquinerie des constructions modernes est si bizarrement mêlée à[35] la magnificence des édifices antiques que j'ai vu un

---

22. Je marchais à côté : *I stepped a side.* — 23. A fait éclater: *blew up.* — 24. Et tomber : *and threw down.* — 25. On a donné ordre : *the order was given.* — 26. De tirer le canon : *to fire a salute.* — 27. Que : *lest.* — 28. N'achevât d'ébranler : *should finally overthrow.* — 29. Des : *at the.* — 30. Après : *besides.* — 31. De : *with.* — 32. Dont : *with which.* — 33. Dans toute la ville : *all over the city.* — 34. Qui ne soit : *but what is.* — 35. Mêlée à : *mixed up with.* —

bourgeois appuyer un mauvais [36] plancher de sapin sur des colonnes qui avaient supporté le temple d'Auguste.

Les cours, les places, les rues sont jonchées de ces débris, les murailles en [37] sont bâties. On reconnaît avec un plaisir douloureux une inscription interressante, l'épitaphe d'un grand homme, la figure d'un héros, un bras, un pied qui appartenaient peut-être à Minerve ou à Vénus ; là, une tête de cheval qui vit encore [38] ; ici, des cariatides superbes enchâssées dans le mur comme des pierres vulgaires. J'aperçois dans une cour une fontaine de marbre. J'entre, c'était autrefois un magnifique tombeau orné de belles sculptures. Je me prosterne, je baise le tombeau ; dans l'étourderie de mon adoration, je renverse la cruche d'un enfant qui riait de [39] de mon idolâtrie. Du rire il passe aux larmes et aux cris ; je n'avais point sur [40] moi de quoi [41] l'apaiser, et il ne serait pas encore consolé si des Turcs, bonnes gens [42], ne l'avaient pas menacé de le battre. Pour comble de malheur [43] les Albanais ont fait sur ces côtes une incursion meurtrière ; il a fallu se mettre à l'abri par des murs ; la malheureuse [44] antiquité a fait encore ces frais-là [45], et la dépense de la ville nouvelle a coûté [46] plus d'un magnifique débris à la ville ancienne.

Pardonnez, Madame, ce long récit dont l'ennui vous fera peut-être haïr le pays que je voudrais vous faire aimer. Mais, pour vous réconcilier avec lui,

---

36. Mauvais : *wretched*. — 37. En : *with them*. — 38. Vit encore : *seems to breathe*. — 39. De : *at*. — 40. Sur : *about*. — 41. De quoi : *wherewith*. — 42. Bonnes gens : *good souls*. — 43. Pour comble de malheur : *to crown the misfortune*. — 44. La malheureuse : *poor*. — 45. A fait encore ces frais-là : *had again to pay for it*. — 46. A coûté

vous recevrez bientôt du vin de ces belles îles, mûri par leur beau soleil. Faites, en le buvant, commémoration[47] de moi avec vos amis. M. de Choiseul prie M. votre mari, qu'il connaît plus que vous, de vous faire accepter[48] un petit flacon d'essence de rose. Plus de roses sont exprimées dans ce petit flacon, qu'on n'en trouverait[49] dans tous les jardins que j'ai chantés. Ma malheureuse vue se brouille[50], je ne puis plus écrire, et cela m'attriste un peu.

Beaumarchais à Necker.

Paris, le 18 juillet 1780.

Vous avez fait[1] à mon égard un acte de justice, et vous l'avez fait avec grâce[2], ce qui m'a plus touché que la chose même. Je vous en[3] remercie. Je puis[4] vous devoir des remercîments plus importants sur[5] l'indemnité que le roi a bien voulu[6] me faire offrir pour les pertes énormes que m'a causée la campagne d'Estaing. Si quelques éclaircissements[7] peuvent hâter l'effet de la justice du roi, parlez[8], monsieur. Mes affaires[9] exigent que je supplie[10] Sa Majesté de m'ac-

---

à la ville ancienne : *has cost the ancient city*. — 47. Faire commémoration de : *to remember*. — 48. De vous faire accepter : *to prevail on you to accept*. — 49. *Than could be found*. — 50. Se brouille : *get confused*.

1. Faire : *to do*. — 2. Avec grâce : *with a good grace*. — 3. En : *for it*. — 4. Je puis : *I may*. — 5. Sur : *concerning*. — 6. A bien voulu, etc., tournez : a avec bonté ordonné m'être offerte. — 7. Si quelques, etc., commencez cette phrase par *could*. — 8. Parlez, trad. : vous n'avez qu'à parler. — 9. Mes affaires, trad. : l'état de mes affaires. — 10. Que je supplie, tournez : par l'infinitif. —

corder promptement un à-compte [11] que j'ai refusé il y a [12] un an, parce que je n'en avais pas besoin. Le retard inouï de mes vaisseaux, et peut-être leur perte entière, rend ma sollicitation plus pressante. Je suis, de tous les sujets du roi, le moins à charge [13] à l'État. Je n'ai demandé [14] ni fortune, ni honneur, ni emploi, ni traitement, et je n'ai jamais désiré d' [15] autre récompense de mes travaux que de n'être jugé sur rien [16] sans être entendu. Jusqu'à présent j'ai obtenu des ministres du roi ce premier des biens pour celui [17] qui marche à travers une foule d'ennemis, et je me trouve heureux que leur justice m'ait toujours mis à portée [18] de me défendre quand on m'a calomnié. Mais ce n'est point une grâce que je demande aujourd'hui, quoique je sois disposé à recevoir à ce titre [19] la justice rigoureuse que le roi a reconnue qui [20] m'était due. Quel que soit l'état des finances du royaume, l'à-compte que je sollicite ne peut en diminuer l'aisance ni en accroître la gêne [21]; car [22], de ce que mes vaisseaux ont fait à mes dépens, on en eût payé [23] à leur place qui eussent coûté au roi plus que je ne lui [24] demande.

Dambray à Beaumarchais.

Plusieurs jours après un arrêt qui lui avait été favorable, Beaumarchais, éprouvant le besoin de satis-

---

11. A-compte : *instalment*. — 12. Il y a : *since*. — 13. Le moins à charge : *the least burdensome*. — 14. Demander : *to sue for*. — 15. De : *any*. — 16. Sur rien : en aucun cas. — 17. Celui : *one*. — 18. Mettre à portée : *to enable*. — 19. A ce titre : *as such*. — 20. Ne pas traduire *qui*. — 21. Gêne : *embarrassment*. — 22. De : *for*. — 23. On en eût payé, tournez : d'autres eussent été payés. — 24. Lui : *de lui*.

LETTRES ET DIALOGUES.

faire un mouvement de reconnaissance envers l'avocat général Dambray, et ne sachant trop[1] comment s'y prendre[2] pour ne pas effaroucher sa délicatesse, fit remettre[3] chez son portier une boîte contenant un superbe camée avec un billet anonyme. Le lendemain Beaumarchais vit revenir sa boîte avec la lettre qui suit :

« On m'a remis hier au soir, monsieur, une petite boîte contenant un portrait de Cicéron fort artistement gravé sur une pierre de la première qualité après l'émeraude, à ce que m'apprend[4] un billet beaucoup trop obligeant, dans lequel on porte la flatterie jusqu'à[5] me comparer à l'orateur de Rome. Je n'ai pu attribuer qu'à l'enthousiasme d'un plaideur qui a gagné son procès et qui ne me connaît pas un cadeau qui me ne convient sous aucun rapport. J'ai questionné mes gens pour en connaître l'auteur, et le récit de mon portier, qui a reconnu votre laquais, ayant confirmé mes premiers soupçons, je m'empresse, monsieur, de profiter de cette découverte pour vous prier de vouloir bien reprendre un bijou qu'une juste délicatesse ne me permet pas d'accepter. Sous quelque forme qu'un présent soit offert, il ne cesse pas d'être[6] un présent, et jamais un magistrat ne doit en recevoir. »

---

1. Trop : *well*. — 2. Comment s'y prendre : *how to set about it*. — 3. Fit remettre... une boîte : *had a box left*. — 4. A ce que m'apprend : *as I learn by*. — 5 On porte la flatterie jusqu'à : *flattery is carried so far as*. — 6 Il ne cesse pas d'être : *it is nevertheless*.

Beaumarchais à M. T***.

Paris, le 21 août 1797.

Vous n'avez pas, mon cher, une juste idée de mes occupations. Le désordre effroyable qu'[1] une proscription de trois ans a mis dans mes affaires, en[2] jetant à vau-l'eau[3] les cinq sixièmes de ma fortune, use mon temps, mes facultés, à recueillir mes restes dispersés.

J'apprends par votre lettre que vous vous faites estimer[4] par des occupations utiles. La nature vous a donné toute l'étoffe nécessaire pour bien remplir[5] tous les travaux auxquels vous voudrez[6] vous livrer. Les aspérités du jeune âge ont été rapées, adoucies par des frottements[7] très-violents. Vous êtes devenu un honorable citoyen ; ne redescendez jamais de la hauteur où vous voilà[8], et vous vérifierez[9] pour moi cette assertion morale, que j'ai mise dans une des pages de mes discours, que « tout homme qui n'est pas né un épouvantable méchant finit toujours par être[10] bon quand l'âge des passions s'éloigne[11], et surtout quand il a goûté[12] le bonheur si doux[13] d'être père. »

Les maux du corps sont des accidents de notre être. Je suis sourd, moi, comme une urne sépulcrale, ce que les gens du peuple[14] nomment sourd comme un

---

1. Que... (dans lequel une... a jeté mes affaires). — 2. En (par). — 3. Jeter à vau-l'eau : *to scatter to the floods*. — 4. Vous vous faites estimer : *you are rendering yourself estimable*. — 5. Remplir : *to acquit one's self of*. — 6. Vouloir : *to choose*. — 7. Frottement : *rubbing* (à employer au singulier). — 8. Vous voilà : *you are*. — 9. Vérifier : *to realize*. — 10. Par être : *by becoming*. — 11. S'éloigne: *past*.—12. Goûter : *to taste*.—13. Bonheur si doux: *bliss*.—14. Gens

pot¹⁵. Mais un pot ne fut jamais sourd, au lieu qu'une urne sépulcrale, renfermant des restes chéris, reçoit bien des soupirs et des invocations perdues auxquelles elle ne répond point; et c'est de là qu'a dû venir¹⁶ l'étymologie d'un grand mot que la populaire ignorance a gâté. — Je m'aperçois depuis longtemps que je suis refaiseur¹⁷ de proverbes¹⁸. Adieu.

Malesherbes au président de la Convention.

Paris, 1793.

C'est au¹ Temple, et comme avocat de Louis XVI à² la Convention, que Malesherbes est vraiment grand et heroïque. Quelle lettre pour demander à défendre le roi! quelle simplicité dans le³ dévouement!

« J'ignore si la Convention, écrit-il au président de l'assemblée, donnera un conseil⁴ à Louis XVI pour le défendre, et si elle lui en laissera le choix⁵. Dans ce cas-là, je désire que Louis XVI sache⁶ que, s'il me choisit pour cette fonction, je suis prêt à l'accepter. Je ne vous demande point de faire part à la Convention de mon offre, car je suis éloigné de me croire un personnage assez important pour qu'⁷elle s'occupe

---

du peuple : *common people.* — 15. Sourd comme un pot : *as deaf as a post;* sourd comme un *poteau,* dit-on en anglais. — 16. C'est de là qu'a dû venir : *hence must have come.* — 17. Refaiseur : *mender.* — 18. Bluettes littéraires : *litterary trifles.*

1. Au (dans le). — 2. A : *before.* — 3. Le (son). — 4. Donner un conseil : *to allow counsel.* — 5. Lui en laissera le choix : *will allow him to choose.* — 6. Sache (savoir). — 7. Assez important pour que, etc. : *of sufficient importance to engage their attention.*

de moi. Mais j'ai été appelé deux fois au conseil de celui qui fut mon maître dans le temps où cette fonction était ambitionnée de tout le monde; je lui dois le même service, lorsque c'est une fonction que bien des gens trouvent dangereuse.

Schiller à Gœthe.

Jena, le 15 janvier 1798.

Un mot seulement pour aujourd'hui; demain, je vous écrirai par la poste. Je me suis[1] tellement abîmé dans[2] ma scène principale, que j'y travaillerais encore[3] si le crieur de nuit[4] ne m'avait averti qu'il était temps de finir. Mon travail va[5] toujours bien, et quoique le poëte ne puisse pas plus compter sur son œuvre que le négociant sur les marchandises[6] qu'il a embarquées, je ne crois pas avoir[7] perdu mon temps.

Gœthe à Schiller.

Weimar, le 14 février 1798.

Je partage[1] votre conviction qu'un voyage, surtout du genre de ceux que vous me désignez[2],

---

1. Je me suis, traduisez : j'ai été. — 2. Abîmé dans : *engrossed by*. — 3. Traduisez : j'y serais encore travaillant ; travailler à : *to work at*. — 4. Crieur de nuit : *watch-man*. — 5. Aller : *to be going on*. — 6. Marchandises : *goods*. — 7. Avoir (que j'ai).

1. Partager : *to share in*. — 2. Désigner : *to mention*.

contient de très-beaux motifs épiques. Je ne me hasarderai[3] cependant jamais à traiter un pareil[4] sujet; car lorsqu'on n'a pas vu soi-même les contrées et les peuples, l'idée qu'on peut s'en faire[5] par[6] les relations d'autrui ne me suffit pas pour me les représenter[7] d'[8]une manière palpable.

L'Odyssée nous enchante, nous autres[9] habitants du centre de l'Europe, mais ce n'est que sous le rapport moral[10]; car notre imagination peut à peine concevoir[11] la partie descriptive. Mais lorsque j'ai lu à Naples et en Sicile les chants dont l'action se passe[12] dans ces pays, avec quel radieux éclat[13] le poëme tout entier m'est apparu! C'était comme si l'on passait devant un tableau embu[14] tout à coup d'un vernis qui lui rendrait la clarté et l'harmonie. J'avoue qu'alors l'Odyssée cessa d'être pour moi un poëme; j'y[15] voyais la nature elle-même. C'est ainsi, au reste[16], que les anciens étaient forcés de composer, puisque leurs œuvres devaient être lues en face[17] de la nature. Y a-t-il beaucoup de nos poëmes modernes qui supporteraient[18] une lecture sur une place publique ou en plein champ ? — Tâchez de rétablir[19] votre santé et utilisez chaque moment favorable.

3. Se hasarder : *to venture*. — 4. Un pareil : *such a*. — 5. Se faire : *to form*. — 6. Par : *from*. — 7. Me les représenter : *to present them to my fancy*. — 8. De : *in*. — 9. Ne pas traduire: nous autres. — 10. Sous le rapport moral : *in a moral point of view*. — 11. Concevoir : *to realize*. — 12. Se passer : *to take place*. — 13. Radieux éclat : *radiant splendour*. — 14. Embu : *imbibed*. — 15. Y : *in it*. — 16. Au reste : *indeed*. — 17. En face : *in the face*. — 18. Supporter : *to stand the test of*, avec *could*. — 19. Rétablir : *to restore*.

Gœthe à Schiller.

Weimar, le 21 juillet 1798.

Je désire de[1] tout mon cœur que l'inspiration poétique vous revienne[2] le plus tôt possible[3]. Le séjour de votre jardin vous sera favorable sous[4] un rapport, et nuisible sous un autre, surtout parce que vous êtes lancé dans les constructions[5]. Je ne[6] connais que trop bien cette distraction[7], car elle m'a jadis fait perdre un temps inouï[8]. Les travaux des ouvriers nous amusent très-agréablement, mais notre propre activité[9] se trouve réduite à zéro. Cela ressemble à[10] la passion de fumer du tabac. On devrait[11] vraiment faire envers nous autres[12] poëtes ce que les ducs de Saxe ont fait envers Luther, c'est-à-dire nous enlever au milieu de la route et nous enfermer dans un château fort. Je voudrais qu'on[13] commençât cette opération par moi, et immédiatement; alors mon *Guillaume Meister* serait prêt pour la Saint-Michel[14].

1. De (avec). — 2. Le subjonctif avec *may*. — 3. Le plus tôt possible : *as soon as possible*. — 4. Sous : *in*. — 5. Se lancer dans les constructions : *to plunge into bricks and mortar*. — 6. Ne... que trop : *but too well*. — 7. Distraction : *diversion*. — 8. Inouï : *enormous*. — 9. Activité : *mental activity*. — 10. Ressembler à : *to be like*. — 11. Devrait : *should*. — 12. Ne traduisez pas *autres*. — 13. Je voudrais qu'on... : *I wish the operation would begin with me*. — 14. La Saint-Michel : *Michaelmas*.

P.-L. Courier à M. Sainte-Croix.

Livourne, 3 septembre 1808.

Ne sachant si je pourrai jamais mettre la dernière main[1] à ma traduction des deux livres de Xénophon sur la cavalerie, je prends le parti, sauf votre meilleur avis[2], de la publier telle qu'elle est, avec le texte revu sur tous les manuscrits de France et d'Italie, et des notes que je n'ai pas eu le temps de faire plus courtes. Le tout paraîtra sous vos auspices[3], si vous en agréez l'hommage[4]. Votre amitié me fait trop d'honneur pour que je résiste à l'envie de m'en parer[5] aux yeux du public, et mon nom a besoin du vôtre pour obtenir quelque attention. Je me flatte, monsieur, que vous verrez avec bonté un essai dont le premier objet fut de vous plaire, et que je n'eusse pas même conduit au point où il est sans les encouragements que vous m'avez donnés.

P.-L. Courier à M. Boissonade.

Rome, le 7 octobre 1810.

Je viens de[1] lire votre article dans le journal de l'Empire, où vous parlez beaucoup trop honorablement de moi et de ma trouvaille[2]. Vous me traitez en

---

1. La dernière main : *the finishing hand*. — 2. Sauf votre meilleur avis : *unless you advise better*. — 3. Auspices : *patronage*. — 4. Hommage : *dedication*. — 5. Se parer : *to display*.

1. Je viens de : *I have just*. — 2. Trouvaille : *discovery*. —

ami, et je pense qu'ayant eu quelques nouvelles de la petite persécution qu'on m'a suscitée à cette occasion, vous avez voulu prévenir le public en ma faveur : action d'autant plus méritoire que probablement je ne serai jamais en état de vous en témoigner ma reconnaissance, si ce n'est par des paroles. J'avais souhaité, comme vous savez, qu'il ne fût pas question[3] de moi dans les journaux ; mais aujourd'hui qu'on me fait des chicanes, qui, sans m'affliger beaucoup, ne laissent pas de m'importuner[4], je suis fort aise de me voir loué par un homme comme vous, à qui le public doit s'en rapporter sur ces sortes de choses. Cela pourra engager les satrapes de la littérature à me laisser en paix, et c'est tout ce que je désire.

Je vous prie de me croire, cher Monsieur, votre tout dévoué[5].

De Sismondi à la comtesse d'Albany.

Genève, le 9 janvier 1809.

Je ne blâme point, quoique je ne les imite pas, ceux qui, en des temps de calamités, entrent dans le gouvernement[1] ; mais puisqu'ils sont sans cesse obligés de porter[2] la désolation dans les provinces et les familles, ils doivent amplement compenser le mal[3] qu'ils sont forcés de faire[4] par le bien qu'ils

---

3. Question : *mention*. — 4. Importuner : *to trouble*. — 5. Votre tout dévoué : *Yours sincerely*.

1. Entrent dans le gouvernement : *fill places under government*. — 2. Porter : *to carry*. — 3. Le mal (pour le mal). — 4. Faire : *to in-*

font volontairement⁵. Nous avons le bonheur d'avoir à Genève un beau modèle de ce genre. M. de Barante, notre préfet, sait se faire aimer⁶ dans l'exécution même de la conscription et de la levée des impôts. Nous sentons que sa probité, sa douceur, sa justice, l'ordre parfait qu'il a établi dans tout ce qui dépend de⁷ lui, nous sauvent⁸ chaque jour des milliers de vexations, et que nous n'éprouvons d'autres maux que ceux qui sont inévitables. Avez-vous reçu un livre de son fils, qui vient de paraître⁹, sur la littérature française dans le dix-huitième siècle ? C'est un ouvrage où l'on trouve¹⁰ un esprit bien distingué et une bien grande étendue de connaissances¹¹ pour un jeune homme.

Miss H. More à Z. Macaulay.

En 1812, Th. Macaulay, alors âgé de douze ans¹, étant allé passer quelque temps chez Hannah More, qui écrivait à Zachary Macaulay sur son jeune fils :

« Je n'ai jamais vu en lui aucun mauvais penchant, rien, excepté les faiblesses et l'ambition qui sont inséparables peut-être de talents si précoces et d'une imagination si vive. Il paraît sincère, véridique, sensible² et affectueux. »

Thomas Macaulay avait rencontré là un compagnon plus âgé que lui, qui était à l'école de Woolwich, et

---

flict. — 5. Volontairement : *from their own will.* — 6. Sait se faire aimer : *knows how to make himself beloved.* — 7. De (sur). — 8. Nous sauvent : *spare us.* — 9. Vient de paraître : *is just out.* — 10. Où l'on trouve : *which bears the stamp.* — 11. Une bien grande étendue de connaissances : *of most extensive learning.*

1. Enfant : *in his boyhood.* — 2. Sensible : *tender-hearted.* —

se destinant à [3] l'artillerie. Ces deux enfants discutaient [4] ensemble des questions qui paraissaient bien au-dessus de [5] leur esprit, et ils mettaient en parallèle [6] des hommes que jugeait leur hardie inexpérience.

« J'ai entendu, ajoutait Hannah More, un débat qui s'était élevé [7] entre eux sur la comparaison du prince Eugène de Savoie et du duc de Marlborough, considérés comme généraux. La masse [8] de lecture que Tom a versée dans [9] ce débat est étonnante. J'observe un progrès journalier dans le développement de ses facultés intellectuelles. Il tient [10] tout ce qu'il a promis, et promet toujours davantage; mais ce qu'il y a [11] d'extraordinaire, c'est [12] qu'il a autant de justesse dans son expression que de verve et de vivacité dans son imagination. J'aime beaucoup que, tout en prenant intérêt à [13] tous les événements de notre époque, il n'en reste pas moins écolier [14]; j'aime à le voir aussi enfantin qu'il est studieux, et ne s'amusant pas moins à [15] faire un pouding qu'un poëme.

Mendelssohn à sa mère.

Paris, le 17 janvier 1831.

Il faut, ma chère mère, que je te fasse part d'une bonne fortune [1] qui vient de m'arriver [2] et qui te fera

---

3. Se destinait à : *was intended for*. — 4. Discutaient : *used to discuss*. — 5. Bien au-dessus de : *far above*. — 6. Mettre en parallèle : *to draw a parallel between*. — 7. S'était élevé : *had arisen*. — 8. Masse : *amount*. — 9. Verser dans : *to pour into*. — 10. Tenir : *to fulfil*. — 11. Il y a : *is*. — 12. C'est : *is*. — 13. A (dans). — 14. Pas moins écolier : *still the school-boy*. — 15. Pas moins à : *no less in*.

1. Une bonne fortune : *a bit of good fortune*. — 2. Vient de m'ar-

aussi bien plaisir. J'ai été[3] l'autre jour chez Horace Vernet, où j'ai joué du piano devant un petit nombre de personnes qui se trouvaient[4] dans son salon. Il m'avait dit, avant que je me misse au clavier[5], qu'il avait une grande admiration pour le Don Juan de Mozart. J'eus alors l'idée de[6] changer le morceau que je me proposais de lui faire entendre[7], et qui était le Concert de Weber, et je me mis à[8] improviser sur différents motifs du chef-d'œuvre de Mozart. Il fut ravi de mon attention et m'en[9] témoigna chaudement sa gratitude. Un instant après il me dit : « Faisons un échange, car, moi aussi, je sais improviser. » Comme je paraissais désireux de connaître son talent en ce genre : « C'est un secret » me répondit-il, et il disparut. Revenant à moi quelques minutes après, il me conduisit[10] dans une autre chambre, où il me montra une toile toute préparée pour recevoir des couleurs[11]. « Si vous avez un peu de temps à perdre, me dit-il, je fixerai[12] vos traits sur cette toile, et vous pourrez la rouler ensuite et l'envoyer à vos parents. » J'acceptai avec joie sa proposition, et je ne puis vous exprimer tout le bonheur que j'ai éprouvé en me voyant[13] accueilli avec tant de bienveillance par un tel[14] artiste.

river (m'a justement arrivé). — 3. J'ai été (j'allai). — 4. Se trouvaient : *happened to be*. — 5. Se mettre au clavier : *to sit down to the piano*. — 6. J'eus alors l'idée de : *I then bethought me of*. — 7. De lui faire entendre : *to play to him*. — 8. Se mettre à : *to begin to*. — 9. Ne pas traduire *en*. — 10. Conduire : *to take*. — 11. Toute préparée pour recevoir des couleurs : *prepared for painting*. — 12. Je fixerai : *I will just take off*. — 13. En me voyant : *in finding myself*. — 14. Un tel (tel un).

Lysandre et Cyrus le jeune.

Dans[1] cette circonstance Cyrus eut avec Lysandre le célèbre entretien dont[2] Xénophon nous a laissé le récit, et que Cicéron, après lui, a tant fait valoir[3]. Ce jeune prince, qui se piquait[4] encore plus d'affabilité et de politesse que de noblesse et de grandeur, se fit un plaisir de[5] conduire[6] lui-même un hôte si illustre dans[7] ses jardins, et de lui en faire remarquer[8] les différentes beautés. Lysandre, frappé dès le premier coup d'œil[9], admirait la belle distribution de toutes les parties du jardin, la hauteur des arbres, la propreté et la disposition des allées, la richesse des vergers plantés en quinconce, où l'on avait su[10] joindre l'agréable à l'utile, la beauté des parterres, l'éclatante variété des fleurs dont l'odeur les suivait partout.

« Tout me charme et m'enlève[11] ici, dit Lysandre en s'adressant à[12] Cyrus; mais ce qui m'occupe[13] le plus, c'[14]est le goût exquis et l'ingénieuse industrie de celui[15] qui vous[16] a tracé le plan de toutes ces parties, et qui leur a donné ce bel ordre, ce merveilleux arrangement et cette heureuse symétrie, que je ne me lasse point d'admirer[17]. » — Cyrus, ravi de ce dis-

---

1. Dans (sur). — 2. Dont.... le récit (le récit duquel). — 3. Faire tant valoir : *to speak so highly of*. — 4. Se piquer de : *to pride one's self upon*. — 5. Se faire un plaisir de : *to make it his pleasure to*. — 6. Conduire : *to take*. — 7. Dans : *over*. — 8. Faire remarquer : *to show*. — 9. Du premier coup d'œil : *from the first*. — 10. On avait su : *they had succeeded in*. — 11. Enlever : *to enrapture*. — 12. S'adressant à : *turning to*. — 13. Occuper : *to strike*. — 14. Ne traduisez pas *ce*. — 15. Celui (la personne). — 16. Ne traduisez pas *vous*. — 17. Je ne me lasse point d'admirer : *I am never tired of admiring*. —

cours : « C'est moi-même[18], dit-il, qui ai tracé ce plan, et qui en ai pris tous les alignements, et il y a plusieurs des arbres que vous voyez que j'ai plantés de ma main[19]. » — « Quoi, reprit Lysandre en le considérant[20] depuis la tête[21] jusqu'aux pieds, est-il possible qu'avec cette pourpre, ces précieux habillements, ces colliers et ces bracelets d'or, ces brodequins relevés[22] d'une si riche broderie, ces essences et ces parfums esquis, devenu[23] jardinier, vous ayez employé vos mains royales à planter des arbres! » — « Cela vous étonne? repliqua Cyrus. Je jure par le dieu Mithras, que, quand la[24] santé me le permet[25], je ne me mets jamais à table[26] sans avoir pris de la fatigue jusqu'à la sueur[27], soit dans les exercices militaires, soit dans les travaux rustiques, soit dans quelque autre occupation pénible à laquelle je me livre[28] avec plaisir et sans ménagement. »

Lysandre, hors de lui-même[29] à un tel discours, et lui serrant la main[30] : « Vous êtes, dit-il, Cyrus, bien digne de votre haute fortune, car en vous elle se trouve[31] accompagnée de la vertu. »

ROLLIN.

18. C'est moi-même qui : *I myself*. — 19. De ma main (avec ma propre main). — 20. Considérer : *to eye*. — 21. Depuis la tête, etc. : *from head to foot*. — 22. Relevés, etc. (si richement brodés). — 23. Devenu : *turning*. — 24. La (ma). — 25. Me le permet : *allows me*. — 26. Se mettre à table : *to sit down to table*. — 27. Prendre de la fatigue jusqu'à la sueur : *to exert one's self to perspiration*. — 28. Se livrer : *to apply one's self*. — 29. Hors de lui-même : *transported with admiration*. — 30. Serrer la main à quelqu'un : *to grasp somebody by the hand*. — 31. Se trouve (est trouvé).

Charles Ier et les députés du Parlement[1].

L'audience fut courte : lord Denbigh lut à haute voix, en présence du conseil et de la cour, les propositions du parlement ; elles étaient telles que le roi ne pouvait se croire réduit à les accepter ; on lui demandait[2] de livrer son pouvoir à la méfiance des chambres, et son parti à leur vengeance. Plus d'une fois un murmure de colère s'éleva parmi les assistants[3] ; au moment surtout où lord Denbigh nomma les princes Robert et Maurice, qui se trouvaient là, comme exclus de toute amnistie, un rire bruyant fut près d'éclater ; mais le roi, se retournant[4] d'un air sévère, imposa silence à tout le monde, et continua d'écouter avec patience et gravité. La lecture finie[5] : « Avez-vous pouvoir[6] de traiter ? dit-il à lord Denbigh.

— « Non, Sire, notre mission se borne à[7] présenter à Votre Majesté les propositions et à solliciter sa[8] réponse par[9] écrit. »

— « Eh bien, je vous la remettrai dès que je pourrai[10] ; » et les commissaires retournèrent chez eux.

Le soir même, et de l'aveu de leurs collègues, Hollis et Whitelocke firent une visite à lord Lindsey, gentilhomme de la chambre, autrefois leur ami, et que ses blessures avaient empêché d'aller les voir. A peine étaient-ils chez lui[11] depuis un quart d'heure que le roi y entra[12], et s'avançant vers eux avec bien-

---

1. Après la défaite du roi à Marston-Moor. — 2. On lui demandait : *he was required*. — 3. Les assistants : *all present*. — 4. Se retournant : *turning round*. — 5. Finie : *over*. — 6. Pouvoir : *powers*. — 7. Se borne à : *is confined to*. — 8. Sa : *your*. — 9. Par : *in*. — 18. Je pourrai : *I can*. — 11. Étaient-ils chez lui : *had they been with him*. — 12. Y

veillance : « Je suis fâché, messieurs, leur dit-il, que vous ne m'ayez pas apporté des propositions plus raisonnables. »

— « Sire, dit Hollis, ce sont celles que le parlement a cru devoir[13] adopter, et j'espère qu'on en pourra tirer[14] de bons résultats. »

LE ROI.

Je sais bien ; vous ne pouvez apporter que ce qu'on[15] voulait envoyer ; mais j'avoue que quelques-unes de ces propositions m'étonnent grandement : à coup sûr, vous-mêmes ne pouvez croire qu'il soit de[16] la raison ni de mon honneur de les accorder.

HOLLIS.

Il est vrai, Sire, j'aurais désiré[17] qu'elles ne fussent pas tout ce qu'elles sont ; mais Votre Majesté sait que ces choses-là se décident à la majorité[18].

LE ROI.

Je le sais, et suis bien sûr que vous et vos amis (je ne veux pas dire votre parti) avez fait tous vos efforts dans la chambre pour qu'il en fût autrement, car je sais que vous souhaitez la paix.

WHITELOCKE.

J'ai eu l'honneur de me rendre[19] plusieurs fois dans ce dessein auprès de Votre Majesté, et je m'afflige de n'avoir pas[20] encore réussi.

LE ROI.

Je voudrais, M. Whitelocke, que les autres fussent de votre avis, et de l'avis de M. Hollis, et je crois qu'a-

---

entra (entra). — 13. A cru devoir : *has thought fit to.* — 14. Qu'on en pourra tirer, etc. : *that good results may follow.* — 15. On : *they.* — 16. Qu'il soit de, etc. : *that I can either in reason or honour....* — 17. J'aurais désiré : *I could wish they were not.* — 18. A la majorité : *by majority.* — 19. me rendre : *of coming to.* — 20. De n'avoir

lors nous verrions une heureuse fin de nos différends ; car moi aussi je veux la paix ; et, pour preuve[21], comme aussi pour vous témoigner la confiance que je vous porte à vous deux qui êtes ici avec moi, donnez-moi vos conseils, je vous prie, sur la réponse qu'il me convient de[22] faire à ces propositions, pour qu'elles mènent à la paix.

HOLLIS.

Votre Majesté nous excusera si, dans notre situation actuelle, nous ne croyons pas pouvoir[23] lui donner de conseil.

WHITELOCKE.

C'est par accident que nous avons l'honneur d'être ici en présence de Votre Majesté ; et les fonctions dont nous sommes revêtus ne nous permettent pas de la conseiller en cette occasion, fussions-nous d'ailleurs[24] capables de le faire[25].

LE ROI.

Quant à votre capacité, j'en suis juge : or, maintenant je ne vous considère pas du tout comme membres du parlement ; c'est à titre d'[26]amis et de simples particuliers, mes fidèles sujets, que je vous demande votre opinion.

HOLLIS.

Comme simples particuliers, Votre Majesté doit trouver que nous en avons usé[27] bien librement ; quant à votre réponse, sire, la meilleure serait de revenir en personne au milieu de nous.

---

pas : *that I have not.* — 21. Pour preuve : *to prove this.* — 22. Il me convient de : *it befits me to.* — 23. Pouvoir : *we can.* — 24. Fussions-nous d'ailleurs : *even if we were.* — 25. Le faire : *to do so.* — 26. A titre de : *as.* — 27. Nous en avons usé : *we have acted.* —

LE ROI.

Comment pourrais-je retourner à Londres avec sûreté ?

HOLLIS.

J'ai la confiance[28] qu'il n'y aurait pour Votre Majesté aucun danger.

LE ROI.

C'est une question, et je suppose que les maîtres qui vous ont envoyés veulent[29] une prompte réponse à leur message.

WHITELOCKE.

La plus prompte et la meilleure réponse serait, à coup sûr, l'apparition de Votre Majesté dans son parlement.

LE ROI.

Passons là-dessus[30]. Permettez-moi, M. Hollis et M. Whitelocke, de vous prier d'entrer dans la chambre voisine, d'y conférer un moment ensemble, et de mettre par écrit ce qu'à votre sens[31] je dois répondre à ce message ; ce qui avancera le plus sûrement à la bonne œuvre de la paix.

HOLLIS.

Nous obéirons à l'ordre de Votre Majesté.

Guizot.

---

28. J'ai la confiance : *I am confident.* — 29. Veulent : *desire.* — 30. Passons là-dessus : *pass that by.* — 31. A votre sens : *in your opinion.*

Épisode des États de Blois.

Henri III, Crillon.

LE ROI.

Qui va[1] là ?

CRILLON (dans le vestibule).

C'est moi, Sire : dites à Du Halde qu'il me laisse[2] entrer.

LE ROI (à part).

C'est Crillon.... Si celui-là[3] voulait ! Mais comment lui dire[4]....

CRILLON (toujours[5] dehors).

Votre Majesté ne veut donc pas que j'entre ?

LE ROI (levant la tapisserie et ouvrant la porte).

Pardon, mon ami : on ouvre toujours sa porte[6] aux braves comme toi ! (Crillon entre brusquement; il a le visage[7] animé[8] et la voix émue).

LE ROI.

Mais que veux-tu ? Est-ce la messe[9] ?

CRILLON.

La messe ? en vérité, j'y pense bien[10] en ce moment !

LE ROI.

Et qu'as-tu donc[11] ?

CRILLON.

J'étouffe[12]....

LE ROI.

Comment ? que t'ont-ils fait ? conte-moi cela !...

---

1. Va (est). — 2. Qu'il me laisse : *he must let me*. — 3. Celui-là : *he*. — 4. Lui dire : *to tell him*. — 5. Toujours : *still*. — 6. On ouvre toujours sa porte : *doors are always opened to*. — 7. Il a le visage (son visage est). — 8. Animé : *flushed*. — 9. Est-ce la messe ? *is it mass-time?* — 10. J'y pense bien : *I have something else to think*. — 11. Qu'as-tu donc ? *what is the matter with you then?* — 12. J'é-

CRILLON.

Ce qu'ils m'ont fait?... Je n'ai pas pu me venger....
voilà ce qu'ils m'ont fait.

LE ROI.

Tu ne t'es pas vengé, Crillon?

CRILLON.

Par la corbleu[13]! c'étaient des enfants : je ne tue
pas les enfants, moi!

LE ROI.

Quels enfants?

CRILLON.

Parbleu, les pages de votre beau[14] cousin de Guise.
Vous voyez bien cette tache à mon pourpoint, Sire,
eh bien! c'est de la neige que ces polissons m'ont
lancée[15], en m'appelant garde-fou[16], sauf votre respect.
Que n'avaient-ils la taille et la moustache de
maître Bussy d'Amboise, je ne les aurais pas laissé
prendre leur galop comme une nichée de petits lapins.

LE ROI.

Crillon, es-tu bien sûr que ce soient ses pages? Et
les miens, où sont-ils?

CRILLON.

Au cachot.

LE ROI (se jetant avec colère dans son fauteuil).

Oh! mon cousin, pour le coup[17], vous allez trop
loin.

CRILLON.

Il ne s'arrêtera pas là, si Votre Majesté ne prend le
parti de lui dire une bonne fois, comment cela, voyez-

---

touffe : *I choke with.* — 13. Corbleu, parbleu : *the deuce.* —
14. Beau : *fair.* — 15. Lancer de la neige : *to pelt any one with snowballs.* — 16. Garde-fou (conserver le mot français). — 17. Pour le

vous[18], la main[19] sur la dague : Cousin, le charbonnier est maître chez lui.

LE ROI.

Assieds-toi, Crillon.

CRILLON.

Quand Votre Majesté aura[20] fait[21] au maître ce compliment, les valets deviendront plus dociles.

LE ROI.

Ce qui est inouï, c'est qu'ils les laisse aller dans la cour. Si du moins il les eût gardés dans ses appartements ; mais dans la cour, au vu et au su[22] de tout le château !

CRILLON.

Parbleu, ils ne se cachaient pas ! Ils étaient là à jouer au cheval fondu[23] avec les palfreniers de cette marquise qui vient d'arriver.

LE ROI.

Quelle marquise ?...

CRILLON

Celle qu'on appelait madame de Sauves ; vous savez, Sire.

LE ROI.

Madame de Noirmoutiers ?... Elle vient de Paris, sans doute ! Encore quelque intrigue ! C'est la Montpensier qui l'envoie ! — Mais j'admire comment[24] on en use[25] avec le maître du logis ! On vient ici, on s'installe sans en demander permission, sans même en avertir...

---

coup : *this time*. — 18. Comme cela, voyez-vous : *so look you*. — 19. La main (avec votre main). — 20. Aura (a). — 21. Fait : *paid*. — 22. Au vu et au su : *within sight and hearing*. — 23. Cheval fondu : *leap frog*. — 24. J'admire comment : *I am amazed how*. — 25. On

CRILLON.

Que voulez-vous [26], Sire, les rats ne se gênent pas quand le chat sommeille [27]. (Le Roi fait un mouvement convulsif.)

LE ROI.

Nous nous réveillerons, Crillon.

CRILLON.

Tout de bon [28], Sire ? Dieu vous entende [29].

LE ROI.

Si tu es las des valets, je ne le suis guère moins du maître.

CRILLON.

Par saint Georges ! voilà qui est parlé [30], Sire !

LE ROI (s'approchant de Crillon et baissant la [31] voix).

Dis-moi, l'homme sans peur, tu ne l'aimes donc pas ce grand Gédéon?

CRILLON.

Pas plus qu'il n'aime votre Majesté.

LE ROI.

Eh bien ! tu as raison, mon ami, car il te déteste.

CRILLON.

Je l'espère bien, morbleu ! je n'ai pas envie de ses caresses.

LE ROI.

Sois persuadé qu'il aura [32] commandé à ces petits garnements de te faire [33] cette avanie?

CRILLON.

Parbleu ! c'est une manière d'insulter Votre Majesté.

en use : *they treat*. — 26. Que voulez-vous : *what would you have*. — 27. Les rats ne se gênent pas quand le chat sommeille : *when the cat's away, the mice will play*. — 28. Tout de bon : *do you mean what you say*. — 29. Dieu vous entende : *God grant it*. — 30. Voilà qui est parlé : *that is something like speaking*. — 31. La (sa). — 32. Il aura (il a). — 33. Faire : *to offer*. —

LE ROI.

Non, c'est qu'il t'en veut à toi-même, et plus qu'à moi, peut-être.

CRILLON.

Tant mieux!

LE ROI (après un moment de silence).

Sais-tu que je me disais tout à l'heure qu'il finirait par rencontrer quelque âme brusque [34] qui couperait court à son insolence? (Regardant l'épée de Crillon.) Il est certaines dagues....

CRILLON.

Sire, vous ne serez roi que quand on vous aura rendu ce service-là.

LE ROI.

Eh bien! Crillon..., c'est toi qui me le rendras [35]!

CRILLON.

Sire, je suis prêt.

LE ROI.

Mon ami! tu m'en délivreras?...

CRILLON.

A l'instant, si vous voulez.

LE ROI.

Oh!... j'étais bien sûr... brave Crillon.

CRILLON.

Ah ça! mais croyez-vous qu'il accepte?

LE ROI.

Comment? qu'il accepte?...

CRILLON.

Eh bien! oui : ce n'est pas tout [36] de bien se battre; il est prince, et je ne suis que mestre de camd, Crillon, fils cadet de Gilles de Balbis.

---

34. Quelque âme brusque : *some rough spirit*. — 35. C'est toi qui me le rendras : *you are the man to do it*. — 36. Tout (assez). —

LE ROI.

Qu'importe, mon ami!

CRILLON.

Mais s'il n'accepte pas, comment voulez-vous que je fasse[37]?

LE ROI.

Tout comme s'il acceptait.... As-tu besoin de sa permission pour lui envoyer deux balles dans la tête?

CRILLON.

Morbleu! Sire, comptez-vous donc que je vais l'attendre au coin d'une haie?

LE ROI (lui frappant amicalement sur la cuisse[38]).

Non, non, là[39]....

CRILLON.

Je ne suis qu'un cadet, mais, morbleu! je suis Crillon, votre mestre de camp; et jusqu'ici personne n'a dédaigné de se couper la gorge avec moi[40].

LE ROI.

C'est vrai, mon ami.

CRILLON.

Je vous ai promis de vous délivrer du duc, et je tiendrai ma parole. Quelque rude que soit son bras, je suis sûr de mon coup[41]. Je n'ai qu'à me faire tuer[42], il faudra bien qu'il tombe... Mais si Votre Majesté veut faire de moi son prévôt des hautes œuvres, si vous me commandez de traquer les gens comme des lièvres, je me sens encore de trop bonne condition[43] pour m'accommoder à[44] de tels métiers; et

---

37. Comment voulez-vous que je fasse : *what shall I do*. — 38. Lui frappant, etc. : *tapping him gently on the thigh*. — 39. Là : *gently*. — 40. Se couper la gorge avec moi : *to cross swords with me*. — 41. Mon coup : *my aim*. — 42. Je n'ai qu'à me faire tuer : *it can only cost my life*. — 43. De trop bonne condition : *too well born*. — 44. S'ac-

je vous demanderai plutôt la permission de me retirer dans ma famille, dans ma Provence...

LE ROI.

Crillon, Crillon, n'en parlons plus[45]; je trouverai d'autres moyens.

CRILLON.

Sire, il n'y a qu'un moyen digne de vous : c'est celui que je vous propose.

LE ROI.

Non, mon ami, je payerais sa mort trop cher en l'achetant au prix de la vie d'un homme comme toi.

CRILLON.

Tout ce que je vous conseille, Sire, c'est de ne pas le faire assassiner[46].

LE ROI.

Et moi, tout ce que je te demande, c'est le secret, le plus profond secret!   VITET.

Scènes de Don Juan.

DON LOUIS.

Je vois bien que je vous embarrasse[1], et que vous vous passeriez[2] fort aisément de ma venue. A dire vrai[3], nous nous incommodons[4] étrangement l'un et l'autre; et si vous êtes las de me voir, je suis bien las aussi de vos déportements. Hélas! que[5] nous savons[6] peu ce que nous faisons quand nous ne laissons pas au

---

commoder à : *to take to*. — 45. N'en parlons plus : *say no more about it*. — 46. Ne pas le faire assassiner : *not to have him murdered*.

1. Embarrasser : *to be unwelcome to*. — 2. Se passer de : *to dispense with*. — 3. A dire vrai : *to tell you the truth*, ou *in sooth*. — 4. S'incommoder l'un l'autre : *to be in each other's way*. — 5. Que peu : *how little*. — 6. Savoir ce qu'on fait : *to know what one is about*. —

ciel[7] le soin des choses qu'il nous faut[8], quand nous voulons être plus avisés[9] que lui, et que nous venons à l'importuner par nos souhaits aveugles et nos demandes inconsidérées! J'ai souhaité[10] un fils avec des ardeurs non pareilles, je l'ai demandé[11] sans relâche avec des transports incroyables; et ce fils, que j'obtins en[12] fatiguant le ciel de mes vœux, est le chagrin et le supplice de cette vie même[13] dont je croyais qu'il devait être[14] la joie et la consolation[15]. De quel œil, à votre avis, pensez-vous que je puisse voir[16] cet amas[17] d'actions indignes dont on[18] a peine[19], aux yeux du monde, d'adoucir[20] le mauvais visage[21]; cette suite continuelle de méchantes affaires[22] qui nous réduisent à[23] toute heure à lasser les bontés du souverain, et qui ont épuisé auprès de[24] lui le mérite de mes services et le crédit[25] de mes amis? Ah, quelle bassesse est la vôtre! Ne rougissez-vous point de mériter si peu[26] votre naissance? Êtes-vous en droit[27], dites-moi, d'en tirer[28] quelque[29] vanité? et qu'avez-vous fait dans le monde pour être gentilhomme[30]? Croyez-vous qu'il suffise[31] d'en[32] porter le nom et les armes[33], et que ce nous[34]

---

7. Laisser au ciel : *to trust to heaven*. — 8. Le soin des choses qu'il nous faut : *what is good to us*. — 9. Avisé : *wise*. — Souhaiter : *to desire*. — 11. Demander : *to pray for*. — 12. En : *by*. — 13. Vie même (même vie) : *very life*. — 14. Devait être : *was to be*. — 15. Consolation : *comfort*. — 16. De quel œil, à votre avis, pensez-vous que je puisse voir... : *with what eye, think you, can I look on...* — 17. Amas : *accumulation*. — 18. Dont on.... Tournez, par le passif : dont le mauvais visage peut... : *the foulness of which can....* — 19. A peine : *with difficulty*. — 20. Être adoucie : *be palliated*. — 21. Mauvais visage : *foulness*. — 22. Méchante affaire : *disgraceful scrape*. — 23. Ne pas traduire à. — 24. Auprès de : *with*. — 25. Crédit : *interest*. — 26. Mériter si peu. Tournez : être si indigne : *to be so unworthy*. — 27. Être en droit : *to have a right*. — 28. Tirer vanité : *to be vain*. — 29. Quelque : *in any way*. — 30. Gentilhomme : *nobleman*. — 31. L'indicatif. — 32. En : *of one*. — 33. Armes : *escutcheon*. — 34. Nous : *to us*. —

soit[35] une gloire d'être sortis[36] d'un[37] sang noble lorsque nous vivons en infâmes[38]? Non, non : la naissance n'est rien où la vertu n'est pas. Aussi[39] nous n'avons part à[40] la gloire de nos ancêtres qu'autant que[41] nous nous efforçons de leur[42] ressembler; et cet éclat[43] de[44] leurs actions, qu'ils répandent sur nous, nous impose un engagement de leur faire le même honneur, de suivre les pas qu'ils nous[45] tracent, et de ne point dégénérer de leur vertu, si nous voulons être estimés[46] leurs véritables descendants. Ainsi vous descendez[47] en vain des aïeux dont[48] vous êtes né[49], ils vous désavouent pour leur sang. Apprenez enfin que la vertu est le premier titre de noblesse; que je regarde[50] bien moins au nom qu'on signe qu'aux actions qu'on fait; et que je ferais plus d'état[51] du fils d'un crocheteur[52], qui serait[53] honnête homme, que du fils d'un monarque, qui vivrait[54] comme vous.

SGANARELLE.

Ma foi, monsieur, j'ai toujours ouï dire[1] que c'est une méchante[2] raillerie que de se railler du ciel, et que les libertins ne font jamais une bonne fin[3].

35. L'indicatif. — 36. Être sortis : *to come*. — 37. Ne pas traduire *un*. — 38. En infâmes : *ignobly*. — 39. Aussi : *and thus*. — 40. Avoir part à : *to have a share in*. — 41. Autant que : *in so much as*. — 42. Leur, traduisez : *les*. — 43. Éclat : *lustre*. — 44. De : *proceeding from*. — 45. Nous : *pour nous*. — 46. Estimer : *to look upon as*. — 47. Descendre : *to spring*. — 48. Dont : *of whom*. — 49. Êtes né : *are born*. — 50. Regarder (ici) : *to regard*. — 51. Faire état : *to value*. — 52. Crocheteur : *porter*. — 53 et 54. Le présent de l'indicatif.

1. Ouïr dire : *to hear say*. — 2. Méchant : *sad*. — 3. Faire une

DON JUAN.

Hola! maître sot. Vous savez que je vous ai dit que je n'aime pas les faiseurs de remontrances [4].

SGANARELLE.

Je ne parle pas aussi à vous [5], Dieu m'en garde [6]. Vous savez ce que vous faites [7] vous; et si vous ne croyez rien, vous avez vos raisons : mais il y a de certains petits impertinents dans le monde, qui sont libertins sans savoir pourquoi, qui font [8] les esprits forts [9], parce qu'ils croient que cela leur sied bien; et si j'avais un maître comme cela, je lui dirais fort nettement [10], le regardant en [11] face : « Osez-vous bien vous jouer au ciel, et ne tremblez-vous point de vous moquer, comme vous faites, des choses les plus saintes? C'est bien à vous [12], petit ver de terre, petit myrmidon que vous êtes (je parle au maître que j'ai dit [13]); c'est bien à vous à vouloir vous mêler [14] de tourner en [15] raillerie ce que tous les hommes révèrent! Pensez-vous que, pour être [16] de qualité, pour avoir une perruque blonde et bien frisée, des plumes à votre chapeau, un habit bien doré [17], et des rubans couleur de feu [18] (ce n'est pas à vous que je parle, c'est à l'autre); pensez-vous, dis-je, que vous en [19] soyez plus habile homme, que tout vous soit permis, et qu'on n'ose vous dire vos vérités [20]? Apprenez de

---

bonne fin : *to come to a good end*. — 4. Les faiseurs de remontrances : *to be lectured*. — 5. Je ne parle pas aussi à vous : *nor is it to you I speak*. — 6. Dieu m'en garde! *God forbid!* — 7. Ce que vous faites : *what you are about*. — 8. Faire : *to play*. — 9. Esprits forts : *free thinkers*. — 10. Fort nettement : *at once*. — 11. En (dans la). — 12. C'est bien à vous : *it becomes you indeed*. — 13. Que j'ai dit : *whom I allude to*. — 14. Vouloir vous mêler : *to take upon yourself*. — 15. En : *into*. — 16. Pour être (parce que vous êtes). — 17. Doré : *gold-laced*. — 18. Couleur de feu : *flame-coloured*. — 19. En : *for all that*. — 20. Dire à quelqu'un ses vérités : *to tell any one his own*. —

moi, qui suis votre valet, que le ciel punit tôt ou tard²¹ les impies, et qu'une méchante²² vie amène une méchante mort.

MOLIÈRE.

Scène du Bourgeois gentilhomme.

MONSIEUR JOURDAIN.

Suivez-moi, que j'aille¹ un peu montrer mon habit par la ville ; et, surtout, ayez soin tous deux de marcher immédiatement sur mes pas², afin qu'on voie bien³ que vous êtes à moi.

LES LAQUAIS.

Oui, monsieur.

MADAME JOURDAIN.

Ah, ah, voici une nouvelle histoire⁴ ! Qu'est-ce que c'est donc, mon mari, que cet équipage-là ? Vous moquez-vous du monde⁵, de vous être fait enharnacher de la sorte⁶ ? et avez-vous envie qu'on se raille partout de vous ?

MONSIEUR JOURDAIN.

Il n'y a que⁷ des sots et des sottes, ma femme, qui se railleront de moi.

MADAME JOURDAIN.

Vraiment, on n'a pas attendu jusqu'à cette heure ;

---

21. Plus tôt ou plus tard. — 22. Méchant, mauvais : *bad*.

1. Que j'aille : *while I go*. — 2. De marcher immédiatement sur mes pas : *follow close at my heels*. — 3. Afin qu'on voie bien : *that every body may see*. — 4. Voici une nouvelle histoire : *here is a new piece of business*. — 5. Du monde : *at us*. — 6. De vous faire enharnacher de la sorte : *to trick yourself out in this way*. — 7. Il n'y a que : *it is only*.

LETTRES ET DIALOGUES. 245

et il y a longtemps que⁸ vos façons de faire donnent à rire à tout le monde.

MONSIEUR JOURDAIN.

Qui est donc⁹ tout ce monde-là, s'il vous plaît?

MADAME JOURDAIN.

Tout ce monde-là est un monde qui a raison¹⁰, et qui est plus sage que vous. Pour moi je suis scandalisée de la vie que vous menez. Je ne sais plus ce que c'est que notre maison¹¹. On dirait qu'il est céans carême prenant tous les jours; et dès le matin, de peur d'y manquer¹², on y entend des vacarmes de violons et de chanteurs dont tout le voisinage se trouve incommodé.

NICOLE.

Madame parle bien. Je ne saurais plus voir mon ménage propre avec cet attirail de gens¹³ que vous faites venir chez vous¹⁴. Ils ont des pieds qui vont chercher de la boue dans tous les quartiers de la ville pour l'apporter ici, et la pauvre Françoise est presque sur les dents à¹⁵ frotter les planchers que vos beaux maîtres viennent crotter régulièrement tous les jours.

MONSIEUR JOURDAIN.

Ouais! notre servante Nicole, vous avez le caquet bien affilé¹⁶ pour une paysanne!

MADAME JOURDAIN.

Nicole a raison, et son sens est meilleur que le vôtre. Je voudrais bien savoir ce que vous pensez faire d'un maître à danser, à l'âge que vous avez.

— 8. Il y a longtemps que, etc. : *your doings have long been the laughing stock of every body*. — 9. Qui est donc, etc. : *whom do you mean by every body*. — 10. Tout ce monde-là est, etc. : *I mean people who are right*. — 11. Je ne sais plus ce que c'est que notre maison : *I do not know what is come to the house*. — 12. De peur d'y manquer : *to make sure of it*. — 13. Attirail de gens : *host of people*. — 14. Faites venir chez vous : *bring to your house*. — 15. A : *from*. — 16. Vous

NICOLE.

Et d'un grand maître tireur d'armes, qui vient, avec ses battements de pieds[17], ébranler toute la maison, et nous déraciner[18] tous les carreaux de notre salle.

MONSIEUR JOURDAIN.

Taisez-vous[19], ma servante, et ma femme.

MADAME JOURDAIN.

Est-ce que vous voulez apprendre à danser pour quand vous n'aurez plus de jambes?

NICOLE.

Est-ce que vous avez envie[20] de tuer quelqu'un?

MONSIEUR JOURDAIN.

Taisez-vous, vous dis-je!

MOLIÈRE.

Scène des Fâcheux.

LA MONTAGNE.

Monsieur, votre rabat par devant se sépare[1].

ÉRASTE.

N'importe[2].

LA MONTAGNE.

Laissez-moi l'ajuster, s'il vous plaît.

ÉRASTE.

Ouf! tu m'étrangles; fat, laisse-le comme il est.

LA MONTAGNE.

Souffrez qu'on[3] peigne un peu....

---

avez le caquet bien affilé : *you are very glib with your tongue.* — 17. Battements de pieds : *stampings.* — 18. Déraciner : *to loosen.* — 19. Taisez-vous : *hold your tongue.* — 20. Avoir envie : *to have a mind.*

1. Se séparer : *to be apart.* — 2. N'importe : *never mind.* — 3. Souffrez qu'on... : *allow me to...*

ÉRASTE.
                    Sottise sans pareille !
Tu m'as,[4] d'un coup de dent presque emporté l'oreille.
            LA MONTAGNE.
Vos canons[5]....
            ÉRASTE.
            Laisse-les ; tu prends trop de souci.
            LA MONTAGNE.
Ils sont tout chiffonnés.
            ÉRASTE.
            Je veux qu'ils soient ainsi[6].
            LA MONTAGNE.
Accordez-moi du moins, par grâce singulière,
De frotter ce chapeau qu'on voit plein de poussière.
            ÉRASTE.
Frotte donc[7], puisqu'il faut que j'en passe par là[8].
            LA MONTAGNE.
Le voulez-vous porter fait comme le voilà[9]?
            ÉRASTE.
Mon Dieu ! dépêche-toi.
            LA MONTAGNE.
                    Ce serait conscience[10].
        ÉRASTE (après avoir attendu).
C'est assez.
            LA MONTAGNE.
            Donnez-vous un peu de patience.
            ÉRASTE.
Il me tue !

---

4. Tu m'as, etc. : *you have nearly combed my ear off.* — 5. Canons : *curls.* — 6. Je veux qu'ils soient ainsi : *I will have them so.* — 7. Frotte donc : *rub away then.* — 8. En passer par là : *to submit to all this.* — 9. Fait comme le voilà : *in such a state.* — 10. Conscience : *a pity.*

LA MONTAGNE.
En quel lieu vous êtes-vous fourré[11]?
ÉRASTE.
T'es-tu de ce chapeau pour toujours emparé?
LA MONTAGNE.
C'est fait.
ÉRASTE.
Donne-moi donc.
LA MONTAGNE (laissant tomber le chapeau).
Hai!
ÉRASTE.
Le voilà par terre[12]?
Je suis fort avancé[13]! Que la fièvre te serre[14]!
LA MONTAGNE.
Permettez qu'en deux coups j'ôte....
ÉRASTE.
Il ne me plaît pas.
Au diantre[15] tout valet qui vous est sur les bras[16],
Qui fatigue son maître, et ne fait que déplaire
A force de[17] vouloir trancher du nécessaire[18]!

MOLIÈRE.

11. Vous êtes-vous fourré (avez-vous été). — 12. Le voilà par terre : *there, now you have let it fall.* — 13. Je suis fort avancé : *that helps me nicely.* — 14. Que la fièvre te serre : *plague take you.* — 15. Au diantre : *the deuce take.* — 16. Vous êtes sur les bras : *is in your way.* — 17. A force de : *by dint of.* — 18. Trancher du nécessaire : *to play the busy body.*

FIN DES THÈMES ANGLAIS.

Paris. — Imprimerie de Ch. Lahure, rue de Fleurus, 9.

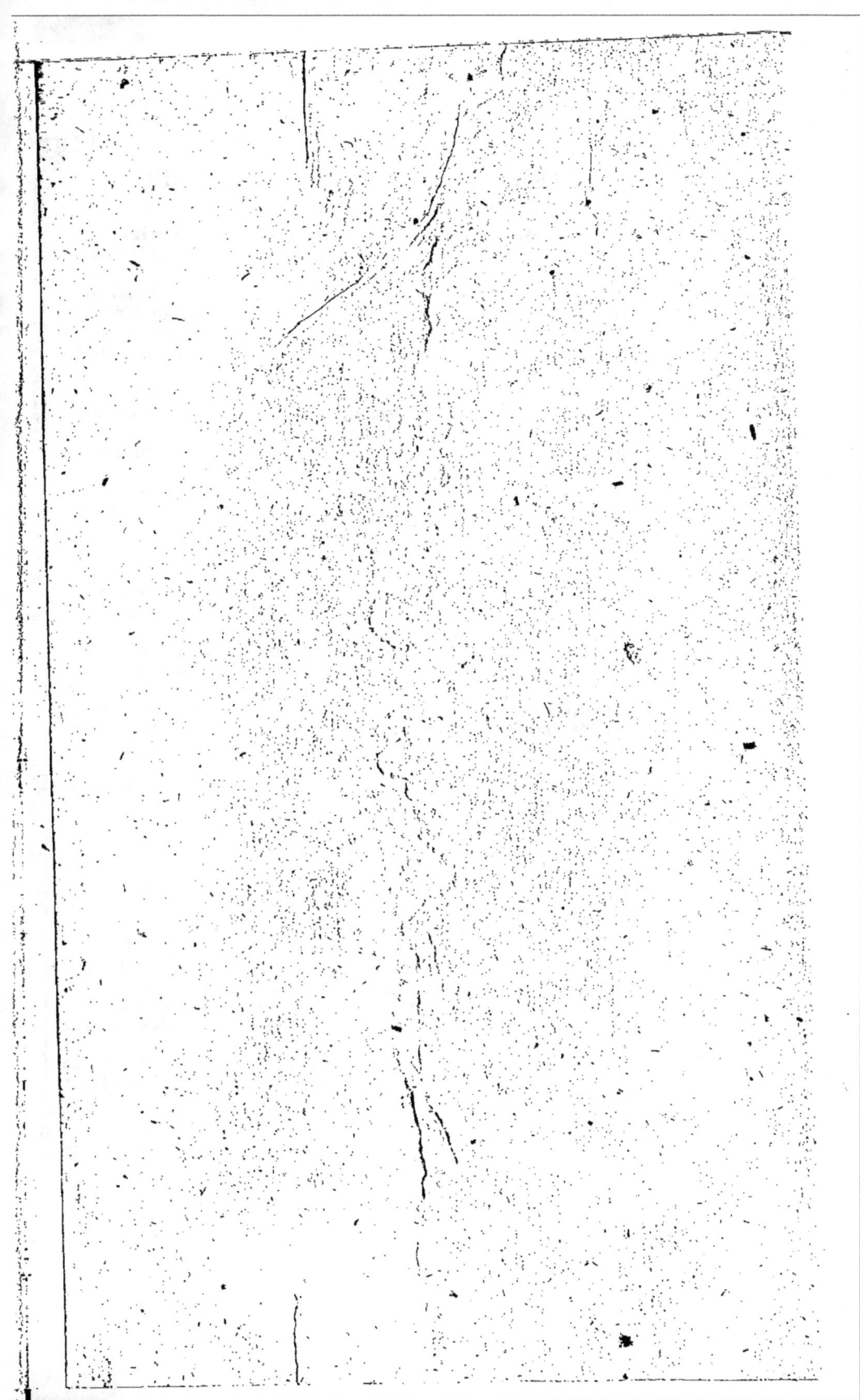

AUTRES OUVRAGES DE M. EICHHOFF
PUBLIÉS PAR LA MÊME LIBRAIRIE.

Exercices de traduction d'anglais en français, à l'usage des classes de grammaire ; étude préparatoire aux Morceaux choisis du même auteur. 1 volume in-12, cartonné..... 2 fr.

Morceaux choisis en prose et en vers des classiques anglais, publiés sur l'invitation de M. le Ministre de l'instruction publique, pour répondre aux derniers programmes des lycées et à celui du baccalauréat ès sciences. 3 volumes in-12, cartonnés :
- 1er volume : Cours de Troisième.............. 1 fr. 50 c.
- 2e volume : Cours de Seconde................ 2 fr. 50 c.
- 3e volume : Cours de Rhétorique............. 3 fr. »

Chaque volume contient un choix de morceaux en prose et en vers et se vend séparément.

Traduction française des Morceaux choisis des classiques anglais, par M. Hauvette-Besnault. 3 volumes in-12, brochés.
- 1er volume : Cours de Troisième................... 2 fr.
- 2e volume : Cours de Seconde (en préparation).
- 3e volume : Cours de Rhétorique (en préparation).

Exercices de traduction de français en allemand, à l'usage des classes de grammaire et d'humanités. 1 vol. in-12, cartonné.. 2 fr.

Exercices de traduction d'allemand en français, à l'usage des classes de grammaire ; étude préparatoire aux Morceaux choisis du même auteur. 1 vol. in-12, cart........ 2 fr.

Morceaux choisis en prose et en vers des classiques allemands, publiés, sur l'invitation de M. le Ministre de l'instruction publique, pour répondre aux derniers programmes des lycées et du baccalauréat ès sciences. 3 volumes in-12, cartonnés.
- 1er volume : Cours de Troisième............... 1 fr. 50 c.
- 2e volume : Cours de Seconde................ 2 fr. 50 c.
- 3e volume : Cours de Rhétorique............ 3 fr. »

Chaque volume contient un choix de morceaux en prose et en vers et se vend séparément.

Traduction française des Morceaux choisis des classiques allemands, avec des notes explicatives, par M. L. Prévost, docteur ès lettres. 3 volumes in-12, brochés.
- 1er volume : Cours de Troisième............... 2 fr. »
- 2e volume : Cours de Seconde.............. 3 fr. »
- 3e volume : Cours de Rhétorique........... 3 fr 50 c.

Les racines de la langue allemande expliquées et rangées par désinences, avec un précis de grammaire et des tableaux étymologiques. 1 vol. in-12. (Sous presse.)............ » »

Les racines de la langue anglaise expliquées et rangées par désinences, avec un précis de grammaire et des tableaux étymologiques. 1 volume in-12. (Sous presse.).......... » »

Paris. — Imprimerie de Ch. Lahure, rue de Fleurus, 9.

www.ingramcontent.com/pod-product-compliance
Lightning Source LLC
Chambersburg PA
CBHW050646170426
43200CB00008B/1177